艺术品鉴赏与收藏

Art Appreciation and Collection

何 鸿 著

中国美术学院出版社

责任编辑：徐新红
执行编辑：徐　蒙
装帧设计：李　文
责任校对：杨轩飞
责任印制：张荣胜

图书在版编目（CIP）数据

艺术品鉴赏与收藏 / 何鸿著. -- 杭州 : 中国美术学院出版社, 2019.4
ISBN 978-7-5503-1731-4

Ⅰ. ①艺… Ⅱ. ①何… Ⅲ. ①艺术品一鉴赏②艺术品一收藏 Ⅳ. ①J05②G262

中国版本图书馆CIP数据核字(2018)第155014号

艺术品鉴赏与收藏
何　鸿　著

出 品 人：祝平凡
出版发行：中国美术学院出版社
地　　址：中国·杭州市南山路218号 / 邮政编码：310002
网　　址：http://www.caapress.com
经　　销：全国新华书店
制　　版：杭州海洋电脑制版印刷有限公司
印　　刷：浙江省邮电印刷股份有限公司
版　　次：2019年6月第1版
印　　次：2019年6月第1次印刷
印　　张：10
开　　本：889mm×1194mm　1/16
字　　数：335千
图　　数：170幅
印　　数：0001—2000
书　　号：ISBN 978-7-5503-1731-4
定　　价：78.00元

序

近年来，关于中国艺术品市场的论调越来越多，多数人认为，经过二十多年发展，中国艺术品市场已经走向了成熟和繁荣。也有人说中国艺术品市场已经达到高峰了，“盛世收藏”的景象显露出来了。似乎都有道理，因为他们关注艺术品市场的点和面是不同的。我常常在想，这哪来的盛世？根据几十年前世界银行的统计数据，一个国家和地区的人均 GDP 达到 3000 美元以上时，才算进入了“现代化”时期，中国只有少数地区进入了现代化时期。至 2017 年，中国人均 GDP 达到近九千美元，但人均消费支出仅不足三千美元。我们的确需要一些理性的思考并面对现实。但我们也会看到，随着 21 世纪头几年艺术品买卖和投资的急剧升温，一种潜意识的心态和声音在人们之间广泛传播，艺术品会和房地产、股票一样成为泡沫吗？这种担心是无助的。其实在任何一个社会形态中都会遭遇这样的尴尬局面，只是时间早晚的问题。“泡沫”不是我们这个世纪和时代的新名词。从严格意义上讲，中国还没有形成系统有序的艺术品市场，至多是一种没有理智的“阿 Q 式的”艺术品买卖和浅层次的艺术品市场。如果说古代艺术品在艺术品市场上有较稳定的心理结构，那当代艺术品市场则让人心惊，如履薄冰！对中国艺术品市场关注和研究多年的马健先生在《中国当代艺术市场：危机与展望》一文中说：“中国当代艺术品市场在迅猛发展的背后，实际上隐藏着不小的危机。相互交叉的三重评判标准，偏好转移的巨大投资风险和市场导向的艺术品生产模式都将对中国当代艺术品市场产生重大而深远的影响。对于中国当代艺术品市场而言，西方人将在一段时期内继续主导中国当代艺术品市场；中国当代艺术品市场将会出现较明显的板块分化趋势；中国当代艺术品市场的成熟则有赖于消费群体的成熟。”

一、艺术品消费的经济基础

世界产业形势发展报告称：当一个国家的人均 GDP（国民生产总值）达到 8000 美元时，才有可能形成社会性的艺术品收藏；当人均 GDP 达到 10000 美元时，才有可能健全艺术品收藏的社会机制。毫无疑问，这个标准是根据世界发达地区如欧美等地的经济参数而设定的。中国官方公布的数据：2005 年中国人均 GDP 是 1257 美元。同一时期国内人均 GDP 最高的上海也就 4600 多美元（2008 年上海人均 GDP 是 10529 美元，2017 年是 18749 美元）。以拍卖市场最火热的北京来看，人均 GDP 也就 4300 美元（2008 年是 9000 多美元，2017 年是 19095 美元）。而 2004 年美国的人均 GDP 是 39709 美元，日本是 46719 美元，英国是 28350 美元。中国台湾地区是 13165 美元，中国香港地区是 23207 美元。根据世界银行提供的参数，2004 年中国的人均 GDP 排在世界的第 109 位。2010 年中国人均 GDP 约 4300 美元，位居世界第 92 位。同时，美国的人均 GDP 是 47000 多美元，相当于中国的十倍有余。也就是说，中国要形成社会性的艺术品消费意识还有相当长的一段艰难历程。即便是局部地区如上海或北京，也难以形成社会性的消费意识。这种情势也比较好理解，中国的富裕阶层大多集中在“京九线”以东的沿海地区，如北京、天津、山东、江苏、上海、浙江、广东、中国香港等。而且从拍卖行、画廊、艺术品博览会的分布来看也符合这种区域布局。显然，这是“GDP”的优势，也是经济发展对文化消费意识的决定影响所致。在上面这些冷酷数字的比较中，我们会看到另外一个触目惊心的数字，那就是人口。如果中国的人口数是美国、英国或日本等国的人口数，那可以设想中国再穷的家庭也会挂上齐白石或黄宾虹的作品，以取代那些挂着一代人也舍不得换的“印刷品”。以 2005 年为例，我们面对的是美国的 GDP 为 11.6 万亿美元，而美国的人口是 2.5 亿。英国的人口是我国人口的二十分之一（7000 多万），可英国的 GDP 是 1.9 万亿美元。中国的 GDP 是 1.63 万亿美元（2008 年中国的 GDP 是 4.3 万亿美元），可中国的人口是 13 亿多。这种巨大的反差没有理由让我们暂时对中国的艺术品市场充满乐观，至少在很长的一段时间内。仅仅从经济基础的角度看，这种情况的彻底改变取决于人口的控制，因为 GDP 的增长率被人口增长率消耗了。人口问题等不控制，中国要形成社会性的艺术品消费意识在短期内是很难实现的。今天的情况是什么样的呢？2016 年，世界银行报告发布中国人均 GDP 是 8516 美元，美国是 58740 美元，英国是 45791 美元，日本是 34285 美元。截至 2017 年，中国的人均 GDP 位列世界第 70 位，离发达国家标准还有一段距离。显然，经过十余年的经济发展，中国的人均 GDP 有明显提升，但与欧美等国的人口基数比差距还是很大。我想，从目前来看，至少几十年内，中国有 90% 多的人还是没有经济实力去参与艺术品市场或投资收藏艺术品。或许，这种担心会持续更长时间。因为 GDP 的增长被其他因素，如人口、教育、环境破坏、基础建设、房产、生活消费等，消耗得所剩无几了。一句话，中国的艺术品消费“基础”依然相当薄弱。

图 1　英国伦敦苏富比拍卖公司总部，位于伦敦新邦德街

二、艺术品市场的“中枢神经系统”—— 拍卖行

艺术品拍卖可以看作是艺术品市场的晴雨表。较大拍卖公司的拍卖业绩常常牵动着投资者的心。目前，世界艺术品拍卖业的中心依然是以英国、美国为中心的欧美地区，不同的是，亚洲的日本在艺术品的收藏和投资方面的热情有所减退。如果仅从拍卖业的历史和成熟度来看，中外的差距就很大。英国作为老牌的艺术品拍卖业龙头老大，依然像一座高峰让人难以超越。但国内也有些人乐观地认为，中国用不上多长时间拍卖业就可以赶上英国的苏富比（Sotheby’s）（图 1）和克里斯蒂（Christie’s）。我想，能与我们的中国香港地区比肩已经是很了不起的壮举了。因为中国的内地与香港地区的差距也是很大的，中国香港地区的人均 GDP 是内地的近五倍。从历次拍卖的业绩看，亚洲艺术品拍卖的中心依然是中国的香港地区。因为我担心的是“揠苗助长”式的艺术品市场最终会导致“崩盘”。而这种影响将是深刻、彻底和久远的。遵循经济规律，比自欺欺人好。

图 2　上海朵云轩拍卖公司中英文标识，1993 年 6 月敲响了中国内地艺术品拍卖第一槌

中国内地整整二十六年的艺术品拍卖，的确创造了令世界震惊的业绩，上海朵云轩敲响了中国艺术品拍卖的第一槌。（图 2）但这并不能说中国艺术品市场走向了成熟和繁荣，这种观点有些片面。先看一组数据：1995 年中国嘉德拍卖公司的春秋两季拍卖成交额是约 1.2 亿元人民币。而 2005 年中国嘉德春秋两季拍卖成交额是 13 亿多元人民币，足足增长了近十倍。1995 年中国人均 GDP 是 290 美元，2005 年中国人均 GDP 是 1257 美元，增长到约五倍。2015 年中国人均 GDP 是 8280 美元，2015 年中国嘉德艺术品拍卖成交额是 45 亿元人民币。人均 GDP 增长到约七倍，艺术品拍卖增速似乎放慢了脚步。从年度来看，2005 年中国艺术品拍卖总成交额为 56 亿多元人民币，2015 年中国艺术品拍卖总成交额为 506 亿元人民币，差不多增长到十倍。2017 年中国艺术品拍卖总成交额为 5 亿美元，全球为 149 亿美元。这其中的甘苦辛酸只有各拍卖公司和投资人、收藏家知道。我做这样的比较只是想证明艺术品市场的增长率与 GDP 的增长率是否有直接关系。很多人担心的艺术品市场“泡沫”也许就根植于此。当然，艺术品市场的泡沫不仅仅受到经济环境的影响，而

图 3　毕加索，《拿烟斗的男孩》，布面油画。2004 年 5 月美国纽约苏富比拍卖公司以 1.04 亿美元的价格成交，是当时世界上拍卖价格最高的绘画作品

且投资者的信心和真伪问题也是致命的。如果从世界范围艺术品拍卖市场范围来看，2005 年中国嘉德春秋两季拍卖成交额，仅相当于 2004 年伦敦苏富比拍卖公司春季艺术品拍卖会上一两件艺术品的价格，如毕加索《拿烟斗的男孩》(1.04 亿美元，约 9 亿元人民币)。(图 3) 也许这样比较是没有理由的，但我们应该明确的是艺术品市场的发展决非像很多人想象的那么天真。英国艺术品拍卖市场的发展已经有 270 多年的历史，并且有雄厚的经济基础作为后盾。中国内地仅有 26 年的艺术品拍卖经验，而且很多的规范和体制有待完善，这就需要我们更加冷静地对待这个新生事物。文化艺术品的消费不同于日常用品的消费，它是属于较高层次的精神消费，不仅需要消费者热情，更需要有文化眼光和艺术责任。如果仅从艺术品投资的角度看，更需要投资者的理性、文化消费力、经济实力和战略眼光。毋庸置疑，目前的中国艺术品市场是混乱无序的，这源于多种因素：艺术环境的脆弱、全民艺术素质的普遍偏低、拍卖业的不成熟、违规操作、诚信问题、拍卖法和体制的不健全、富有阶层群体的艺术消费意识薄弱、艺术品投资者的心理不成熟、经济实力的相对集中造成的贫富差异、整体的经济环境薄弱、艺术品的真伪混杂、艺术品鉴定的难度、国家对艺术品市场的态度缺乏足够的引导和重视等等。这些条件的成熟需要漫长的发展时间。几个数据不能说明中国艺术品市场走向了繁荣。理智一些比疯狂的骄傲来得更有价值。

图 4　鬼谷子下山　元代青花瓷罐，高 27.5 厘米。采自上海博物馆编《幽蓝神采——元代青花瓷器特集》

三、中外艺术品的价格差异

2005 年，“一个中国元代青花瓷罐卖出了 1568 万多英镑，合人民币两亿多元！”这个新闻标题吸引了整个世界的眼球。但我们看到的是什么呢？首先，这件作品不是在中国本土成交和拍卖的，也不是中国的卖家提供的收藏品，也没有被中国的收藏家或投资者收入囊中。也就是说，这件曾经是亚洲价格最高的陶瓷艺术品——《鬼谷子下山》元代青花瓷罐，2005 年 7 月 12 日在英国伦敦克里斯蒂拍卖行拍卖时，由伦敦古董商埃斯凯纳齐以 1568.8 万英镑(约合 2.3 亿元人民币) 投得。(图 4) 按规则讲，这件瓷器与中国的艺术品市场没有直接的关系。最多

图 5　清代乾隆粉彩镂空转心瓶，至于如何收藏在英国，有人认为可能是从圆明园流失

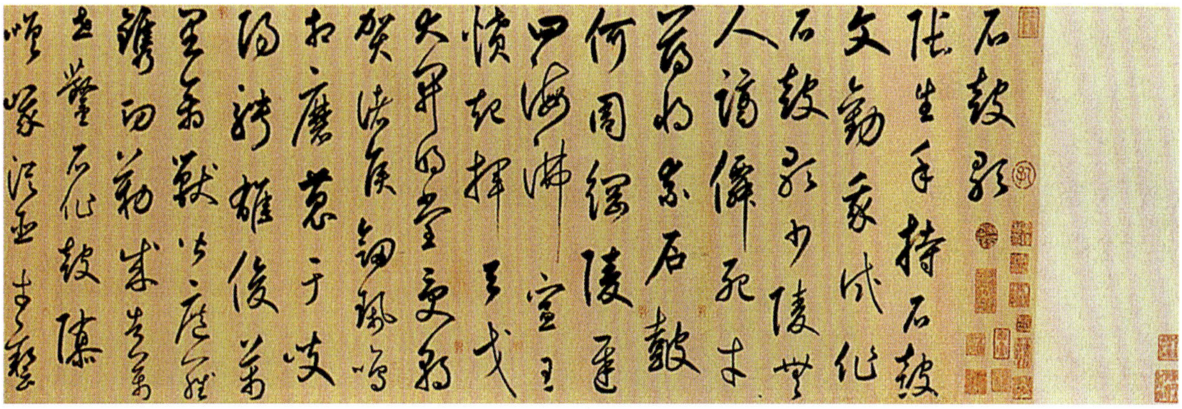

图 6　鲜于枢，《石鼓歌》（局部），纸本，34 厘米 ×497 厘米，2004 年 6 月北京翰海拍卖公司以 4620 万元人民币的价格成交，这也是当时中国古代书法拍卖的最高成交价

说明中国古代的工匠或艺术家创造了惊人的艺术杰作，为中国赢得了至高无上的荣誉。也说明中国的古代艺术品或许会在未来的世界艺术品市场或中国艺术品市场发展中更加引起人们的注意。的确，就在人们还沉浸在元青花瓷器的高价诱惑中时，五年后的 2010 年，在英国一个小镇——班布里奇，一件清朝乾隆时期的粉彩镂空转心瓶打破了小镇的平静，以 4300 万英镑（相当于人民币 5.5 亿元，含佣金）的价格成交。（图 5）或者也可以这样说，世界艺术品市场的投资者可能会投放更多的眼光关注中国的艺术品。这一切只是潜在地影响着中国的艺术品市场，因为中国的艺术品市场发展从根本上取决于中国内在的经济环境、文化环境、政策环境、社会环境、消费环境、教育环境等。

目前中国本土拍卖的艺术品价格与海外拍卖的中国艺术品价格差距还是相当大的。如果从两极来比较的话，中国境内目前拍卖的书法作品最高价格是北京保利 2010 年春季拍卖会上拍卖的宋代黄庭坚书法《砥柱铭》，拍出了 4.36 亿元人民币，这也是当时中国书法单件作品拍卖价格的世界最高成交纪录。但与海外拍卖的西方艺术品价格相比，差距依旧相当大。毕加索与张大千为同时期的艺术家，毕加索作品目前的最高拍卖价是 1.04 亿美元，约 9 亿元人民币（作品《拿烟斗的男孩》），而张大千目前价格最高的书画作品是 2011 年中国香港苏富比拍卖的《嘉耦图》，成交价是 1.9 亿港元。从比值上讲，毕加索作品价格是张大千作品价格的约 5 倍。也许这样比较没有实际意义，但可以说明的是，同为世界知名的艺术家作品价格相差非常悬殊。如果与毕加索的同班同学——浙江画家沙耆的作品价格相比，那更是天壤之别。沙耆目前拍卖的作品最高价是 2014 年 11 月北京嘉德拍卖的《比利时同学像》，成交价是 471 多万元人民币。如果将毕加索的绘画和中国宋代的绘画拍卖价相比，或是有意思的问题。2004 年以前中国宋元时期最贵的艺术品是 2004 年 8 月北京翰海拍卖公司拍卖的元代鲜于枢的草书《石鼓歌》，以 4620 万元成交。（图 6）三年后，拍卖价格最高的绘画作品是 2007 年 11 月明代画家仇英的传世画作《赤壁图》，以 7952 万元人民币成交。曾保持中国绘画作品拍卖价格纪录的是 2011 年 5 月北京嘉德拍卖的齐白石名作《松柏高立图》，以 4.225 亿元人民币成交。目前中国艺术品拍卖最高纪录是 2017 年 12 月北京保利秋拍的齐白石《山水十二屏》，成交价为 9.315 亿元。而目前西方艺术品价格最高的是 2017 年 11 月在纽约佳士得拍卖行拍卖的达 · 芬奇的《救世主》，以 4.503 亿美元折合人民币约 30 亿元成交。这三个艺术品价格层次的比较说明中外艺术品的价格差异是很大的。造成中外艺术品价格差异的因素除了文化差异、不同的文化价值观和消费意识、不同的拍卖和艺术品市场体制等外，购买力也是一个比较直接的因素。虽然现在有很多的中国企业主或收藏家去海外市场收购中国艺术品，但这种力度还远远不够，不过至少可以说明的是，中国的富有阶层不仅在中国国内艺术品市场购藏艺术品，也已经开始关注世界艺术品市场的发展。这一点，也带动了中国艺术品市场的起步。如果我们自己多一份对中国艺术品的尊重和理解，那中国艺术品市场的发展将会更加顺利。因为，艺术品市场的真正繁荣和持续发展不是仅仅靠几个有钱人或为数很少的企业主。

四、艺术品的文化消费意识和目的

艺术品的购藏，虽然直接受制于经济实力，但艺术品的文化消费意识和目的往往会导致艺术品投资的盲目和艺术品市场的畸形发展。2013 年，美国 *ART news* 杂志在夏季刊中，公布了 2010 年度“全球 200 位顶尖收藏家”名单，中国大陆无一收藏家在列。当然，我相信恩格斯评价马克思的一段话：“马克思发现了人类历史的发展规律，即历来为繁茂芜杂的意识形态所掩盖着的一个简单事实：人们首先必须吃、喝、住、穿，然后才能从事政治、科学、艺术、宗教等，所以直接的物质的生活资料的生产，因一个民族或一个时代的一定的经济发展阶段，便构成基础。人们的国家制度、法的观点、艺术乃至宗教观念，就是从这个基础上发展起来的。”（《马克思恩格斯选集》第 3 卷，第 574 页）但是我也相信，20 世纪 80 年代以来，富裕起来的中国人数量一定不少。但一些奇怪的现象总是充斥我们的耳目，如艺术品作为纯礼品甚至“交易品”的意义、艺术品作为纯商品的意义、艺术品是赚钱的工具和手段等。我常常打比方说，富有的纽约人能买得起毕加索的绘画作品，可富有的上海人也买得起沙耆的绘画啊。但我们看到的现象往往是：一个富有的中国企业家，他有可能花费 10 万元去买一只浴缸或一张按摩床，但舍不得花 3 万元或更少的钱去买一幅绘画作品做装饰或供自己欣赏。有时，我们看到的是一个拥有上亿资产或千万资产的人，他们家的墙壁上挂的是一幅印刷品或什么都没有。当然，这也许是个别现象，也许是普遍现象，但总之是一个现象。那么，中国拍卖市场上每年有几万件艺术品到底流向了何处，它们又在发挥着怎样的作用？艺术品市场中流通的艺术品，它的意义不仅仅是流通。（图 7）

图 7　瑞典探险家斯文赫定的书房，里面布满了中国文物和艺术品

中国的特殊国情决定了目前的艺术品消费意识。对许多富有的人而言，也许艺术品的消费还是一种奢侈，他们或许并非囊中羞涩，这估计还是一种消费意识和价值判断问题。首先，我们对走进艺术品市场的人的年龄做一个评估：绝大多数人的年龄在 30 至 60 岁。从中国的历史现状看，这些人都出生在中华

图 8　法国雕塑家奥古斯特 · 罗丹的《思想者》，青铜，作于 1880 年至 1900 年，原作现藏于法国巴黎罗丹美术馆

人民共和国成立前后至“文化大革命”时期。这一时期，正是中国教育处在渐渐恢复又转入尴尬的时期，艺术教育的苍白不可能对他们产生艺术消费的意识基础。传统文化艺术的力量只有在那些祖辈还在经营古董艺术品或书香世家里找到一些延续，可“文化大革命”又将这仅有的一点热情扫得荡然无存，只是一些还有文化良知的人在延续这样一份文化责任，可已经很少了。20世纪70年代末，中国政府对教育的恢复，并未从根本上提升人们的艺术意识，却更多地走向了一切为了经济发展和建设的实用技能教育，即便是时至今日，人文艺术教育在整个教育中的比重也是很微薄的。更有甚者，随着改革开放的深入，让更多的年轻人沉迷在智能手机科技产品里。长期以来，实用技能教育是中国教育的重中之重，当然，这未必是坏事，但我们除了这些外，是否还应该有点支撑我们精神灵魂大厦的东西存在，我想，这便是人文艺术。20世纪80年代在邓小平先生“让一部分人先富起来，然后走向共同富裕”“发展是硬道理”的政策感召下，一些先富裕起来的人，基于他们的知识结构，注定了他们对艺术品投资消费意识的薄弱。二十世纪七八十年代以后出生的一代，一是没有经济基础，二是没有消费意识。

一个民族对艺术的重视程度，直接影响这个民族文明程度的高低。因此，如何引导艺术品的消费和提升人文艺术素质，在21世纪应是一项重要的任务，但从艺术品市场时常传来的“好”或“困惑”的消息，中国的一些企业开始投身艺术品的投资，如罗丹艺术巨作《思想者》（复制品）在上海浦东的落户，这是令人“困惑”的消息（图8）；圆明园流失文物的“重金购买”回归；中国企业或旅居海外的华人从海外艺术品市场购藏艺术品并捐给国家等，这是令人可喜的好消息。中国富裕起来的企业主，更主要的是要多一点承载弘扬本民族艺术文化的社会责任。“崇洋媚外”的心态要革除，在艺术品的投资领域也是这样。提升富裕阶层的艺术消费意识和观念也是当务之急，因为是他们在左右中国艺术品市场的航向。

“风物长宜放眼量”，我们的人文艺术教育还很薄弱，艺术品市场还刚刚起步，这就要从娃娃抓起，同时还要做好现阶段这一领域“接代延续教育”的补救工作，以及健全的全面艺术制度建设。只有这样，才能引起全社会的重视和关注，才能提高全民族的整体艺术意识。也只有这样，随着中国经济实力的增强，艺术品市场才会进入健康、有序、良性的可持续发展轨道。

何　鸿
戊戌仲夏于钱塘庐江草堂

目 录

第一章　艺术品鉴赏

艺术、艺术品、美术、美术品、艺术鉴赏、艺术品鉴赏、美术鉴赏、美术品鉴赏、艺术品鉴定、美术品鉴定、艺术品鉴藏、美术品鉴藏、文物鉴赏、艺术欣赏、美术欣赏等诸多概念出现在我们的视野中，这是一个有意思的问题。艺术与艺术品、美术与美术品有不同吗？鉴定、鉴赏、收藏是怎样的概念？美术品、艺术品是物品吗？那美术、艺术又是什么呢？怎么又来个“文物”呢？每一个概念的诠释仁者见仁，智者见智，没有统一的标准。似乎人们也没有很刻意地去区分这些概念，如艺术品鉴赏、艺术鉴赏，基本上是混为同一个概念。如湖北随州出土的战国十弦琴，我们一般当文物看待。（图 9）当然，鉴赏与欣赏或许就有不同的理解。张道一先生在《美术鉴赏》一书中，阐述了“欣赏”与“鉴赏”的概念。他认为，欣赏和鉴赏只是艺术接受者领会的两个不同的层次，这两个层次，有高低之分，但又相互联系。欣赏与鉴赏只是程度上的差别，两者之间的界限并不十分明确，也没有本质上的区别。一般而论，鉴赏是在欣赏基础上的一个较高的层次，在欣赏的基础上增加了识别、辨别的能力，不但对作品进行一般的欣赏，还要有能力对作品做出审美判断。这就要求鉴赏者需要多方面的修养和知识，不仅要有艺术和美学的见解，还要熟悉艺术作品的社会背景、人文习俗和相关的历史和科技知识。西方学者或许将艺术鉴赏与艺术接受联系在一起来讨论。法国杜弗海纳说：“一幅不曾展出的绘画、一份未经出版的手稿、一个没有上演的剧本，都是些尚无资格跻身文化世界的对象，因为它们还没有充分存在。艺术家可能会说，这些是他的作品，它们存在着，因为它们已经被创作出来。但他又希望这些作品也为他人而存在，希望这些作品的存在受到公众评

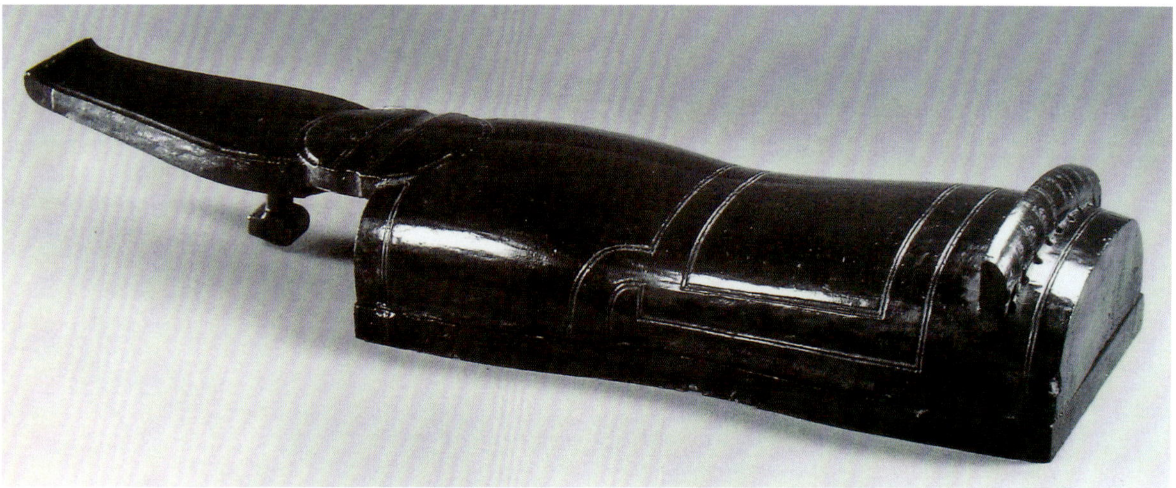

图 9　战国，十弦琴，湖北随州曾侯乙墓出土

判的认可……作品又是通过欣赏者才得到自己充分的现实性。”杜弗海纳接着说：“艺术固然需要艺术家的首创精神，但艺术确实也期待公众的认可。”[1]

艺术品是物品吗？首先，艺术品当然是物品或产品，但两者似乎又不一样或内涵复杂得多。艺术品含有更多“人”的信息和密码，如情感意识、生活方式、哲学思考、社会能动等。如元代青花云龙纹带盖梅瓶，它首先是实用物品，又是手工艺术品，放在博物馆它又成了文物。（图 10）吕少卿先生在《论艺术鉴赏与艺术阐释》一文中谈到艺术品的“物性”：“的确，就本质而言，艺术作品不是物，但艺术作品中又确实有物性存在。比如，建筑艺术品在石头、砖瓦、木头中存在，雕塑艺术品在石头、青铜、木头里存在，油画在色彩、画布里存在，音乐作品在音响里存在。但人们还是比较认同艺术作品不是物，也不具有什么物性的观念，因为，假如因为巴提农神庙是石头所建成，就认为它的本质就是石头的本质，显然就否定了神庙这一古代建筑艺术的存在，更否定了这座神庙的理念——生与死、胜利与屈辱、灾难与幸福等人类的历史命运相互结合、相互依托、相互反映的关系。”[2] 马丁·海德格尔在《艺术作品的本源》一书中也谈到了凡·高绘画作品中的“物性”：“从鞋具磨损的内部那黑洞洞的敞口中，凝聚着劳动步履的艰辛。这硬邦邦、沉甸甸的破旧农鞋里，聚积着那寒风陡峭中迈动在一望无际的永远单调的田垄上的步履的坚韧和滞缓。鞋皮上沾着湿润而肥沃的泥土。暮色降临，这双鞋底在田野小径上踽踽而行，在这鞋具里，回响着大地无声的召唤，显示着大地对成熟的谷物的宁静的馈赠，表征着大地在冬闲荒芜田野朦胧的冬暝。这器具浸透着对面包的稳靠性的无怨无艾的焦虑，以及那战胜了贫困的无言的喜悦，隐含着分娩阵痛时的哆嗦，死亡逼近时的战栗。这器具属于大地，大地在农妇的世界里得到保存。正是在这种保存的归属关系中，器具才得以存在于自身之中，保持着原样。”[3]

图 10　元代青花云龙纹带盖梅瓶，通高 47 厘米，1980 年江西高安窖藏出土。现藏于江西省高安市博物馆

物有优劣之分，艺术品有高下、真假之别，故可鉴可赏之。

第一节　古物、文物、艺术品的身份

一、古物

南宋末年陈元靓（宋末元初年间人）在《事林广记》中记有一则“秦士好古”的故事：秦朝有一士人，酷好古物，价虽贵必求之。一日，有人携败席踵门告曰：“昔鲁哀公命席以问孔子，此孔子所坐之席。”秦士大惬意，以为古，遂以附郭田易之。逾时，又一人持古杖以售之，曰：“此乃太王避狄，杖策去豳时所操之棰也，盖先孔子之席数百年，子何以偿我？”秦士倾家资与之。既而又有人持朽椀一只，曰：“席与杖皆未为古，此椀乃桀造，盖又远于周。”秦士愈以为远，遂虚其居之宅而予之。三器既得，而田资罄尽，无以衣食，然好古之心，终未忍舍三器，于是披哀公之席，把

1　［法国］米·杜弗海纳，《审美经验现象学》，文化艺术出版社，1996 年，第 73 页、第 2 页。

2　吕少卿，《论艺术鉴赏与艺术阐释》，《美术与设计》，2014 年第 5 期，第 88 页。

3　［德国］马丁·海德格尔，《艺术作品的本源》，《光明日报》出版社，1986 年，第 392 页。

太王之杖，执桀所作之椀，行丐于市，曰："衣食父母，有太公九府钱，乞一文！"

明代钱塘（今浙江杭州）人谢肇淛（1567—1624）在《五杂俎》卷十六·事部四中曰：余尝读谢绰宗《拾遗录》，云："江夏王义恭，性爱古物，常遍就朝士求之。侍中何瑁已有所送，而王徵索不已。何甚不平，尝出行于道，遇狗枷，败犊鼻，乃命左右取之还，以箱擎送之，笺曰：'承复须古物，今奉李斯狗枷，相如犊鼻。'"此颇与寰恭相类耳。

上两则故事，明白古人对"古物"各有所好，或好其"古"，或好其"物"。好古，是一种情结，也是一种品格。好物，是一种情趣，也是一种乐事，但古人常言"玩物丧志"——《尚书·旅獒》中曰："玩人丧德，玩物丧志。"孰是孰非，玩者自清，也就此有"古玩"之谓。明人董其昌在《骨董十三说》"二说"中辩证地说明了"玩物丧志"的关系："骨董，今之玩物也。唯贤者能好之而无敝。拘谨之人视为无用之物，斥去不蓄，恐人耽于玩好，废时失事，流为游惰而无成也。其敝失于鄙俗而止。贪戾者视为货殖之物，见有可居为奇者，竭蹶以图，唯恐不得。得之，保重之过于性命。或至争夺怨尤，皆归咎骨董，岂骨董之咎？咎在不知好子也。"

"古物"一词，在中国历代文献中均可找到身影。南朝梁萧子显（487—537）在《南齐书·孔稚珪传》中记载："太祖验其言，擢迁光禄大夫。以簏盛灵产上灵台，令其占候。饷灵产白羽扇、素隐几，曰："君性好古，故遗君古物。"[4]隋代思想家王通（584/580—617）在《中说·周公》中也说："邳公好古物，钟鼎什物，珪玺钱具必具。子闻之曰：'古之好古者聚道，今之好古者聚财。'"近代鲁迅先生（1881—1936）在《"京派"与"海派"》中说："但北平究竟还有古物，且有古书，且有古都的人民。在北平的学者文人们，又大抵有着讲师或教授的本业，论理、研究或创作的环境，实在是比'海派'来得优越的，我希望着能够看见学术上或文艺上的大著作。"[5]在鲁迅先生的视野中，"古物"和"古书"似乎不是一回事。

"古""物"为何？东汉许慎《说文》解曰："古，故也。"《玉篇》曰："古，久也。"从时序上，古可分为太古、上古、中古、近古。《中国辞典》解释："古"指的是过去久远的时期，亦用以形容"旧"。[6]《说文》又解曰："物，牛为大物，天地之数起于牵牛，故从牛。"《礼记·乐记》曰："物以群分。""物"的含义很多，对古物而言，它应指具体的东西——"物质"，包含在文化层面的具体的载体和非具体的载体（或称"非物质文化"），我们通常所说的"考古""博古""鉴古""文物"等似乎与"古物"都有直接的关联。

古物，是一个泛称，它包含的内容似乎与我们现在的称谓都可以找到对应的坐标：古董、古玩、古籍、古器、古奥、古建、古迹、古记、古文等。《现代汉语词典》是这样解释"古物"的：古物，古代的器物。而在同例的"古董"一词中解释：古董，古代留下来的器物。再可发现"古玩"的解释是"古董"，也就是说"古玩"就是"古董"。[7]1979年上海辞书出版社出版的《辞海》是这样解释"古董"："可供鉴赏、研究的古代器物。"由此可知，古物、古董、古玩在古人的世界里应该是同一类东西。"古物"在英文中的解释是"Ancient objects""Antique"，意即古代的物体、古旧的物体或古董。

在古代，"古物"的概念也是模糊的，与其他如"骨董""古董"等词并用。"骨董"一词目前所见最早为唐朝张萱（唐朝开元年间人）《疑妖》卷五所说："骨董二字乃方言，初无定字。"北宋诗人韩驹（1080—1135）在《送海常化士》诗中曰："莫言衲子篮无底，盛取江南骨董归。"南宋吴自牧（生卒年不详）在《梦粱录》中谈道："买卖七宝[8]者，谓之骨董行。"至明朝佚名《目前集》

4 ［梁］萧子显，《南齐书》卷四十八、列传第二十九。

5 《申报·自由谈》，1934年2月3日。

6 薛颂留编，《中国辞典》，台北大中国图书公司，1979年，第144页。

7 中国社会科学院语言研究所词典编辑室编，《现代汉语词典》，商务印书馆，1996年第3版，第449—450页。

8 七宝，也称七珍。不同的时代内容不同，宋代的七宝是指黄金、白银、璃、颇梨、砗磲、珍珠、琥珀。

卷二记载:“骨董乃方言，初无定字。……晦庵（注:即朱熹）先生《语类》只作‘汩董’，或作‘古董’。”“董”字，东汉许慎《说文解字》未见有此字。《尔雅·释诂》对“董”的解释是“董，正也”。但“董”的本义乃草名，即“鼎董”。近人章炳麟先生（1869—1936）在《新方言·释器》中说:“《说文》:‘匫，古器也，呼骨切。’今人谓古器为骨董，相承已久。其实骨即匫字，董乃余音。凡术物等部字今多以东部字为余音，如窟言窟笼，其例也。”“骨董”一词，究竟为何意？史无辨明，实为方言所谓。至迟在明代，“古董”和“骨董”二词，都已使用。对“骨董”一词的精妙诠释，乃明代董其昌（1555—1636）所言。他的《骨董十三说》从骨董的类别、特点、形态、优劣、品味、鉴赏等方面详细解释了“骨董”:“杂古器物不类者为类，名‘骨董’。”又云:“今之骨董，古人用物也。其制作精工，非今人可及。故历代宝惜爱护之，什袭而藏，不轻示人，非收藏鉴赏家不能知也。世俗所贵重者，但知有黄金而已。可使一瓷盘、一铜瓶几倍黄金之价，非世俗所知也。”“骨董有大小。大骨董，稀世之宝玩也。”[9]

“古玩”一词，晚于“骨董”出现。但将“古”作为“玩”的概念很早就出现了。北齐颜之推（531—591后）在《颜氏家训·杂艺》中说：“玩古知今，特可宝爱。”明人沈德符在《敝帚斋余谈》中说：“好玩之物，以古为最，惟本朝则不然。永乐之剔红，宣德之铜，成化之窑，其价遂以古敌。”“古玩”一词，何时出现？赵汝适在《古玩指南》中说：“所谓古董者，即古代遗存珍奇品之通称，久已失去原来零杂之含义矣。明时诸家记载，尚称骨董或古董。古玩乃清季通行之名词，即古代文玩之简称也。按收藏为人类之天性，保古尊古亦为世人共有之美德，故世界各国，无不以保存其先哲遗迹为盛事。惟中国文明最早，名物之产生亦最先，禹铸九鼎，三代争宝，是为中国保存古物之肇始。”[10]

古物之分类，自古殊异，难求一准。我们兴许能在历代文献中找到蛛丝马迹。中华文化，到宋代乃博兴一世。明代宋濂（1310—1381）《宋文宪公全集》卷二十九《苏平仲文集序》曰：“自秦以下，文莫盛于宋。”从《宣和书谱》《宣和画谱》到《宣和博古图》，从唐宋八大家到宋代工艺文化，可见一斑。宋代虽然国势不振，但文艺极度发达，为中国古物一成功时期。瓷器、铜器、玉器、漆器、书法、绘画、书籍、造纸等，无不精备。

我们先来看看《宣和博古图》之“古”。《宣和博古图》又称《博古图》，是第一部考证北宋御藏古器的金石图录。宋徽宗敕撰，王黼编纂，始于大观初年（1107），成书于宣和五年（1123）之后。该书收录了宋代皇室在宣和殿收藏的自商朝至唐朝的青铜器839件，包含了宋代所藏青铜器精华。该书共三十卷，凡二十类，分为鼎、尊、罍、彝、舟、卣、瓶、壶、爵、觯、敦、簋、簠、鬲、鍑、盘、匜、钟磬、錞于、杂器、镜鉴等。在编排方式上，我们可以看到，各种器物均按时代编排，每类器物有总说，每件器物有摹绘本、铭文拓本、释文，并有器物尺寸、重量和容量;部分器物还附有出土地点、颜色、收藏者姓名，对器物名称、铭文等也有详细的考证。这也为后来古物的著录提供了很好的参鉴。

博古对于“古物”而言，是指图绘古器物或模仿古代款式。在《宣和博古图》中，“古”的概念是青铜器及与青铜器相关的“考古”图式。青铜器作为古器，符合其文化身份。青铜、玉器、丝绸与漆器并称为中国古代四大礼器材料，青铜又是国之重器，也是历代收藏之珍宝。

至南宋赵明诚（1081—1129）著《金石录》，序中记载：“上自三代，下讫隋、唐、五季，内自京师，达于四方遐邦绝域夷狄，所传仓史以来古文奇字、大小二篆、分隶行草之书，钟鼎、簠簋、尊敦、甗鬲、盘杅之铭，词人墨客诗歌、赋颂、碑志、叙记之文章，名卿贤士之功烈行治，至于浮屠、老子之说，凡古物奇器、丰碑巨刻所载，与夫残章断画，摩灭而仅存者，略无遗矣。”[11] 其实，赵明诚和妻子李清照（1084—1155）都为《金石录》作出了贡献。这对以“古”结缘的夫妻，演绎了文

9 ［明代］董其昌，《骨董十三说》，西泠印社出版社，1914年。

10 赵汝适编述，《古玩指南》，中国书店出版社，1993年，第1—2页。

11 ［南宋］赵明诚，《金石录校证》，广西师范大学出版社，2005年10月，序第1页。

化史上的传奇故事。诚如李清照在《金石录后续》中写道："赵、李族寒，素贫俭，每朔望谒告出，质衣取半千钱，步入相国寺，市碑文果实归，相对展玩咀嚼，自谓葛天氏之民也。"他们也在穷中寻"古趣"，"穷遐方绝域，尽天下古文奇字之志"。"每获一书，即同共勘校，整集签题；得书画彝鼎，亦摩玩舒卷，指摘疵病。"

在"古物"层面，古人惯用"金石"之名，即便古董珍玩，排在首位的亦乃"金石"，这是一个很有意思的现象，这也应和了上面所讲的金石（青铜、玉器）、丝绸和漆器乃国之礼器材料，也即国之重器，从收藏把玩的角度，似乎漆器和丝绸都难以与金石相比，不知这是不是金石作为"古物"有代表性的重要原因。在明人董其昌的《骨董十三说》中，也是将金玉放在第一类。《骨董十三说》中第十一说是这样解读金玉的："今之论古器者，动辄言三代，三代器物皆金玉为之也。金有黄、白、赤三种，后世独以黄为金，白为银，赤为铜矣。三代礼器与俎豆并存者，黄白为之也。古之为市，以货相易，不用黄白也。一用黄白，倾销古器殆尽，而所存唯铜，以其成与毁价相若也。其质得气未纯，青绿随生，其臭腥毒，忌近饮食，用制象器与钟鼎盘匜之类，历久远入水土，透骨青绿，莹润如玉，三代器也。"[12] 但在后来，我们也会发现出现较多的用法——"金石书画"，较之以前的"古董珍玩"。但在所有的古物中，古人最重者乃"文字"也。如《宣和博古图》《金石录》等文献中都可以体现出来，这也体现了文字是文明中最重要的要素。

如果说古物收藏，宋代是一个高峰，那明清时期就是盛世。古董珍玩、金石书画应有尽有。官宦之家、文人雅士无不参涉其中；古玩书画商业也繁荣勃兴。明人施耐庵（约 1296—约 1372）《水浒传》第六十六回记载："这北京大名府是河北头一个大郡，冲要去处。却有诸路买卖，……家家门前扎起灯栅，……户内缚起山棚，……四边都挂名人书画，并奇异古董玩器之物。"清人黄钧宰（约 1826—约 1895）《金壶遯墨·姜少汀》曰："杭人姜少汀者，贩卖古董于苏州。"

"古物"发展到明代，开始出现较为明晰的分类。从三代算起到明代，董其昌在古文化四千余年的历史视野中，辨析把玩。于是在《骨董十三说》中形成了他的"古物"价值观。《骨董十三说》之"九说"谈道："骨董有金、玉二品为一类；书画墨迹、石印、镌刻三品为一类；窑器、漆器二品为一类；琴、剑、镜、砚四品为一类；四类是一品一一考验证据，具载册籍。"[13]

古物的分类是一个很庞大复杂的体系，每个时代有不同的标准和分类原则，一般而言，越接近现代，分类越趋向规范和完善。中国历史上出现过四次"古物"收藏高潮，第一次是宋代，第二次是明代，第三次是清代，第四次是民国。每一次收藏高潮，都会推动人们对古物的研究和分类。第四次古物收藏高潮，在前三次收藏高潮的基础上形成了比较完善的分类体系。在赵汝珍编述的《古玩指南》中，我们可以看到他对"古玩种类"的陈述。他在"古玩之种类"一节中说："古玩者，古人遗留器物，可为文人之珍玩者。按字面言之，似有轻忽之义，宛如古代玩物也。其实并非玩物，乃历代宝物也。玩者乃保有者自谦之意耳。明乎此，则知古玩之所包括矣。凡古代遗存之宝贵珍奇均属之。分言之，有书画、瓷器、铜器、古钱、宣炉、古铜镜、玉器、砚、古墨、古书、碑帖、各代名纸、各代砖瓦、偶像、印章、丝绣、景泰蓝、漆器、宜兴壶、珐琅、料器、法花、牙器、彩墨、笔格、竹刻、扇、木器、名石等数十类。"[14]

时至现代，与"古"作别，古董、古玩、古物、博古等词悉数退出历史舞台，文物和艺术品等词开始占据文化舞台。关于文物和艺术品的定义，中外学术界有不同的解释。

---

12 ［明代］董其昌，《骨董十三说》，西泠印社出版社，1914 年。

13 同上。

14 赵汝适编述，《古玩指南》，中国书店出版社，1993 年，第 9 页。

二、文物

不同的国家和地区，对文物的概念有不同的解释。在中国，文物一词，古已有之。《左传·桓公二年》记载：“夫德，俭而有度，登降有数，文物以纪之，声明以发之；以临百官，百官于是乎戒惧而不敢易纪律。”在中国古代典籍中，文物是礼乐、典章制度的统称。《唐律》规定，地中若得“古器形制异者，悉送官酬直”[15]。《大明律》《大清律》也有规定，在地中获得的埋藏物：“古器、钟鼎、符印异常之物，限三十日内送官。违者，杖八十，其物入官。”[16] 这些规定颇似文物法的雏形。文物是指人类历史上遗留下来的有价值的东西，如各类美术遗存，建筑、雕刻、书籍、工具、武器、生活器皿和各种艺术品。（图 11）1972 年 11 月 16 日在巴黎通过的《世界遗产公约》（全名为《保护世界文化和自然遗产公约》）中提到“文物”的概念，在本公约中，以下各项为“文化遗产”。文物：从历史、艺术或科学角度看，具有突出普遍价值的建筑物、碑雕和壁画，具有考古性质成分或结构的铭文、窟洞以及联合体。建筑群：从历史、艺术或科学角度看，在建筑式样、分布均匀或与环境景色结合方面，具有突出的普遍价值的单位或链接的建筑群。遗址：从历史、审美、人种学或人类学角度看具有突出的普遍价值的人类工程或自然与人联合工程以及考古地址等地方。1982 年 11 月 19 日第五届全国人民代表大会常务委员会通过了《中华人民共和国文物保护法》，在第二条中，对文物的范围做了明确规定：“在中华人民共和国境内，下列具有历史、艺术、科学价值的文物，受国家保护：（1）具有历史、艺术、科学价值的古文化遗址、古墓葬、古建筑、石窟寺和石刻；（2）与重大历史事件、革命运动和著名人物有关的，具有重要纪念意义、教育意义和史料价值的建筑物、遗址、纪念物；（3）历史上各时代珍贵的艺术品、工艺美术品；（4）重要的革命文献资料以及具有历史、艺术、科学价值的手稿、古旧图书资料等；（5）反映历史上各时代、各民族社会制度、社会生产、社会生活的代表性实物。《中华人民共和国文物保护法》的上述规定中，十分明确地指出了国家对文物保护的内容和范围。（图 12）

在传统文化观念上，我们只有物质形态的文物意识，其实口头或非物质的文化遗产，也是一个民族文化艺术的重要精神载体。早在 20 世纪 90 年代，我们国家就已经意识到了非物质文化遗产的重要性，从那以后，一系

图 11　五代，河南温县慈胜寺壁画，焚香菩萨图，美国纳尔逊博物馆藏

图 12　五代，敦煌藏经洞流失，北方神星·计都星像护符，大英博物馆藏

15　钱大群、艾永明，《唐代行政法律研究》，江苏人民出版社，1996 年，第 152 页。

16　范忠信、陈景良，《中国法制史》，北京大学出版社，2010 年，第 334 页。

图 13　浙江慈溪上林湖边散落的越窑瓷片，陶瓷制作技艺就是非物质文化遗产

图 14　南宋龙泉青瓷竹节香炉，高 16 厘米，口径 17.5 厘米，日本香雪美术馆藏。2009 年龙泉青瓷技艺入选联合国教科文组织“人类非物质文化遗产”名录

列政策法规相继出台。1997 年，国务院发布了《传统工艺美术保护条例》；2003 年，文化部、财政部等联合启动了中国民族民间文化保护工程；2004 年，全国人大常委会通过了关于联合国教科文组织《保护非物质文化遗产公约》的批准决定。何谓“非物质文化遗产”？非物质文化遗产是指被各群体、团体，有时为个人视为其文化遗产的各种实践、表演、表现形式、知识和技能及其有关的工具、实物、工艺品和文化场所。各个群体和团体随着其所处环境、与自然界的相互联系和历史条件的变化不断使这种代代相传的非物质文化遗产得到创新，同时，使它们自己具有一种认同感和历史感，从而促进了文化多样性和人类的创造力。在本公约中，只考虑符合现有的国际人权文件，各群体、团体和个人之间相互尊重的需要和顺应可持续发展的非物质文化遗产。其中还规定，非物质文化遗产包括五个方面：(1) 口头传说和表述，包括作为非物质文化遗产媒介的语言；(2) 表演艺术；(3) 社会风俗、礼仪、节庆；(4) 有关自然界和宇宙的知识和实践；(5) 传统的手工艺技能。(图 13) 2005 年，国务院印发了《关于加强我国非物质文化遗产保护工作的意见》，这标志着我国非物质文化遗产的保护工作将进入全面、科学、规范有序的发展阶段。在世界范围内，与日本或欧美等发达国家相比，我国在此方面落后了很多。日本从 1950 年开始实行保护“无形文化遗产”。保护项目的选定，则是首先从其本身有无独特价值或者有无历史保护价值来确定。保护项目的内容，主要以古典的表演艺术和工艺技术为对象。在指定项目的同时，必须认定该项目艺术或技术的代表性人物，这些人物往往被称为“人间国宝”。日本人称这种保护措施为“人间国宝制度”。(图 14)

2000 年，联合国教科文组织正式启动“人类口头和非物质遗产代表作”项目，这是人类文化艺术历史和社会进步的重要标志。在当时的评审规则中，对“人类口头与非物质遗产”设立的目的和“人类口头与非物质遗产”的定义，都做了具体的说明。目的是号召各国政府、非政府组织和地方社区采取行动，对那些被认为是民间集体的保管和记忆的口头与非物质遗产进行鉴别、保护和利用。只有这样，才能保证这些文化特异性永存不灭。传统的民间文化是指来自某一文化社区的全部创作，这些创作以传统为依据，由某一群体或一些个体所表达并被认为是符合社区期望的，作为其文化和社会特性的表达形式、准则和价值，通过模仿或其他方式口头相传。它的形式包括语言、文学、音乐、舞蹈、游戏、神话、礼仪、习惯、手工艺、建筑艺术及其他艺术。除此之外，还包括传统形式的联络和信息。我国的昆曲艺术和古琴艺术已分别列为第一和第二批“人类口头和非物质遗产代表作”项目。2006 年，我国公布了第一批“国家非物质文化遗产名录”，分十个大类，民间文学、音乐、舞蹈、戏剧、曲艺、杂技与竞技、美术、手工技艺、传统医药和民俗。美术也列入其中。喻学才、王健民在谈到“非物质遗产”的特征时也有淡淡的隐忧，“所谓非物质遗产，指的是借助一定的物质载体，在一定的时间空间范围内存在并体现其价值，拥有或多或少的传承者，而其所拥

有的对象所蕴涵的信息具有世界范围内进行保护的价值，有利于人类文化的多样性和创造性保护，且有别于联合国自然遗产、文化遗产、自然文化双遗产、文化景观遗产的遗产类型。（图 15）这种遗产类型的特征是：侧重人类的参与。或者换句话说，自然遗产、文化遗产、自然文化双遗产、文化景观遗产，都是静态的遗产，不是说没有古人的劳动参与其中，而是说参与制作的劳动者和能工巧匠已经不在了，他们不能重新进行模拟的表演。而所谓非物质遗产，则是参与制作表演的艺人尚健在的那些创造性劳动，如民俗活动，即是典型的非物质遗产。并不是不可触摸，现存的民俗表演活动还是活生生的，一旦没有人会表演了，该民俗也就不成其为民俗，也就不再是非物质遗产了。正像皮影和昆曲，如果这个世界上没有人会表演皮影戏和昆曲，皮影艺术就不成其为皮影艺术了，昆曲也就不成其为昆曲了”[17]。

图 15　意大利，罗马，科洛西姆斗兽场，何鸿 2018 年摄

中国文物的流失，不仅数量庞大，甚至有些文物是呈系统性流失，这种局面是从 1840 年的“鸦片战争”开始的。李建先生谈道：“‘鸦片战争’以来，我国文物遭受到有史以来最为严重的破坏和流失。一方面是列强通过战争尤其是‘第二次鸦片战争’和‘庚子之乱’，对皇家文物进行了大肆掠夺和破坏。另一方面，有着近代考古学知识的西方学者在一系列不平等条约的庇护下，以游历、探险、传教为名取得护照，深入中国内地进行考古调查和发掘。据不完全统计，自 1870 年至 1910 年四十年间，外国学者仅在西北地区就进行了一百多次探险及考古活动，造成中国文物的大量外流。另外，西方人士对中国文物的购求使得文物价格不断上涨，而普通民众缺乏对文物价值的认识，在利益的驱使下大肆盗掘和贩卖，对文物造成极大破坏和流失。”[18]（图 16）

三、艺术品

“艺术是使人不安的，它只有一个价值——不能被解释。”

——［法国］乔治・布拉克（Georges Braque）

布拉克对“艺术”的解释，或许是我们听到的最前卫的、捉摸不透的解释。我们似乎更习惯于明确一点艺术是什么。时间发展到 20 世纪，人类已经阅尽艺术（Art）数千年，在各种艺术中寻找合理的规律性解释。乔治・布拉克，这位与毕加索同为立体主义的创始人，提出了与传统艺术观念不同的解释。西班牙画家安东尼・塔皮埃斯（Antoni Tapies，1923—？）也说：“艺术是一种使人不安的、危险的、错误的，总是带有威胁性的事物。它肯定人类创作的自由，反映了总想达到超出彼岸的那种愿望。”[19] 类似于这种一家之言的艺术解释，不计其数。（图 17）艺术，从行为本身来讲，它分为过程和结果。它含有创作，也含有制作，这也就是我们常说的艺术行为和艺术结果。

艺术是人类社会一种独特的文化形态和现象，也是人类精神的高层次体现，在整个国家文化系

17　喻学才、王健民，《关于世界文化遗产定义的局限性研究》，《云南师范大学学报》（哲学社会科学版），2007 年第 4 期，第 81—82 页。

18　李建，《我国文物保护制度化的发端——论清末“保存古迹推广方法”及其历史作用》，《山东大学学报》（哲学社会科学版），2015 年第 6 期，第 154 页。

19　［西班牙］安东尼・塔皮埃斯，《塔皮埃斯回忆录》，周敏糠、陈泉译，湖南美术出版社，1992 年，第 130 页。

图 16　唐代，韩幹，《照夜白》图，纸本设色，30.8 厘米 ×33.5 厘米，美国大都会博物馆藏

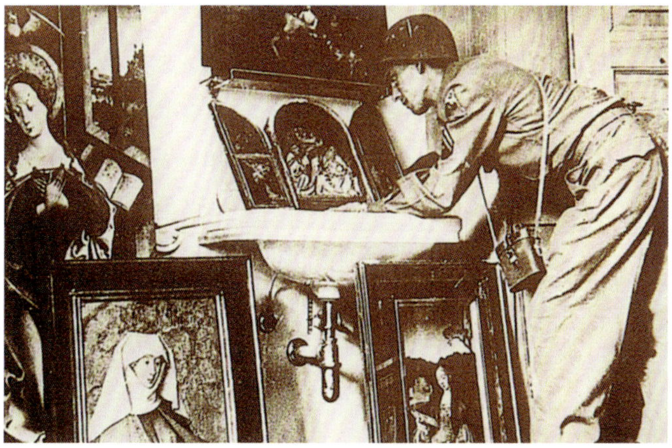

图 17　“第二次世界大战”时期希特勒浴室中堆放的艺术品，高调的奢华

图 18　埃及，狮身人面像，何鸿 2017 年摄

图 19　古埃及伊纳布尼方型雕像，绘彩石灰岩雕刻，公元前 1479—1457 年，高 51.5 厘米，大英博物馆藏

统中占有极其重要的地位。（图 18）但关于“艺术”的解释，历来有不同的视点。在西方世界，艺术与美术同包含于拉丁文“Art”中，指相对于“自然”的人工技艺，泛指手工艺术品、文学、戏剧、音乐或栽培、医术等。古希腊时期，艺术的概念也未脱离技术和技艺的范畴。从文艺复兴开始，艺术开始与“美”等同。在我国，近代以后引进“美术”概念，起初它包含有绘画、诗歌和音乐等。如今“艺术”和“美术”这两个概念内涵渐具明显，美术属于艺术的范畴，美术主要是指绘画、雕塑、建筑、工艺美术、书法和设计等。而艺术则包括美术、音乐、舞蹈、摄影、电影、电视、戏剧、戏曲、动漫甚至网络艺术等各类文化形态。一方面，艺术是一个时代、一个民族或地区文化的突出代表；另一方面，每一个时代或民族的艺术又深深植根于自身的文化土壤中，并与外来文化交流、碰撞和进行自身再创造。（图 19）

艺术在整个社会文化系统中的作用，历来有不同的争论。古希腊哲学家柏拉图

（Platon，前 427—前 347）就认为艺术在人类文化中的地位是值得怀疑的，从而否定艺术自身的价值；他甚至认为艺术对于真理没有多大价值，还逢迎人性中低劣的部分。他强调文艺必须对人类有用，有益于城邦并合乎城邦制定的规范。[20] 战国时期思想家荀子（前 313—前 238）说："诗言是其志也，礼言是其行也，乐言是其和也。"[21] 西班牙画家安东尼·塔皮埃斯（Antoni Tàpies）则说："艺术是知识的源泉之一，正如科学或哲学。"[22] 总体上讲，社会文化系统主要包括物质文化、精神文化、制度文化和宗教文化等，而艺术更多的是属于人文学科和精神文化的范畴。从文化的深层结构来看，物质文化是基础，精神文化是核心，制度文化是媒介，宗教文化是灵魂。物质文化和制度文化，制约和影响着精神文化与宗教文化。

关于"文化"概念的争论，学术界一直有不同的观点。直到 19 世纪中期以后，"文化"一词开始受到文化人类学家和社会学家的热烈讨论。影响较大的是英国人类学家爱德华·泰勒 (Edward Teller) 在《原始文化》中对"文化"所下的定义："所谓文化或文明乃是包括知识、信仰、艺术、道德、法律、习俗以及包括作为社会成员的个人而获得的其他任何能力、习惯在内的一种综合体。"20 世纪中期以后在艺术和文化的大视野中，有一个新兴的学科已经进入了我们的视线，那就是"艺术文化学"。刘悦笛谈到艺术文化学时说："就是关于艺术文化的理论，它是由文化学对艺术学的介入而形成的。艺术文化学致力于从文化的角度来研究艺术的本质和规律，它是属于艺术学的分支学科，而不是文化学的分支。这是由于，艺术文化具有自身的特殊规律，艺术文化学的目的并不在于以艺术现象来印证一般的文化理论，而在于对'作为艺术的文化'与'作为文化的艺术'的特殊规律的把握。"[23] 艺术文化学的研究基础就是在整个社会文化系统中，综合地探讨艺术的问题、研究艺术的现象。如艺术与社会政治、艺术与伦理道德、艺术与宗教信仰、艺术与哲学、艺术与科学技术、

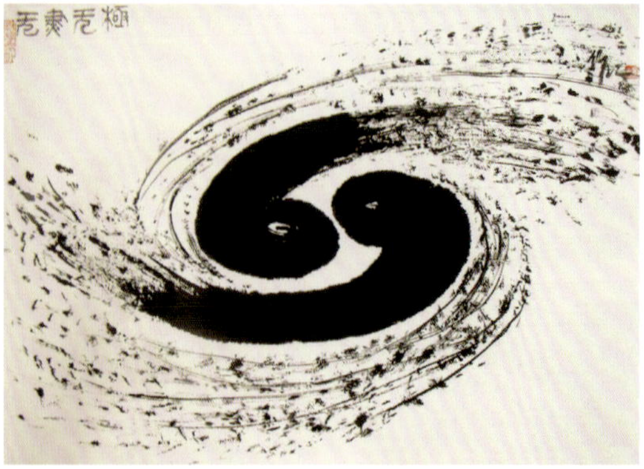

图 20　吴作人，《无尽无极》，纸本水墨，此画为庆贺北京正负电子对撞机（BEPC）建造成功而作，现为北京正负电子对撞机的徽标。这幅画体现了科学与艺术之间的关系

图 21　达·芬奇，《蒙娜丽莎》（局部），法国巴黎卢浮宫藏

图 22　苏州博物馆新馆，由建筑师贝聿铭先生设计

20 ［古希腊］柏拉图，《柏拉图文艺对话集》，卞之琳译，安徽教育出版社，2007 年 4 月。

21 ［战国］荀子，《荀子·儒教》。

22 ［西班牙］安东尼·塔皮埃斯，《艺术观念》，黄河清译，浙江摄影出版社，1989 年，第 13 页。

23 刘悦笛，《深描 20 世纪中国艺术文化学》，《民族艺术》，2004 年第 4 期，第 73 页。

艺术与互联网信息等的关系。（图 20）

时间发展到今日，纵观人类社会的发展历史，很清楚地看到人类经历了畜牧时代、农耕时代、工业时代、科技时代、互联网信息时代和即将进入太空时代。艺术也随着时代的发展进行着自身的演变和革新。18 世纪中叶以后开始的“世界工业革命”在取代手工业生产给人类带来巨大物质财富的同时，也引起了艺术文化的深层变革。德国人弗里德里希·恩格斯（Friedrich Engels）说：“在从笛卡尔（René Descartes）到黑格尔（Hegel）和从霍布司（Thomas Hobbes）到费尔巴哈（Feuerbach Ludwig）这一长时期内，推动哲学家前进的，绝不像他们所想象的那样，只是纯粹思想的力量。恰恰相反，真正推动他们前进的，主要是自然科学和工业的强大而日益迅速的进步，在唯物主义者那里，这已经是一目了然的了。而唯心主义体系也愈来愈加进了唯物主义的内容，力图用泛神论的观点来调和精神与物质的对立。因此，归根结底，黑格尔的体系只是一种就方法和内容来说唯心主义地倒置过来的唯物主义。”[24]

工业革命以后的 19、20 世纪，人类进入了科技和互联网信息时代，艺术也鲜明地打上了时代的烙印。在西方的三大价值体系中，科技体现的是“真”，道德体现的是“善”，艺术体现的是“美”。早在文艺复兴时期的艺术巨匠意大利画家列昂达多·达·芬奇（Leonardo da Vinci）就曾致力于一种“绘画的科学”，他成功地将艺术技巧与解剖学、透视学、光学和数学等有机地结合，成就了世界油画名作《蒙娜丽莎》。（图 21）达·芬奇不仅是个大画家，而且也是大数学家、力学家和工程师，他在物理学的各种不同部门中都有重要的发现。德国画家阿尔不莱西特·丢勒（Albrecht Durer）既是画家，也是铜版雕刻家、建筑师，此外还发明了一种建筑学体系。这种建筑学体系，已经包含了一些在很久以后被蒙塔榔贝尔和近代德国建筑学重新采用的观念。德国诗人歌德（J.W.von Goethe）也承认自然科学的重要性，如是说，假若他没有在自然科学方面的辛勤努力，就不会学会认识人的本来面目。在自然科学以外的任何一个领域里，一个人都不能像在自然科学里那样仔细观察和思维、那样洞察和感觉人物性格的弱点和优点。很显然，从工业时代的达·芬奇和拉菲尔到前科技时代的米勒（Andre Miller）和奥古斯特·罗丹（Auguste Rodin），我们可以清楚地看到某种继承关系和创新。但现代科学技术的迅猛发展，则带来了艺术的巨大变革。艺术家从关注艺术本身开始转向关注人类自身的问题。西方现代艺术如文学、艺术、戏剧、电影、摄影等就是在这种情况下出现的“反传统”或“反艺术”变异。我们很容易在现代艺术中找到诸如“无序”“游戏”“恐惧”“困惑”“荒诞”“象征”“血腥”“怪异”等语境。艺术家这种内心世界的真情独白，很自然地引起了我们对艺术和科学问题的思考。科学在生活的意义上给我们带来了极大的物质财富和便利，但也产生了越来越多的社会问题。战争、环境污染、疾病、心理等已日益成为严重的社会问题。这也让我们从科技时代的艺术本身读到了艺术作为人类精神史链中的更深层含义。科技的发展不仅改变了艺术本身的物质形态，更从深度上改变了艺术的态度。在谈到科技和艺术的某种相同作用时，美国伟大的科学家阿尔伯特·爱因斯坦（Albert Einstein，1897—1955）说：“至于艺术和科学上的创造，在这里我完全同意叔本华（Schopenhauer）的意见，认为摆脱日常生活的单调乏味，和在这个充满着由我们创造的形象世界中去寻找避难所的愿望，才是它们的最强有力的动机。我们试图创造合理的世界图像，使我们在那里面就像感到在家里一样。”[25]（图 22）

艺术与科学的关系主要表现在：首先艺术和科学都是人类智慧的伟大创造，科学影响着人类的思想和生活方式，艺术则愉悦着人们的情感和提升人们的生活品位。科学改变着艺术的物质形态，如材料、表现方式、艺术形式和效果、艺术内容等，艺术也服务于科学，我们正进入一个“艺术的科学化”和“科学的艺术化”时代。互联网信息时代，科技的意义越来越凸现，科学与艺术的关系

---

24 ［德国］马克思，《马克思恩格斯全集》（第 4 卷），上册，人民出版社，1972 年，第 222 页。

25 ［美国］爱因斯坦，《爱因斯坦文集》（第一卷），许良英、范岱年译，商务印书馆，1976 年，第 285 页。

越来越密切。20 世纪的后二十年，新的科技手段如数码摄像技术、电脑、录像、DVD、互联网、多媒体、数字特技等广泛运用于艺术领域。电影中出现了取代传统拍摄技巧的高科技镜头，数字影院的出现取代了传统胶片的放映，电脑绘画、电脑制图和数码摄影取代了传统机械摄影，网上艺术品交易和拍卖的出现、电脑动画和漫画的普及、互联网上的艺术传播取代了传统邮寄方式，高科技的声光取代了传统单一的声光等方式。科学广泛服务于艺术的时代已经全面开始。1997 年，美国导演詹姆斯·卡梅隆（James Cameron）在电影 *TITANIC*（《泰坦尼克号》）中，最后那段船体呈 90° 竖直状态的场景使用了当时最先进的视觉处理技术，利用实景和电脑特技共同配合制作，让人们重温了 20 世纪初那场惊心动魄的海难噩梦。（图 23）在中国导演张艺谋的电影《英雄》《十面埋伏》中，我们也看到了数字特技的绚丽色彩。值得一提的是，2001 年 5 月在中国美术馆举行的庆祝清华大学建校九十周年暨“艺术与科学国际作品展”和在清华园举行的“艺术与科学国际学术研讨会”，从不同的角度和层面探讨了艺术与科学的共同基础与目标，剖析了艺术与科学的特点和联系，也反思了艺术与科学的过去，以探求生命的本质和意义。物理学家、诺贝尔奖获得者李政道先生主持了这次“艺术与科学”的对话。他自己就十分注重科学研究，尤其关注艺术和科学的关系。他说:“艺术与科学的共同基础是人类的创造性，它们追求的目标都是真理的普遍性，它们就像一枚硬币的两面，是不可分割的。艺术，例如诗歌、绘画、雕塑、音乐等，用创新的手法去唤起每个人的意识或潜意识中深藏着的已经存在的情感。情感越珍贵，唤起越强烈，反响越普遍，艺术就越优秀。科学，例如天文学、物理学、化学、生物学等，对自然界的现象进行新的准确的抽象。科学家抽象的阐述越简单，应用越广泛，科学创造就越深刻。尽管自然现象本身并不依赖于科学家而存在，但对自然的抽象和总结乃属人类智慧的结晶，这和艺术家创造是一样的。”[26]

图 23　1997 年美国电影《泰坦尼克号》剧照。该片在全球创造了 18 亿多美元的票房成绩，至 2009 年保持着单部电影票房的世界纪录，后被《阿凡达》打破

图 24　西周，小克鼎，1890 年陕西扶风法门村出土，吴大澂旧藏，现藏于上海博物馆

关于艺术和艺术品的定义，中外有不同的解释。在中国古代，“艺”一词有三个含义：技艺、艺术和种植。《孟子·滕文公》中说：“树艺五谷。”庄子在《养生主》中说：“合于《桑林》之舞，乃中《经首》之会。”清代刘熙载在《艺概》中说：“艺者，道之形也。”18 世纪德国古典哲学家康德（Kant，1724—1804）将艺术划分为“自由的艺术”和“报酬的艺术”两类。美国当代哲学家和美学家乔治·迪基（Gorge Dickie）在《什么是艺术？——一种习俗论的分析》一文中说，艺术品包括两个方面含义：（1）一个人工制品；（2）一系列方面，这些方面被某个或某些代表一定社会习俗（艺术世界）而行动的人，授予供欣赏的候选者的地位。我想，艺术品首先是人工制品，同时也是包含着审美的精神产品，艺术以创造非现实的意象来传达人类的审美经验。（图 24）章利国先

26 ［美国］李政道主编，《科学与艺术》，上海科学技术出版社，2002 年 9 月，第 138 页。

生认为："一般地说，美术品具有双重属性，即精神属性或者说意识形态属性和物质属性。"所以艺术的两个终端分别是艺术人和艺术品，而材料是其载体。艺术品与非艺术品的区别和联系在于：首先，艺术品是人工制造物而非自然物。其次，艺术品是人类精神和物质相融的产品，而非纯物质品。再次，艺术品主要是形象思维的结晶，而不是抽象思维的成果。艺术品与非艺术品在一定条件下可以相互转化。经过审美加工和创造，自然物和人工制品可以转化成艺术品。随着人类社会的发展，人类不断创造新的艺术门类和品种。

第二节　艺术品鉴定与欣赏

图 25　西班牙画家毕加索作品（左真右伪）

图 26　20 世纪 70 年代末钱镜塘先生在鉴定字画（左二为钱镜塘）

一、艺术品鉴定

自古以来，艺术品的真伪问题一直存在。正是有真伪，所以才需要鉴定识别。收藏的经济投资效应，潜在地影响了赝品和作伪现象的诞生。在所有的藏品作伪中，估计艺术类赝品所占的比重最大。制作一件以假乱真的赝品可以为作伪者带来大量的利润和高额回报。这种高额诱惑，体现在人类几千年的收藏历史中。从历代收藏看，大致上出现了几次作伪高潮。一次是宋代，主要是对高古时期青铜器等的仿制。一次是明代，主要是对历代书画的仿制，如"苏州片"等。一次是清代，大规模地仿制书画、瓷器、玉器等，数量空前。一次是民国时期，所造仿品应有尽有，几乎遍及收藏的各个门类。一次是改革开放以后，随着收藏市场的繁荣，作伪出现了专门化、多样化、集团化的特点，遍及收藏的各个领域。按照美国人伦纳德·D. 杜博夫的观点，艺术赝品可以分为三类："（1）伪造品。伪造者精心制作，假冒另一个艺术家的作品出售，有意进行欺骗，其中包括伪造艺术家的签名、伪造作品的证明文件或伪造整件作品。（2）复制、翻印和临摹产品，制作时无进行欺骗意图，最后因错误或失误而被当作原作出售，其中包括某位著名艺术家"所属之流派"中的其他人所创作之作品，后来被当作该大师本人的作品而出售。（3）改头换面的艺术品。其中包括对原作进行修饰加工、剪裁拼接，补全未完成作品，以及没有根据地肆意挖补修复的残品。"[27]

藏品的真伪识别，是困扰世界的难题，相对于一般物品而言，艺术品的识别难度是最大的。（图 25）这主要是因为艺术品不同于其他商品，它带有鲜明的个人色彩和情感因素。

艺术品鉴定，即是鉴明辨别艺术品真伪，包括对年代、作者、材料、艺术品风格等的甄别。鉴定是现代用语，唐代称鉴识、明代称鉴赏等。（图 26）何谓"鉴"？"鑑（鉴），大盆也，一曰鉴

27 ［美国］伦纳德 · D. 杜博夫，《艺术法概要》，周林、任允正、高宏微译，中国社会科学出版社，1995 年，第 42—43 页。

诸，可以取明水于月。”[28] 清人徐灏曰：“鉴，古祇作坚，从皿以盛水也。其后范铜为之，而用以照形者，亦谓之鉴，声转为镜。”[29] 艺术品鉴定在国内外还没有形成稳定的学科，它甚至不是一门系统性的科学，而是涉及诸多学科和专门知识，如考古学、艺术史学、图像学、文化人类学、社会学、自然科学等。艺术品鉴定人才的奇缺和断代问题相当严重，培养也是一个相当漫长的过程，且学院是很难培养出鉴定人才的，需要多方合力，如博物馆等部门提供资源。（图 27）目前国内对艺术品的鉴定普遍存在担忧，如“做局”“国宝帮危机”“王刚砸宝”等语境流行，常常引起人们议论。刘建龙先生说：“大家公认文物艺术品鉴定评估作为维护其交易的公平正义，对维护文物艺术品市场健康发展有着无法替代的作用。二十年来的文物艺术品市场发展狂飙式地高歌猛进，使流通性成了评估鉴定它的唯一原则，文物艺术品鉴定评估不但没有摆脱文物管理体系，没有与时俱进地建立并完善其适应市场与社会需求的体系，起到规范市场的作用，反而不断被边缘化，甚至成了某些利益集团的帮凶。个中原因值得市场制度制定者和管理者深思。”[30] 今天我们所碰到的艺术品鉴定问题，自古而然。丁宁先生在谈到艺术品鉴赏的重要性时说：“‘鉴赏’，取其狭义，并非通常所理解的一般艺术欣赏活动，它所针对的主要是艺术品的归属关系的确证。因而，确切地说，‘鉴赏力’指的就是人在面对艺术品时所表现出来的知觉的敏锐度、历史感的准确度、技巧感的精深度，以及判定艺术品归属关系的经验与水平等。在这种意义上说，鉴赏活动直接关乎艺术品的真伪或来历问题。”[31]

以书画为例。书画之真伪，早已有之，实则在王羲之时代前后就已出现。（图 28）正是“（王羲之书法）雅所爱重，悬金招买，吴升的大观不计贵贱”[32] 的现象，导演并开启了书画作伪的序幕。（图 29）南朝宋泰始年间会稽余姚人（今浙江余姚）虞龢著有《论

图 27　沪上鉴藏家钱镜塘先生像，毕生收藏 5 万件书画等艺术品。陆续捐给国家 4000 余件

图 28　东晋王羲之像（出自《集古像赞》）

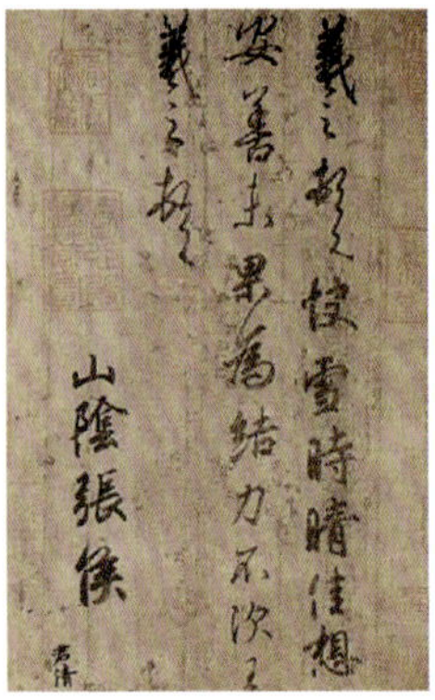

图 29　东晋，王羲之，《快雪时晴帖》，台北“故宫博物院”藏

28 ［东汉］许慎，《说文解字 · 新附》。

29 ［清代］徐灏，《象形文释》。

30 刘建龙，《文物艺术品鉴定评估刍议》，《民族艺术研究》，2014 年第 6 期，第 152—53 页。

31 丁宁，《论艺术品的真伪鉴赏问题》，《文艺研究》，2013 年 7 期，第 15 页。

32 ［南朝］虞龢，《论书表》。虞龢，会稽余姚（今浙江余姚）人。南朝宋时书家，官至中书侍郎。家贫好学，遇屋漏，唯恐湿污书籍，以棉被覆盖书上，传为美谈。明帝时曾奉诏与巢尚之、徐希秀、孙奉伯等编次“二王”法书，著有《论书表》（一卷）。

图 30　东晋，顾恺之《女史箴图》（局部），大英博物馆藏

书表》一篇，文中提到朝廷所藏书画，真伪混杂。他说 :“朝廷秘宝名书，久已盈积，太初狂迫，乃欲一时烧除。左右怀让者，譬说乃止。孝武亦纂集佳书，都鄙人士多有献奉，真伪混杂。”他还提到书画作伪情况 :“以茅屋漏汁染变纸色，加以劳辱，使类久书。”唐代张彦远在《历代名画记》“论鉴识收藏购求阅玩”中提到书画鉴藏之关系时说 :“夫识书者多识画，自古蓄聚宝玩之家，固亦多矣。则有收藏而未能鉴识，鉴识而不善阅玩者，阅玩而不能装褫，装褫而殊亡铨次者，此皆好事者之病也。”[33] 张彦远又言 :“鸠集遗失，鉴玩整理，昼夜精勤……竟日宝玩。可致者必货弊衣减粝食……惟书与画犹未忘情。”[34]（图 30）

宋代沈括在《梦溪笔谈》中曰:“藏书画者，多取空名。偶传为钟（繇）、王（羲）之、顾（恺）之、陆（探微）之笔，见者争售。此所谓‘耳鉴’。又有观画而以手摸之，相传以为色不隐指者为佳画，此又在耳鉴之下，谓之‘揣骨听声’”。明人张丑（1577—1643）在《清河书画舫》中提出了书画鉴定的经验技巧，其文如下:“鉴赏书画要诀，古今不传之秘，大都有四，特为拈出。书法以筋骨为神，不当但求形似；画品以理趣为主，类可徒尚气色？此其一。夷考宣和、绍兴、明昌之博睿赏，并及宝晋、鸥波、清闲之品题，举一例百，在今犹昔，此其二。只有千年纸，曾无千岁绢。收藏家轻重攸分，易求古净纸，难觅旧素绢，展玩时，真伪当辨，此其三。名流韵士，竞以仿效见奇，取圣通人，端在于此。俗子敝夫，专以临摹藏拙，遗讥有识，岂不有兹？此其四。是故善鉴者，毋为重命所骇，毋为秘藏所惑，毋为古纸所欺，毋为拓本所误，则于此道，称庶几矣。”

近人余绍宋先生在《初学鉴画法》（1928 年在天津南开学校的讲演）中说:“中国（书）画鉴法，第一自然是辨真假。真假的辨别有两法：一、形式的研究。二、精神的研究。”[35] 叶子先生在《中国书画鉴定丛论》中指出 :“书画鉴赏，实际上包括鉴定和欣赏两个方面。鉴定主要是指判定作品的真伪，应属鉴定学的范畴；欣赏主要指品评作品的优劣，属艺术批评学的范畴。”[36]

艺术品的鉴定在艺术品市场中是相当重要的一环，艺术品的真伪直接影响艺术品市场的秩序和

33 ［唐代］张彦远，《历代名画记》，人民美术出版社，1964 年，第 33 页。

34 ［唐代］张彦远，《历代名画记 · 论鉴识收藏购求阅玩》，人民美术出版社，1964 年。

35 余子安编著，《余绍宋书画论丛》，北京图书馆出版社，2003 年，第 17 页。

36 叶子，《中国书画鉴定丛论》，浙江古籍出版社，2009 年，第 4 页。

质量。就像我们碰到的“正版”和“盗版”光碟一样，如果以盗版冒充正版，而以相同的价格出售，势必会挫伤买者的信心和失去市场。但艺术品的真伪问题远远没有光碟的判别这样简单。近年来出现的艺术法案越来越多，加上没有相关的法律作为参照，最后的结果总是令人费解。典型的案例是1995年浙江中澳纺织有限公司诉讼浙江国际商品拍卖中心一案，关于张大千《仿石溪山水》的真伪问题，北京的徐邦达和上海的谢稚柳为此展开了争论，同为顶级专家的鉴定家得出了截然不同的结果，很是令人不安。（图31）可以显见，不管结果如何，法院的判决是无奈的。不像其他商品在出现争议时，有消费者协会进行决断，艺术品方面没有相关的仲裁委员会来扮演这种角色。那我们的各级文物鉴定委员会起了什么作用呢？原来他们的任务是负责国家博物馆和各级文博单位内部的藏品鉴定，对外暂时还没有这方面的义务和业务。

从目前中国的鉴定层面看，艺术品的真伪问题多是“专家说了算”。可专家说了算，就能给艺术品的真伪盖棺定论吗？显然，这是理想的思维。专家的判断凭的主要是经验，在赝品泛滥的今天，作伪者往往掌握了经验的心理，而给鉴定者带来了极大的麻烦。20世纪末出现的一些震惊世界文物界的事件的确让我们感到忧虑：一件是1989年轰动世界的假古董瓷器诈骗案；一件是1993年发生在北京的假汉陶案。艺术品的真伪问题成了世界关注中国艺术品市场的重要问题，这一问题也影响了中国艺术品在国际上的形象。纽约苏富比拍卖行在前几年就宣布停拍中国书画艺术品，这的确值得我们深思。

藏品真伪的识别很难，对在世艺术家作品而言，相对来说还是要简单一些，可以让艺术家签一份证明书或凭证，记录藏品的相关信息，如名称、创作时间、材质特点、内容题材等。但古代的藏品、自然物藏品、科技产品藏品等，就需要借助各种手段全方位加以识别，这常常是一个费时而艰苦的工作。我国古陶瓷鉴定老前辈耿宝昌先生认为：我国今后的文物艺术品鉴定要通过传统目鉴和利用科学测试相结合的方式进行，光凭目测经验是远远不能适应现代艺术品市场的发展的。他还呼吁，要增加这方面的投资和提升科技鉴定含量。的确，艺术品的鉴定除了艺术风格的相关因素（如笔法、墨法、造型特征、个性面貌等，当然还有偶然性）外，主要的还有材料上的相关问题。材料的鉴定也许通过科技帮忙是一个很有前景的课题。（图32）

近年来出现了一个新的艺术品鉴证概念，或称“艺术品鉴证体系”“艺术品鉴证科学体系”，大意是一种融合理论创新、技术创新、文化体制创新、产业模式创新的新型文化形态，主要涉及以下几个方面的问题：一是作者鉴定，即艺术创作者的相关问题，如人寿年限、作者的记忆力和眼力、道德问题等。二是经验鉴定，涉及专业实力、主要依据、司法问题等。三是科技鉴定，国际数据库

图31　1995年中国大陆拍卖第一案，张大千《仿石溪山水》，假画案作品

图32　元代青花莲池鸳鸯戏水大盘，口径42.3厘米，内蒙古呼和浩特托克托县发现

图 33　元青花瓷四扁壶，2002 年美国纽约朵尔拍卖行以 583 万美元成交

系统建设、国内国际经验交流等问题。四是认证备案、防伪备案、实验室数据库建设等问题。五是艺术品鉴证，是应对艺术品作者署名真实性，艺术品原创性、相关文字信息准确性的认知需求，为了界定原创、模仿、复制、作伪、抄袭、代笔等行为，以科学的态度与方法为宗旨，坚持科学取证、科学论证的基本原则，既有严谨的鉴之过程，也有科学的鉴之依据，从而在艺术品领域中构起认知、管理、服务的相关体系。[37]（图 33）

在目前中国收藏品市场混乱无序发展的情况下，有必要进行正确的引导，如进行收藏品市场立法并加以完善，建立相关的政策和管理部门。在走私方面，一方面要加大海关等部门的管理力度，同时要从源头上坚决杜绝盗墓等违法犯罪行为；另一方面要加强国际间文物艺术品管理的有效合作，目前已经取得了好的成效。在拍卖主体的建设方面，要注意吸收国际上的先进经验，避免走弯路。如建立大型的联合拍卖集团和拍卖信用体制，因为这样可以提高拍品的质量，有效地进行广度和深度的宣传，节省很多的宣传和拍卖经费，同时也能利于管理，建立有效的统一收藏品市场。这一点在日本、法国和英国等发达国家取得了非常好的效果。在藏品鉴定方面，要尽快弥补鉴定人才“断代”现象，注意人才的培养和接代延续教育，对老一辈鉴定家要尽快建立保存口述经验的资料，加大科技鉴定的投入和研究。同时设立专项研究基金，极大限度地建立中国文物艺术品基因库，在世界范围内建立中国文物艺术品的监测和研究机构，以获取更多的文化个案，从而延续和整合中华文明的文化经脉。在博物馆的建设方面，要积极地与国外博物馆合作，进行展品的互惠展览和交流。同时定期免费开放国内的博物馆等文博单位，以利于开展广泛的社会艺术基础教育和宣传，提高全社会的艺术意识；在各级学校要积极和加大力度开展以艺术教育为中心的人文教育，并且坚持不懈。在大学要建立收藏品市场的研究和课程设置，以利于培养后续人才。可喜的是，一些高校已开始设置与收藏学有关的艺术品市场学的课程。总之，随着收藏品市场的发展，与此相关的问题也会慢慢凸显出来，这就需要我们未雨绸缪、防微杜渐，积极有效地引导收藏品市场，健康有序地发展。

二、艺术品欣赏

关于欣赏，人们通常会说到这几个概念：鉴赏、欣赏、品赏或品评等。对文学、音乐、电影、戏剧，通常称为艺术欣赏。而对书画、陶瓷、玉器、青铜等大多称为艺术品鉴赏或文物鉴赏，似乎是心照不宣的。（图 34）

关于艺术欣赏、艺术品鉴赏的部分观点：

唐代张彦远在《历代名画记》中说：“有收藏而未能鉴识，鉴识而不善阅玩者，阅玩而不能装褫，装褫而殊亡铨次者，此皆好事者之病也。”

明代张丑在《清河书画舫》中说：“鉴赏二义，本自不同，赏以定其高下，鉴以定其真伪，有分属也。”

37　尹毅，《论艺术品鉴定与管理的四大正能量及艺术品鉴证体系建构》，《天津美术学院学报》，2015 年第 3 期，第 68—73 页。

德国马克思说："如果你想得到艺术的享受，你本身就必须是一个有艺术修养的人。"[38]"对于不辨音律的耳朵来说，最美的音乐也毫无意义，音乐对它说来不是对象，……因为对我说来任何一个对象的意义都以我的感觉所能感知的程度为限。"[39]

俄国列夫·托尔斯泰说："艺术是这样的一项人类的活动，一个人用某种外在的标志有意识地把自己体验过的感情传达给别人，而别人为这些感情所感染，也体验到这些感情。"

图 34 中国古陶瓷研究专家冯先铭先生在大英博物馆库房观赏中国瓷器

美国艾布拉姆斯在《镜与灯》中认为，艺术作品有四个要素，即世界、作品、艺术家、欣赏者。在这四个要素中，作品处于中心地位。

"鉴赏"一词英文是"appreciate"，即是对文物、艺术品等的鉴定和欣赏。这和汉语语境的"鉴赏"概念内涵是一致的，相对于文学作品而言，多为欣赏，而文物、艺术品则有鉴别真假的一层含义。李新认为艺术鉴赏的构成有三个主要成分："一是鉴赏对象、鉴赏主体和鉴赏场所及中介。艺术鉴赏的对象是什么？艺术品。现代艺术实践活动繁复多样，艺术品的范围也越来越广，可以从艺术品的创作工艺、表现材质、表现方式、使用目的、功能性能、时间范围等入手，大致将艺术品分为绘画类艺术品、雕塑类艺术品、设计类艺术品、表演类艺术品、电子媒介类艺术品、语言文学类艺术品、音乐类艺术品等，这是我们通常所说的艺术鉴赏对象。……谁在鉴赏？无疑是鉴赏主体。不同地域、民族、国家、历史时期对艺术鉴赏活动产生了不同的影响，在不同环境、条件、背景下所产生的不同的鉴赏群体，具有不同的鉴赏经验。鉴赏主体经验的差别，是影响鉴赏的重要因素。……艺术鉴赏发生在什么场所，是在家庭还是在广场，是在影院还是在音乐厅，是在个人私密空间还是群体场合，是在博物馆还是歌剧院，这会产生不同的效果，不同场所、空间对艺术鉴赏产生不同的影响。鉴赏的中介，指媒介。艺术总是由媒介材质作为其物质存在基础的。媒介不同，有时是我们区分艺术门类的一个根据。"[40]美国拉尔夫·史密斯（Raiph.A.Smith）在《艺术感觉与美育》一书中阐述了奥斯本等人关于艺术鉴赏是一种"技能"的观点："'鉴赏能力'是一种经过培训而得到的欣赏美术作品和自然景物的能力，是对一种复杂的视觉或听觉构图以及它们的深奥的意义的整体把握能力，这样一种审美鉴赏的技能和能力，是一种认识性的能力，是一种通过训练而得到的操作性能力，与不经意的习惯不同，技能是一种通过培训而获得的智能。"[41]（图 35）

图 35 明代永乐白釉刻莲纹僧帽壶，高 20 厘米，西藏博物馆藏

赏，即品评、欣赏作品高下、优劣。朱志荣先生谈到"欣赏"的重要性时说："欣赏活动作为

38 马克思，《1844 年经济学—哲学手稿》，刘丕坤译，人民出版社，1979 年，第 108—109 页。

39 马克思，《1844 年经济学——哲学手稿》，刘丕坤译，人民出版社，1979 年，第 79 页。

40 李新，《艺术鉴赏的经验性论纲》，《艺术百家》，2016 年第 3 期，第 170—171 页。

41 ［美国］拉尔夫·史密斯，《艺术感觉与美育》，滕守尧译，四川人民出版社，2000 年，第 161—166 页。

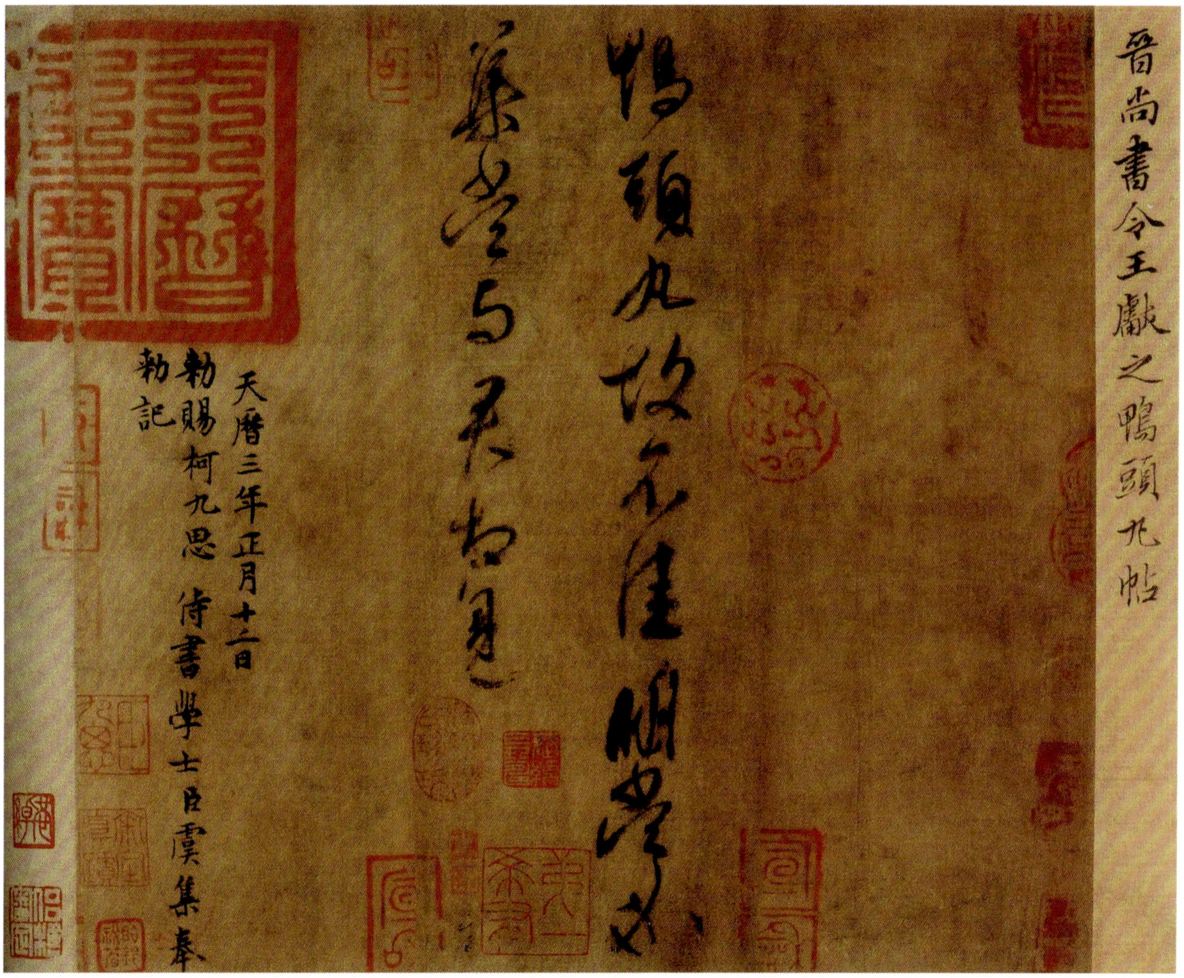

图 36 东晋，王献之，《鸭头丸帖》，绢本，26.1 厘米 ×26.9 厘米，两行共 15 字，现藏于上海博物馆。清代吴其贞称此帖为“无上神品”

人的生命活动的组成部分，与人的其他活动是相互关联的。欣赏者的欣赏过程，是艺术作品完成过程中不可或缺的环节。艺术作品虽然经历过创作者的审美活动，但在欣赏者接受之前，作品还没有最后完成，只具有潜在的审美价值。只有经历过欣赏者的审美活动，作品才算生成，其价值才能得到最后的实现。因此，创作只是文本物态的生成，欣赏才是作品的最后生成。”[42] 南朝王僧虔（419—503）在《论书》中就提出了书法品评的美学标准，他说：“宋文帝书，自谓不减王子敬。时议者云：天然胜羊欣，功夫不及欣。”“天然”与“功夫”便是书法品评的两种美学标准。这也与后来提出的“神品”与“能品”的品评标准相吻合。到南朝庾肩吾（487—551）的《书品》，将汉代至齐梁年间书法家一百二十三人，分成上中下三品。（图 36）清代刘熙载在《书概》中说得也比较精到：“书，如也。如其学，如其才，总之曰如其人而已。”又说：“书可观识，笔法字体，彼此取舍各殊，观之，高下存焉矣。”绘画亦是如此，南朝谢赫在《古画品录》中提出“夫画品者，盖众画之优劣也。图绘者，莫不明劝戒，著升沉，千载凄寥，披图可览。虽画有六法，罕能尽该，而自古及今，各善一节”。也就在这一时期，南朝吴兴（今浙江湖州）人姚最在谢赫的基础上也完成了绘画品评的重要著述《续画品》。姚最认为，书画鉴赏是一件很困难的事。他说：“丹青妙极，未易言尽。”[43] 法国

42 朱志荣，《中国艺术的欣赏生成论》，《天津社会科学》，2012 年第 6 期，第 109 页。

43 潘运告编著，《汉魏六朝书画论》，湖南美术出版社，1997 年，第 322 页。

美学家杜弗海纳说："一幅不曾展出的绘画、一份未经出版的手稿、一个没有上演的剧本，都是些尚无资格跻身文化世界的对象。因为它们还没有充分存在。艺术家可能会说，这些是他的作品，它们存在着，因为它们已经被创作出来。但他又希望这些作品也为他人而存在，希望这些作品的存在受到公众评判的认可。……作品又是通过欣赏者才得到自己充分的现实性。"[44]（图37）

图37　五代，徐熙，《雪竹图》，钱镜塘旧藏，现藏于上海博物馆

艺术品欣赏，随着时代的发展，也在不断拓展它的研究视域。丁宁先生说："伟大鉴赏家获得的尊重与推崇的程度常常超过书斋型的美术史论家，前者的工作业绩毕竟都颇为显赫可见，艺术品的真伪、优劣、高下等，均在他们的审视下奇妙地还原出本来面貌。不过，问题在于，对鉴赏本身的理性探讨迄今为止依然过于稀少或太多经验的成分，理应有更为周全而深入的把握。"[45]张玉能、张弓在《深层审美心理和艺术鉴赏》一文中说："'视界融合'是审美欣赏和艺术欣赏中的一个十分重要的审美现象，它是作者的'文本视界'与接受者的'期待视界'的交融汇合，正是因为它，作者赋予作品的'文本含义'才与接受者赋予作品的'文本意味'合二为一，水乳交融，使得作品文本的意义得到了丰富和扩大，使得接受者的审美欣赏和艺术欣赏成了一种具有主体性和创造性的'再创造'；'视界融合'的'一拍即合'方式、'对立统一'方式、'逐渐融合'方式分别成就了经典作品、创新作品、一般作品的文本意义生成；'视界融合'的'再创造'表现为意义阐发、形象重构、意境再现等三个方面；它们充分地显示了'视界融合'在审美欣赏和艺术欣赏中的重要地位和作用。"[46]（图38）

图38　北宋，《水月观音》，美国佛利尔美术馆藏

互联网、网络科技、数字化等的发展，也影响了艺术鉴赏。黄鸣奋先生在《航行化：互联网时代的艺术鉴赏》一文中谈道："网络辅助艺术鉴赏在局域网的支持下起步时，有关艺术组织和个人将自己所拥有或收藏的艺术作品目录及相关参考信息输入计算机，主要供内部参考之用。为了方便查找，它

44　[法国] 米·杜弗海纳，《审美经验现象学》，韩树站译，北京文化艺术出版社，1996年。

45　丁宁，《论艺术品的真伪鉴赏问题》，《文艺研究》，2013年第7期，第15页。

46　张玉能、张弓，《深层审美心理和艺术鉴赏》，《文艺理论研究》，2013年第3期，第63页。

图 39　五代，周文矩，《合乐图卷》，美国芝加哥艺术学院藏

们订购或开发了数据库系统及检索工具。互联网使得网络辅助艺术鉴赏上了新台阶，其表现之一是在线搜索引擎的应用。随着万维网向语义网的转变、下一代网络的应用，导航系统日益智能化。与此同时，人类艺术逐渐将自己的大本营从物理世界迁移到虚拟世界，网络辅助艺术鉴赏从而演变成为网络艺术鉴赏。”[47]

不管是艺术鉴定，还是艺术鉴赏，或许都是一种能力，一种人与物沟通交流的能力。拉尔夫·史密斯（Raiph.A.Smith）在《艺术感觉与美育》一书中阐述了奥斯本等人关于艺术鉴赏是一种“技能”的观点：“‘鉴赏能力’是一种经过培训而得到的欣赏美术作品和自然景物的能力”，是“对一种复杂的视觉或听觉构图以及它们的深奥的意义的整体把握能力”，“这样一种审美鉴赏的技能和能力，是一种认识性的能力”，“是一种通过训练而得到的操作性能力”，“与不经意的习惯不同，技能是一种通过培训而获得的智能”。[48]

第三节　艺术品鉴赏要素（以书画为例）

一千五百年前，南朝文艺理论家刘勰在《文心雕龙·知音》中说：“魏氏以夜严为怪石，宋克以燕砾为宝珠。文情难鉴，谁曰易分？”[49] 中国书画真伪的鉴定，一直是困扰世界的难题。当然，西方也有真伪作品的困惑。2009 年西班牙《世界报》就报道：“意大利警方称，他们在近三年中已没收将近 4 万件艺术赝品，其中大多数仿冒了现代艺术家的作品。”艺术鉴赏家奥托·库尔茨在 1948 年就出版有《赝品》一书，他曾师从维也纳学派美术史家施罗塞，并在其博士论文里对当时并未得到恰当评价的巴洛克绘画大师雷尼的作品做了极其精彩的分析。后来，他在奥地利历史研究学院有关艺术品维护的授课经历使之对艺术品的真伪问题倍加关注。当年，他曾单枪匹马地将伦敦各处展出的不少艺术伪作一一识破，让不少美术史论家刮目相看。他与贡布里希共事过，后者对其倍加赞誉，认为他是一位罕见的博学者。[50] 中国虽然历朝历代有一些书画著录和文献记载，但毕竟元代以前书画真迹、实物遗存相当少，难以回复当时的状态。加上中国书画流落在世界各地的分散性和损毁相当严重，即便很多学者下大力气在世界各地进行搜寻、统计和研究，也由于这门学科的复杂性和博大精深，故难以建构严谨、系统而有序的美术史真时空。（图 39）历朝历代浩如烟海的书画作品、仿品、摹本和中国书画师承传统的自律性因素为书画真伪的鉴定增大了难度，这就要求我们以科学的方法建构中国书画艺术的文化基因图序。鉴于中国书画艺术是包容人文精神的复杂胎体，只是尽可能去建立中国书画艺术的真伪鉴定体系和图示坐标参照体系。一件艺术品的容量的确要比人们想象的复杂得多，中国书画亦是如此。从技术层面上看，中国书画所包含的要素有材料（包括绢、

47　黄鸣奋，《航行化：互联网时代的艺术鉴赏》，《南京邮电大学学报》，2008 年第 3 期，第 3 页。

48　［美］史密斯，《艺术感觉与美育》，滕守尧译，四川人民出版社，2000 年，第 161—166 页。

49　［南朝·梁］刘勰，《文心雕龙》，韩泉欣校注，浙江古籍出版社，2001 年。

50　Matthew Rutenberg，*The Charms of Deception*，The New York Review of Books，January 31，1991.

纸、笔、墨、砚、颜料等)、技法(历朝历代创立的书画表现技巧和规范等)、装裱(不同时期、各个地区的装裱样式、所用材料等)、主体(题材内容、款记、印鉴、跋文等)等。这些是鉴定中国书画必须首先掌握的内容,作品背后所包含的主体个性、人文、历史等要素则是鉴定中国书画的最难之处。针对一件书画作品,细细分来,有这么一些因素供我们参考。

作品的现存状况:

作品的现存状况是指作品的破损程度和保存状况。中国书画所用的绢帛、宣纸等由于时间的久远,大多已经损坏或被人为因素破坏。针对这些情况如何去建构它的完整性则是相当重要的。因为一幅完整的书画作品才能体现它当时的面貌和正确引领人们的思维。(图 40)如"元四家"之一黄公望(1269—1354)的《富春山居图》(长卷),火患致使它断为两截,一半现藏浙江省博物馆,另一半在中国台湾"故宫博物院"。如何去复位这件作品被烧的部位相当重要。否则不能完整地展现富春江一带的山水风貌和地域环境,也就不能全面把握黄公望山水画的艺术特色。重构的一种可能是以现存的蓝本对着实景比较,寻找缺失。另一种可能是从黄公望的其他山水画中找寻注脚或同时代及以后画家的相关临本绘画中找寻线索。还有一种可能是从文献、著录等描述中进行重构。但重构的难度是,元代的山水画与宋代范宽等人的山水画有质的不同。宋代是注重"与其师人,不若师诸造化"(宋代范宽语)的"游观山水",而元代多是"直抒胸臆"的"书斋山水"。但希望黄公望"领略自然胜境,随笔摹写"的学习方法能帮我们找到重构的依据。与之相比,北宋张择端[51]的《清明上河图》则要幸运得多。它完整的形象为我们鉴定同时代的作品提供了很好的坐标和范本。完整的且准确无误的书画真迹在鉴定学上的意义非常重大,它为我们建构一个书画家在某个时期的书画文化基因提供了精确的参照和数据。这也是为什么我们面对早期书画摹本和不完整的作品时经常出现尴尬的情形。西方的艺术品也同样遇到类似的问题。当我们面对古希腊时期著名的雕塑作品《断臂的维纳斯》(美安德

51 张择端(1085—1145),字正道,又字文友,东武(今山东诸城)人。自幼好学,早年游学汴京(今河南开封),后习绘画。宋徽宗时供职翰林图画院,专工界画宫室,尤擅绘舟车、市肆、桥梁、街道、城郭。后"以失位家居,卖画为生,写有《西湖争标图》《清明上河图》"。张择端是北宋末年杰出的现实主义画家。其作品大都失传,存世有《清明上河图》《金明池争标图》。

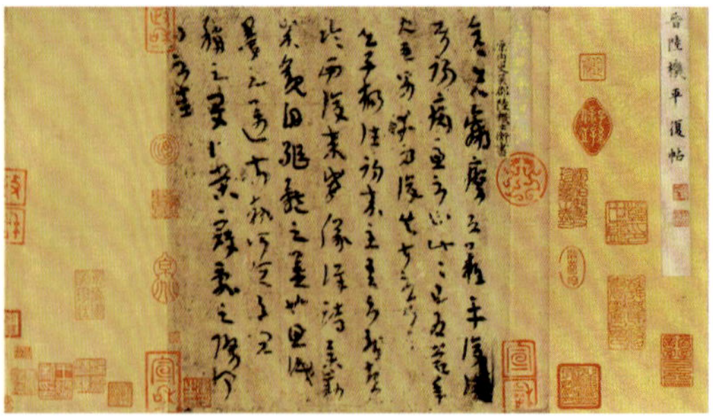

图 40　西晋,陆机,《平复帖》,纸本,9 行 84 字,无款,张伯驹先生旧藏,现藏于北京故宫博物院

图 41　古希腊雕刻《断臂的维纳斯》,高 203 厘米,法国卢浮宫藏,王谦先生 2017 年拍摄

图 42　"纸寿千年"之铅山连四纸,又名"连史纸",获国家地理标志保护,产于江西上饶

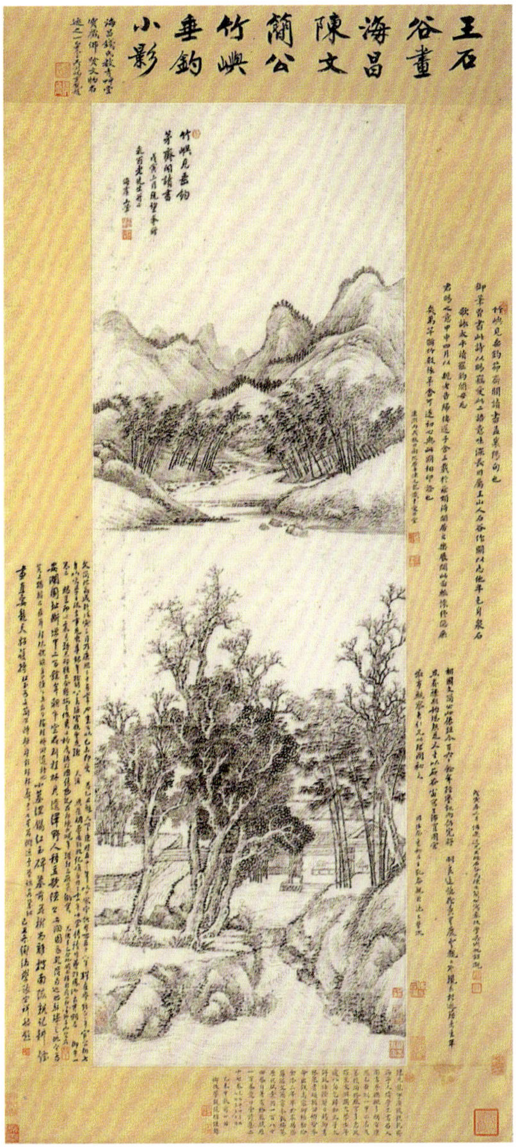

图 43　清代，王石谷，《竹屿垂钓》，钱镜塘先生花费 16 根金条购得并用上等材料装裱好，后捐浙江省博物馆

图 44　五代后蜀（传）石恪，二祖调心图之一，日本东京国立博物馆藏

罗河畔安屈克亚的亚历山德罗斯之作）时，往往忽略她原始的状态，而她的秀美大大掩盖了她的残缺。脱离了原生环境和状态，人们也无心和无法回复她的本真面貌。（图 41）但中国书画一以贯之的自律传承和重复回归与叠加使我们必须面对和重构作品的真实面貌。

书画所用材料：

从硬件上看，书画材料的构成，主要指书画芯所用的绢帛、宣纸、毛笔、墨彩、印章等，还有装裱所用材料及附件。一定时期所用的材料有它的特性，不同的时期有不同的装裱方法，这就要求清楚把握不同时期的材料特征。材料的鉴定往往比书画家风格的鉴定要来得简单，可以借助科技的手段。比如对不同时期、不同地区的绢帛、纸张、墨、印泥等，进行成分、结构和成色分析，建立资料档案，这是硬件方面的鉴定，从而比较容易分辨大的时序空间。（图 42）书画的装裱也有不同的材料、形制和特点。首先要分辨出是原裱还是重裱，原裱是什么风格的装裱，若是重裱，结合书画的流传，分析重裱的特点。装裱的材料也不同。我就曾采访过上海的老裱画家严桂荣先生，他曾供职上海博物馆，也曾为现代上海大收藏家和鉴藏家钱镜塘装裱超过万件的书画。他说，钱镜塘对书画的装裱要求很高，一般采用上等耿绢作为主要材料，其他的配件也是要求精到和上乘。（图 43）

技法的多样构成：

技法的鉴定在中国书画中是难度较大的一个层面。对不同的艺术家而言，技法是不定的变数。而且基本上所有的画家都不是单一的技法。书画家技法的成熟往往要经历很长的过程。起初接受的传统可能会很多，后来才逐渐形成自己的面貌。这是由中国书画的师承传统和自律性决定的。赵孟頫的“复古”思想、董其昌的“南北宗论”等循环和叠加了中国书画的构成元素。中国书画技法的构成，集中体现在用笔、用墨上。于是形成了不同的线型，如十八描等；各种皴法，如披麻皴、钉头皴、雨点皴等；各种墨法，如泼墨法、积墨法、宿墨法等。（图 44）这些元素的鉴定没有固定的程式和标准，需要从画家的传世真品、同时代的相关画家和可以利用的文献资料中综合出书画家的技巧构成特点，这项工作是异常艰巨、难度极大且必不可少的。

题材的复杂性：

图 45　元代，赵孟頫，《二羊图》，纸本水墨，25.2 厘米 ×48.4 厘米，美国佛利尔美术馆藏

中国画早在唐代就进行了独立分科，主要有山水、人物、花鸟虫鱼、鞍马、鬼神等。[52] 而中国书法则可分为篆、隶、行、楷、草等书体。大多数书法家和画家不止擅长一种题材或书体，这便给鉴定带来了难度。画家对题材的选择在某种程度上表现出他的兴趣爱好、心境和时代特色，一般而言是没有规律可循的。但在中国美术史上也出现了诸如山水画家、花鸟画家、人物画家等的专业称谓，这是指某个画家的代表性意义，并非指画家的全部。因为题材本身就不是绝对孤立的，有单独的人物肖像画，也有单　的花鸟画，同时也有几种题材糅合在一起的现象，尤其近现代以来这种现象更加普遍。一些画家，虽以山水画为名，但也画人物或花鸟。如齐白石既画花鸟、虫鱼，也画人物和山水。又如元代画家赵孟頫既能工山水、人物，花鸟也画得很好，书法更以“赵体”而名扬书坛，他的诗词曲也很擅长，“全才型”的赵孟頫不仅得到后代画家董其昌的极力推崇，太空中还有一颗行星是以他的名字命名的。画家对题材的选择没有固定的理由，一般是以某种题材为主，而兼顾其他题材，这也给鉴定带来了难度。（图 45）

书画家：

书画家是书画作品的直接生产者，这一主体在书画鉴定中相当重要，它直接与作品发生关系。因此，有必要建立书画家个人的资料信息库，可以包括书画家的身世、生平、籍贯、一生居住流转、生活环境、社会地位、职业、经济状况、身体状况、学艺经过等。这些信息的取得，可以通过以下几个途径：一种可能是历代画史、画论、著录、传记、历史（正史和野史）、小说、笔记、信札等；一种可能是书画作品上的题跋、款识和印记所透露的信息；还有一种就是考古发现，如碑刻等不易腐蚀毁坏的文字材料。然后进行编选、甄别和研究考证，书画家的这些信息对鉴定他的作品有时会有直接的作用。（图 46）记得几年前，上海博物馆展出的傅抱石金刚坡时期的巨幅作品展，就有人从傅抱石这时期的居住环境和条件对作品的真伪提出了质疑。当然，上面列举的这些要素，考证起来也是非常困难的，往往缺少最原始的第一手材料，或书画家本人的自述、日记、随笔或课徒画稿等，或同时代人的描述，而这些又是书画鉴定最准确的信息。可许多早期画家（宋元以前）的信息大都是后人不断地传抄和推想，甚至虚构，因此给鉴定带来了较大的模糊性，但这项工作必须严肃认真地去做。针对这种状况，现代很多学者着手从后来浩如烟海的史料中逐一甄别、推理和考证，如尹吉男先生针对五代画家董源资料的缺乏，从宋代郭若虚《图画见闻志》到明代董其昌的关于董源的史料中，层层分析和推理，重构“董源”概念，这对鉴定董源书画无疑有积极作用。正如他文中所说：“董其昌及其时代的‘董源’概念是由宋代文本的‘董源’和流传至晚明的卷轴画或收藏品的‘董源’概念构成的。当然，这还不是‘董源’概念的全部，还要加上王世贞、詹景凤和董其昌等人对董源的解释。”[53] 书画家作为书画创作的主体，对其相关因素的把握，自然是最重要的。（图 47）

书画家师承关系：

中国书画在传承延续方面，与西方绘画有较大的差异。西方绘画遵循的是自然观，也有类似

52　［唐代］张彦远，《历代名画记》，人民美术出版社，1964 年。

53　尹吉男，《中国绘画史中的“董源”概念的历史生成与重构》，《文物天地》，2002 年第 12 期。

图 46　元代，赵孟頫，《苏东坡像》，台北“故宫博物院”藏

图 47　五代南唐，董源，《溪岸图轴》，台北“故宫博物院”藏

图 48　清代，八大山人，《鱼石图》，藏于北京故宫博物院

图 49　黄宾虹先生作画中

图 50　五代（梁），关仝，《关山行旅图轴》，台北“故宫博物院”藏

师徒传授制的画室教育；中国书画在“师造化”的同时更注重师徒传授的规范，有严谨的师承关系。这种师承关系有间接的和直接的。无论是宋代的苏东坡，还是明代的沈周，在他们的身上都可以感受到前代艺术的影子和基因。即便是“个性派”的清初“四僧”“扬州八怪”，还是近现代的齐白石、黄宾虹、张大千等，也都是在前人的基础上垒建中国书画的大厦。（图 48）在中国书画的鉴定方面，一方面要厘清书画家传承的对象，同时又要比较这种传承的差异。这项工作也是有相当大的难度的，而且也是书画鉴定中很重要的一个因素。

时空意义：

任何一件绘画或书法作品，都有特定的时空。也正是有了时空，美术史才显得有序和严谨。画家的生卒年构筑了时序，画家的籍贯、一生的流转落定了空间。这两者的统一也是书画鉴定的一个重要因素。在很多的绘画、书法作品上画家经常会题上纪年或创作地点。空间的概念也是要特别注意的，一个画家很少一生都生活在一个地方。有南北的大转移，也有局部地域的变迁。如现代画家黄宾虹一生就流转过很多地方：浙江金华、安徽歙县、上海、北京，最后寓杭州栖霞岭以终。不同的地域环境对画家的创作也会产生很大的影响。（图 49）

画题、题跋与印款：

画题是指画作的题目或名称，有明确具体的，如北宋李成的《晴峦萧寺图》、元代吴镇的《渔父图》等；也有模糊抽象的，如明代徐渭的《花鸟》、清代石涛的《山水》等。有些画作起初是没有题目的，而是后来人加上题目的。画题有时会给我们透露一些信息。如明代画家沈周的《庐山高图》。庐山是很多画家笔下常有的题材，五代荆浩就有《匡庐图》。沈周笔下的庐山，不是书斋中面摹古人的悟对神通，而是阅历的积淀，在他的画中包含着深深的哲学思考。这幅画是为他的老师而作，以祝寿之用，寓意“寿比南山”。还与宋代山水画和元代山水画的画题有较大的不同，宋代的画题多体现“游观山水”的面貌，如范宽的《溪山行旅图》、郭熙的《早春图》、赵嵓的《春游图》、南宋马远的《踏歌图》等。而元代山水画题多体现“书斋山水”的面貌，如黄公望的《富春山居图》、王蒙的《春山读书图》《青卞隐居图》等。时代的大变化也会给画家的心境和画境带来巨大的影响。（图 50）

题跋，是指题于画上或题于画外的题记，有作者自己的题记，也有鉴藏者或其他人的题记。题记的内容多为创作此画的情况（包括时间、地点、环境等）、收藏此画的情况、此画流转的情况、对画的评价等等。题记有一个很重要的功能就是拉近了我们与画作的年代距离，是一个很重要的现实著录，同时也告诉了我们很多画外的故事。

印款的种类也很多，有画家自己的，也有鉴藏者的。（图 51）有名章，也有闲章。有阳刻也有阴刻，还有阴阳合刻的。有单一印款，也有组合印款的，如“乾隆五玺”等。（图 52）一些鉴藏家喜欢用很多印，如明代的大收藏家项元汴等。这些都是鉴定画作时要注意的要素。印鉴是书画鉴藏很重要的内容之一。如 1992 年，美国纽约 Christie’s 拍卖公司举行的“李氏群玉斋藏书画”专场拍卖会，有一件唐代书法名迹，提供了诸多印记、题跋和著录资料，即陆柬之《五言兰亭诗》（水墨纸本，22.2 厘米 ×67.3 厘米）手卷，有明书画家李日华、沈颢题跋，宋徽宗、赵少昂、项笃寿、项元汴、冯梦祯、吴廷等诸家印记 63 方，此作在北宋徽宗《宣和书谱》、北宋米芾《书史》、明代张丑《清河书画舫》等书中均有著录。

图 51　钱镜塘鉴定任伯年真迹之印

书画著录：

南朝范晔[54]在《后汉书·张兴传》中有载：“（张兴）声称

图 52　宋代，李嵩，《西湖图》，虚斋旧藏

54　范晔（398—445），字蔚宗，南朝宋顺阳（今河南淅川东）人。官至左卫将军，太子詹事。宋文帝元嘉九年（432），范晔因为“左迁宣城太守，不得志，乃删众家《后汉书》为一家之作”，开始撰写《后汉书》，至元嘉二十二年（445）以谋反罪被杀止，写成了十纪，八十列传。原计划作的十志，未及完成。今本《后汉书》中的八志三十卷，是南朝梁刘昭从司马彪的《续汉书》中抽出来补进去的。

著闻，弟子自博物远至者，著录且万人。”“著录”即“著于籍录”（唐代李贤注）。通俗地讲，书画著录就是将书画作品记载、记录下来，汇编成书。主要内容有书画的作者、书画名称、题材内容、书画家介绍、尺寸大小、材料、装裱特征、品相状况、藏品来源、流转情况、鉴定情况等。著录是书画鉴藏重要的内容和依据。书画著录主要有以下几种类别：第一类是官方著录，主要是指宫廷收藏书画著录类。如北宋徽宗时期的《宣和书谱》和《宣和画谱》，《宣和书谱》记载有1240余件，《宣和画谱》有6396件。这是我国第一部较为系统完整地以第一手材料记录宫廷书画收藏的著录。清圣祖玄烨康熙四十七年（1708）命王原祁为总裁，会同孙岳颁、宋骏业、吴日景、王金生等纂辑的《佩文斋书画谱》，共一百卷。卷首有玄烨的《御制序》，计分论书画、书画家小传、书画跋、书画辨证及书画鉴藏等门；论书画一门又别为书体、书法、书学、书品及画体、画法、画学、画品等类。征引有关典籍一千八百四十四种，注明出处，体例完善，甚便稽考，是我国一部大型的书学、画学类巨著。成书于清代乾隆十年（1745）的《石渠宝笈》，是乾隆皇帝命张照、梁诗正等人编纂，共四十四卷。后又命董诰[55]、阮元[56]等编纂续编，共四十册，成书于乾隆五十八年（1793）。

第二类是私人著录，有两种形式，一种是自己的藏品著录，如北宋米芾（1051—1107）的《书史》和《画史》；清代高士奇（1645—1704）的《江村销夏录》、《江村书画目》；近人庞元济（1864—1949）的《虚斋名画录》等。一种是著录者过眼书画。如唐人裴孝源《贞观公私画史》（目前发现流传下来最早的著录书籍）、元人周密（1232—1308）《云烟过眼录》、明代张丑《清河书画舫》，今人张珩《木雁斋书画鉴赏笔记》等。

书画著录，是前人对书画收藏的一种传续和记载，作为书画鉴定和收藏固然有很重要的价值和意

图53 2015年9月，故宫博物院九十周年特展——石渠宝笈特展。石渠，典出《汉书》，西汉皇家图书典藏与编撰机构“石渠阁”，后乾隆皇帝修《石渠宝笈》著录内府所藏书画

图54 庞虚斋书画著录书籍，《虚斋名画录》，木函装

图55 荷兰，伦勃朗，《夜巡》，油画，荷兰阿姆斯特丹美术馆藏

55 董诰（1740—1818），浙江富阳人，字雅伦、西京，号蔗林，尚书董邦达之子。乾隆二十八年（1763）进士，殿试进呈卷列第三，乾隆帝因其为大臣之子，故改作二甲第一。选庶吉士，即预修“三通”、《皇朝礼器图》。三十二年（1767），奉旨入懋勤殿，为皇太后祝嘏录写金字经，而未能与试次年四月的大考翰詹，“上嘉其学问优长，特予加一级”。乾隆三十六年（1771）入值南书房。累迁内阁学士，历工、户部侍郎，后病卒，谥文恭。

56 阮元（1764—1849），字伯元，号芸台，又号雷塘庵主，晚号怡性老人，江苏仪征人。乾隆五十四年（1789）进士，官至礼仁阁大学士，谥文达。工诗文，精鉴金石、书、画，善篆、隶、行、楷。著作之富甲于一时。乾隆五十六年（1791）与修《石渠宝笈》二编，所见内府秘藏书、画，记其题跋并辨别其真赝，有《石渠随笔》，尤为鉴赏家推重。

图 56　北宋徽宗，张萱，《捣练图》摹本，美国波士顿博物馆藏

义；但书画鉴定最终还是要忠于原作，本着客观现实的原则，著录可以作为一种参考，但不能作为辨定书画真伪的工具。谢稚柳先生在谈到著录对于书画鉴别的重要作用时说："著录对于鉴别，虽是间接而不是直接的，然而，仍然起信任作用，而且对加强书画的地位，具有很大的威力，它足以引人入胜或者到迷信的地步。"[57]

书画赞助体制：

书画赞助体制是书画家艺术创作中很重要的一个影响因素。在西方，艺术的赞助体制有很悠久的传统和规范。艺术赞助制度一方面繁荣了艺术创作，另一方面也束缚了艺术创作。巴洛克艺术大师——荷兰画家伦勃朗就敢于违背赞助人的意志，根据自己的艺术法则和追求创作了《夜巡》，最终给他带来的是厄运和穷困潦倒，但他是一个艺术的胜利者。（图 55）很明显，赞助体制从某种意义上可以左右画家的创作。中国的书画创作也存在赞助的状况。一是宫廷的供养，如宫廷御用书画家的创作等。这种关系一般比较严谨，是君臣的关系，是隶属的关系。谢柏珂在谈到皇家赞助的情况时说："皇家赞助是与皇家收藏齐头并进的，它是由天赋的正统性、道德品行，以及皇帝的文化领导能力等信念所支撑的。雷德侯用'灵宝'一词来形容宫廷艺术收藏最初的政治功用。这个具有神圣威力的财宝，是'上天与统治者所签协约的符节'，以显示其天恩。"[58] 清代以后的商业赞助等都是某种意义上的赞助关系。这种关系比较微妙，有朋友之间的谐好；也有纯商业的买卖；也有一种是善意的资助，不求回报。艺术的赞助从本质上看是有益的，但现代意义上的某些商业赞助有悖于艺术规律的纯净和发展。

书画真伪存在的几种形式：

我们经常说，这件是真的；这件不对，是赝品。但非只存在真品和赝品两种。我们在看书画的过程中，会碰到这几个词：原作（本）、临本、仿本、摹本、代笔、赝品（本）、伪作、复制品等。启功先生曾谈到好的复制品时说："经历数百年乃至千年后，原件多有损坏，已失去原有的风韵，可这些复制品恢复了原作的色泽，简直整旧如新。所以在运用方便处，足可称'上真迹一等'。"艺术品的赝品问题是世界性的问题，国外也有存在。1974 年，美国克利夫兰博物馆花了一百多万美金买下一幅描绘圣凯瑟琳的绘画，此画被认为是 16 世纪德国画家马蒂亚斯·格吕内瓦尔德所作。但是，三年之后，此画却被认定是 20 世纪的伪作。为此，时任博物馆馆长的李雪曼承认判断失误，并且博物馆也要回了购画的巨款。但是，李雪曼却为此一生背负这个巨大的"污点"。[59] 马克斯·弗里德兰德在其《论艺术和鉴赏》一书中言，有些伪作常常是"趁热打铁"地出炉的。例如，1950 年美国纽约的现代艺术博物馆刚刚结束莫迪里阿尼的回顾展，艺术品市场上其赝品的出现频率就迅速上升，尽管他的赝品早在 1930 年就出现过。[60]

一般来说，摹本是比较接近原作的本子，或称响拓、向拓、影书、影覆，徐邦达先生把摹本分成三类：一是"先勾后填"，一是"不勾迳自影写"，一是"勾摹兼临写，又修饰之"。如目前所存的唐代冯承素、褚遂良、虞世南摹王羲之《兰亭序》本，被誉为"下真迹一等"。（图 56）

57　谢稚柳，《中国古代书画研究十论》，复旦大学出版社，2004 年，第 4 页。

58　洪再辛选编，《海外中国画研究文选（1950—1987）》，上海人民美术出版社，1992 年，第 54 页。

59　Bruce Weber, *Sherman Lee, Who Led Cleveland Museum, Dies at 90*, New York Times, July 11, 2008.

60　Maurice Tuchman, *Judging Fakes*, IFAR Journal, Vol. 7, No. 2 (2004): 72—73.

临本较之摹本要灵活一些，有对临、意临等，往往不追求形似，或加入了临写者自己的理解和想法，如南宋高宗、清代八大山人临写王羲之的《兰亭序》等。仿本与临本有比较接近的意思。

赝品是一种带有模仿复制真品意图谋利的作品，尽可能从材料、风格、工艺特点、造型、纹饰、题材等方面达到与真品相似或一致，从而以假乱真。赝品的种类很多，但也不能一概认定所有的赝品都有欺骗的目的，如一些高仿真的复制品，实则是为了保护真品而进行传播学习的，如中国台北“故宫博物院”的日本二玄社复制品、中国传统的水印木刻复制品等。还有一些古代艺术家学习、临摹前朝艺术家的作品，本意不是作伪，只是被后来的艺术商人当作真品在出售。这些作品不能刻意打入赝品行列，除非是有意而为之的艺术品，如代笔的作品、为图利润和商业目的的复制品等。赝品的层次有高有低，有些作假者本身就是高手，很难分出高低和真伪，所以鉴赏者要提高自己的修养和鉴别眼光。

书画作伪，自古以来层出不穷。唐代张彦远在《法书要录》中言：“张翼写效羲之，‘一毫不异’，羲之初不觉，不得不叹息‘小人几欲乱真’！”[61]云间张泰阶“集新造晋唐以来伪画二百许，并刻为《宝绘录》二十卷，自六朝至元明，无朝不备”[62]。王菡薇在《作为方法论的书画鉴定》一文中写道：“民国时期，书画作品的物质属性被无限强调，代笔和作伪问题横行，作伪方法包括摹、临、仿、造诸多手段。……民国时期吴湖帆等文人不仅有鉴定之功，也培育了后来的专家。然而，直到中华人民共和国成立后‘书画鉴定小组’的成立，形成了‘以谢稚柳为代表的笔法风格分析鉴定学派’‘以启功为代表的文史文献考证鉴定学派’‘以傅熹年为代表的器物图像考证鉴定学派’‘以徐邦达为代表的技术经验加著录鉴定学派’。”[63]（图 57）

统而言之，中国书画的真伪鉴定，已经成了世界性的课题。在传统的时序里，我们也许还能重构书画的真时空。

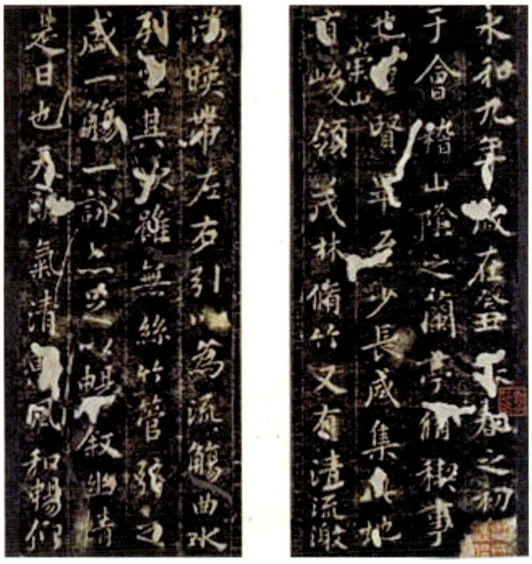

图 57　定武本《兰亭序》（局部），宋拓本，北京故宫博物院藏

61　［唐代］张彦远，《法书要录》，人民美术出版社，2004 年，第 37 页。

62　黄宾虹、邓实编，《美术丛书（第二册）》，［清］吴修，青霞馆论画绝句，浙江人民美术出版社，1997 年，第 1062 页。

63　王菡薇，《作为方法论的书画鉴定》，《艺术百家》，2016 年第 2 期，第 191 页。

第四节　艺术品鉴定方法

中华人民共和国成立后，中国文物鉴定有两次重大事件：一是 1983 年至 1990 年历时八年，中国古书画鉴定组[64]对全国 25 个省、市、自治区的 208 个古书画收藏单位如博物馆、图书馆、文物商店、高校等的 61000 多件古代书画进行鉴定，区分真伪，定出级别。1997 年由文物出版社出版二十四卷本《中国古代书画图目》，共收录 20117 件书画作品，制作 35700 幅图版，对每件古代书画标明时代、作者、名称、形式、质地、创作年代、尺寸等，并附有诸多作品的题跋、印章等信息，是一部国内古代书画收藏的集大成著录图集。（图 58）二是 1993 年至 2000 年，由国家文物局组织的对国内博物馆收藏的近代以来一级文物进行鉴定甄别，截至 2000 年，全国博物馆馆藏近现代文物近六十万件，其中经鉴定一级文物为 5700 件。这次文物鉴定普查的意义，正如参与鉴定调查的中国革命军事博物馆的阮家新先生所言："第一，对全国近现代文物的收藏状况做了一次普查，对其数量和质量大致摸到了底数；第二，开辟了文物鉴定工作的新领域（此前只有古代文物鉴定），初步摸到了一些经验；第三，提高了对近现代文物的认识，推动并加强了近现代文物的收藏、研究和管理。"[65]这次文物鉴定普查，确立了几个重要的标准，一是近现代文物的概念和地位。二是近现代文物鉴定的标准，尤其是对一级文物，如：（一）经过严格考证，确为原件真品。（二）物主及其身份明确，知名度高，文物与物主的主要活动密切相关。（三）对反映全国性或地方性重大事件具有直接见证意义或重要佐证意义。（四）在某一领域中具有开创性、里程碑性、代表性的遗存物。（五）确实、生动及有意义的形成经过和流转经过。（六）有特殊意义的铭文、注记或图案标志。（七）存世数量稀少。三是古代文物和近现代文物鉴定方法的区别。（图 59）

从目前国际鉴定学的角度看，艺术品的鉴定一般有两大类：西方称为风格鉴定和科学鉴定。我国称为目鉴考证[66]和科技鉴定。美国人伦纳德·D. 杜博夫认为："艺术鉴定分为两大类：风格鉴定和科学鉴定。风格鉴定是由一位艺术史学家根据其知识、直觉与经验对作品进行的主观评估。而科学鉴定则是根据各种科学检测的结果，对作品进行的客观评估。"[67]其实中西两种鉴别方法，还是有相似的一面，或存在手段、方法和技术上的不同。比如说我们的目鉴和考证，主要是偏重艺术风格分析，以目鉴为主，考证为辅。而艺术风格是将时代风格和个人风格相结合，分析或笔墨、或技法、或构图、或造型、或纹饰、或工艺制造、或题材、或题记款识、或印风等要素。当然，著录、材料、

图 58　元代，钱选，《浮玉山居图》，29.6 厘米 ×98.7 厘米，虚斋旧藏，今藏于上海博物馆

64　1983 年，国家文物局调集当时中国最具权威的书画鉴定家谢稚柳、启功、徐邦达、刘九庵、杨仁恺、傅熹年、谢辰生等组成专家组，又称"七人鉴定小组"，由谢稚柳和启功先生分别任正副组长，时任国家文物局顾问的谢辰生先生主导协调小组工作。

65　阮家新，《近现代文物鉴定理论和方法的若干思考》，《中国博物馆》，2003 年第 2 期，第 4 页。

66　徐邦达先生将它定为"目鉴加考订"，徐邦达，《古书画鉴定概论》，文物出版社，1981 年。

67　［美国］伦纳德 · D. 杜博夫，《艺术法概要》，周林、任允正、高宏微译，中国社会科学出版社，1995 年，第 44 页。

装裱等也是参考的辅助依据。我们目前所采用的科技鉴定，是指借助科学技术手段对藏品进行材料等的特质属性分析。国际上的科学鉴定手段目前主要有放射性碳元素年代检测、热光释、化学分析、黑曜岩水合分析、裂变轨迹分析、比较分析、古代藏品复原技术、显微技术、X 光摄影术、X 光衍射技术、自动射线摄影等，这些方法对古代藏品的材料分析有相当的优势。直至 20 世纪末期，中国藏品的鉴定基本上还是采用目鉴和考证的方法。21 世纪初出现科技鉴定的手段，一些高校和研究所开始将科技鉴定作为课题研究，如浙江大学通过计算机技术检测艺术品真伪，首都师范大学和北京师范大学联合申报的中国“十五”规划艺术学项目“字画鉴定中现代化手段运用问题的探讨与研究”等，均取得了一定的成果。但无论怎样，藏品的鉴定依然是个国际性的大问题，理想的方式应该是风格鉴定或目鉴考证与科学鉴定相结合，做到软件和硬件要素的统一。但现实的情况是鉴定学的两派很难达成统一的意见，其中或因潜藏特定的利益，或因固守原有的观念。藏品的真伪是收藏界最棘手的问题，它直接牵涉到巨大的经济利益，传统鉴定派和现代鉴定派还是时常存在极大的分歧，但有效的手段还是先要提高收藏者的鉴赏水平，不要盲目地去购藏价位高的藏品，理性地回归收藏，这是规避很多投资和收藏风险的有效手段之一。(图 60)

北京大学的丁宁先生提到“鉴赏三维”的问题，即“出处”,“出处”(provenance)研究,包括有关的著录，追踪的是从艺术家的作品脱手一直到今天的收藏家的转移记录以及其他相关的佐证。有的学者还认为应该包括作品的原初语境，也就是作品的第一身份感。举例来说，德拉·罗比亚为教堂而定制的陶质圣母像就应当放在原处。英国作者 E.V. 卢卡斯说：“就算是移到拥有古董氛围的巴杰罗博物馆，它的魅力也会减半；而摆在大英博物馆里则会显得冰冷坚硬。只有在穷人们带着他们的烦恼走入的幽暗薰香的教堂里，它才是最完美的，最能显现它柔美典雅的特质。”“目鉴”,“目鉴”注重一种对特定艺术家创作性情、作品技法、风格等特点的把握或洞察，是一种有时体现为直觉的反应。事实证明，这样的直觉反应虽然未必有多少理性的成分，但是却往往会有可能是极其敏锐和准确的。譬如，美国画家惠斯勒在见到一幅所谓委拉斯凯兹的作品时，一眼就断定其为赝品，因为，他没有那种“神

图 59　夏葆元绘《吴昌硕像》，136 厘米 ×62 厘米，谢稚柳、顾廷龙、钱君匋、颜文樑等有题跋

图 60　五代（梁），关仝，《秋山晚翠图轴》，台北“故宫博物院”藏

图 61　唐代青花瓷标本，江苏扬州唐城遗址出土，江苏扬州博物馆藏

图 62　明代，人物图长方盒，美国旧金山艺术馆藏

魂颠倒”的感觉，而以往每当看到委拉斯凯兹的作品时，他总是“神魂颠倒的”。“科学测定”，“科学测定”是利用有关科学仪器进行的特殊测试。现在常见的办法包括反射比检测术（如利用反射比检测术产生的图像有助于研究者看到画面下作者在起稿时留下的线描）、X 光透视、树轮年代测定（如从画板和画框所用的木材上找寻年代信息）、电子扫描型显微镜—能量分散型 X 射线（SEM—ED X）等等。科学测定并非总是万能或万无一失的。但是，科学测定有时确实可以非常直截了当地解决真伪问题。[68] 南京艺术学院刘映说：“在今天对中国传统书画进行鉴定时，鉴定家们不再仅仅依靠目鉴与文献研究这些传统的鉴定方法，也同样借助于现代科技手段进行研究。书画鉴定的方法在学理上已经跳出了只依靠艺术鉴定学和学术鉴定学的小圈子，走向了艺术鉴定学、学术鉴定学和技术鉴定学三者共振、对话的新领域。”[69]（图 61）

一、传统鉴定方法

目鉴者，取决于鉴定者的各学科知识、上手经验、艺术分辨能力、分析能力、考证能力等各方面的综合素养。成就一代鉴定大家是很漫长的过程，几十年，甚至是一辈子的法力、几代人的接力。

传统艺术品鉴定方法，靠的是目观、手触、耳听、考证等诸多方法，积极寻找文物艺术品“标准器”，熟透艺术发展史，走访博物馆、考古发掘现场、仿古作坊和藏家，上手器物，做到多看、多摸、多听、多交流、多辨别分析，不轻信艺术品和文物传说“故事”。（图 62）林如说：“古代书画鉴定实践的方法主要是凭个人经验的‘目验’‘望气’鉴定法，这是传统书画鉴定方法的特征。但这并不代表传统鉴定方法仅限于此。我们在历代有关书画鉴定的著述中，不难发现除‘目验’‘望气’以外，比如以文史知识、作品材料等为依据的多种鉴定方法，这在宋人黄长睿（伯思）《东观余论》、米芾《书史》中都有所体现。可见古代鉴定书画的方法和手段其实本来是有多样性的，但它只是只缣片楮，不成典范而已。”[70]

68　丁宁，《论艺术品的真伪鉴赏问题》，《文艺研究》，2013 年第 7 期，第 19—22 页。

69　刘昳，《从文化成因看中西书画鉴定方法差异的形成》，《大众文艺》，2015 年第 2 期，第 96 页。

70　林如，《中国书画鉴定方法与观念现代转型之特征研究》，《新美术》，2013 年第 5 期，第 84 页。

20世纪20年代历史学界出现的“二重证据法”为古史寻找实物风靡一时，“二重证据法”的提出，最初可追溯至王国维先生1913年所著《明堂庙寝通考》初稿：“宋代以后，古器日出。近百年之间，燕秦赵魏齐鲁之墟，鼎彝之出盖以千计，而殷虚甲骨乃至数万。其辞可读焉，其象可观焉；由其辞之义与文之形，参诸情事，以言古人之制，未知视晚周秦汉人之说何如？其征信之度固已过之矣。……故今日所得最古之史料，往往于周秦两汉之书得其证明，而此种书亦得之亦自证明焉。吾辈生于今日，始得用此二重证明法，不可谓非人生之快事也。”[71] 傅斯年先生也说：“上穷碧落下黄泉，动手动脚找东西！”这也带动了陶瓷鉴定等学科的方法研究，如陶瓷学家陈万里先生的《龙泉仿古记》等诸多著作问世。饶宗颐先生在“二重证据法”的基础上提出的“三重证据法”对文物鉴定有一定的作用，他说：“余所以提倡三重史料，较王静安增加一种者，因文物之器物本身，与文物之文字纪录，宜分别处理；而出土物品的文字记录，其为直接史料，价值更高，尤应强调它的重要性。”[72]（图63）

古代留存了陶瓷鉴定的一些方法，如明代洪武年间曹昭的《格古要论》是我国最早关于文物鉴定的书，书中介绍了有关对古铜器、古书画、古琴、古玉器等鉴定方法，其中一章专门对古代16个名窑器物的特点进行编写。再后来到清代，出现专门谈瓷的专录，如朱琰的《陶说》、寂园叟的《陶雅》等。民国时期许之衡的《饮流斋说瓷》共一卷十章，分别对古代瓷器的窑址、胎釉、色彩、花纹、款识、瓶罐、杯盘、杂具、疵伪等进行分析叙说，是中国古代瓷器专著，其中的“疵伪”章节对瓷器鉴定问题有所论述。许哲先生在《古陶瓷鉴定方法发展史初探》一文中谈到，古陶瓷鉴定方法有三个发展阶段：第一阶段，20世纪50年代以前，以传统方法对古陶瓷开展鉴定为主要手段。鉴别古陶瓷运用的是最传统的方法，即依靠“目、手、耳”三者并用，依靠世代相传的鉴定

图63　欧洲油画中的青花瓷器。意大利，贝里尼，《上帝的盛宴》，油画，1514年，美国华盛顿国家画廊收藏

图64　1932年、1935年甘肃宁定、临洮二县出土彩陶旧影

71　王国维、罗振玉编校，《明堂庙寝通考》，《雪堂丛刻》第三册，北京图书馆出版社，2000年，第297—299页。1925年王国维先生在《古史新证》一书中说：“我辈生于今日，幸于纸上之材料外更得地下之新材料。由此种材料，我辈固得据以补正纸上之材料，亦得证明古书之某部分全为实录，即百家不雅驯之言亦不无表示一面之事实。此二重证据法惟在今日始得为之。虽古书之未得证明者不能加以否定，而其已得证明者不能不加以肯定可断言也。”王国维，《古史新证——王国维最后的讲义》，清华大学出版社，1994年版，第2—3页。

72　沈建华编，《饶宗颐新出土文献论证》，上海古籍出版社，2005年，第67—68页。

图 65　明代，成化大香炉，高 68.5 厘米，加拿大安大略皇家博物馆藏

理论及与大量实物接触所积累的经验，通过与传世“标准器”的比对来判断被鉴定品的年代、窑口及真伪。第二阶段，20 世纪 50 年代开始到二十世纪七八十年代。陶瓷考古的发展，真正实现了“二重证据法”在古陶瓷鉴定中的应用。在此阶段，主张将陶瓷考古的发现与博物馆中的收藏品互为依据，在方法上主张二重证据法，将考古资料与博物馆实物相结合对比的方法，互相佐证。陶瓷考古工作者根据自己几十年的工作经验，对古陶瓷的年代、窑口、真伪的鉴定总结出了自己的见解。（图 64）冯先铭先生根据历年陶瓷考古的资料、古文献记载及自己在工作中的经验的积累写成《古陶瓷鉴真》一书。在书中，冯先生从魏晋到明清历代各窑口陶瓷从造型、纹饰、胎釉彩、款识、支烧方法五个方面入手来全面鉴定古陶瓷器。其认为古陶瓷鉴定中应着重于从对陶瓷造型与纹饰结合的判定来辨别古陶瓷器的年代、窑口、真伪。耿宝昌先生于 1993 年出版的《明清瓷器鉴定》一书，是 20 世纪中国文物鉴定学术界的一个里程碑。书中对明清瓷器鉴定要点一一做了介绍，将明代瓷器分为三期六段，清代瓷器其认为可分早、中、晚三个时期。从造型、胎体、釉面、纹饰、器足、款识入手，并且要结合当时的时代背景来具体分析判定，抓住每种器物“标准器”的特征来比对，并认为对于明清瓷器鉴定来讲，款识是重要的标准之一。此书对普及鉴定文物知识有着重要作用。第三阶段，20 世纪 80 年代至今。科学技术被更加广泛地引用到古陶瓷的鉴定之中。20 世纪 80 年代以后，科技检测手段介入到古陶瓷鉴定中的作用日益凸显，测试实现了由有损到无损，主要是对陶瓷胎、釉、色料中的主、次、微量元素成分与含量的分析，兼有科学研究与文物鉴定的功能，元素分析法是当前在古陶瓷鉴定中应用最广泛的。主要方法有外束质子激发 X 荧光（PIXE）、同步辐射 X 荧光（SRXRF）、X 射线荧光分析（XRF）。[73]（图 65）

在书画鉴定方面，当代有代表性的人物有谢稚柳、启功、徐邦达、傅熹年等。薛永年先生在谈到传统书画鉴定方法时，对徐邦达先生的“目鉴”，也提出了自己的思考。“自古以来，书画鉴定最引人注意的方法是‘目鉴’，是鉴定者以心目中积累的相关视觉信息与被鉴作品比较。比较什么，以什么依据进行比较，才是‘目鉴’的关键。对此，徐邦达提出了‘比较形式’和‘确立样板’。他指出：对书画鉴定工作来讲，主要是熟悉对象的艺术形式。……书画的艺术形式，个人有个人的特点以至（与他人一致的）共同点，认识了个人的特点以至它（蕴含）的共同点，就可以推广到一派的以及一个时代的特点、共同点。当我们逐一认识了那些——从一个人到一个时代的书画艺术形式的特点以及共同点之后，就算有了再认识时候的依据——在心目中有了‘样板’了。以后再碰到需要鉴别的东西时，就可以拿这些‘样板’来和它们作比较，

73　许哲，《古陶瓷鉴定方法发展史初探》，《北方文物》，2011 年第 2 期，第 44—46 页。

图 66　五代后蜀，石恪（传），《二祖调心图》之二，日本东京国立博物馆藏

比较它们之间的异同。一般地讲，合乎我们头脑中的‘样板’的，我们就认为是真的，相反的就是伪的。但是‘样板’是否可靠，还须在再次比较中予以检验。”[74] 徐邦达先生说：“目鉴，必须有一个先决条件，即一人或一时代的作品见得较多，有实物可比，才能达到目的，否则是无能为力的。因此，常常还需要结合文献资料考订一番，以补目鉴之不足，来帮助解决问题。”徐先生还认为，书画鉴定中最重要的判断标准是笔法，“笔法就是有方法、有规律地用笔锋划、顿出来的线和点的具体表现法的简称”[75]。（图 66）

图 67　阿富汗蓝色精灵，双耳玻璃瓶，公元 1 世纪，高 17.7 厘米。采自 *Hidden Afghanistan*

二、现代鉴定方法

现代科学鉴定方法，是指借助现代技术和设备以及生物学、化学、物理、计算机信息、数据化手段等对艺术品进行分析研究的一种手段和方法。邵维秀在《文物鉴定的科学检测方法》一文中谈道：“用于鉴定文物的现代科学技术方法可分为，断代技术包括：碳 -14、热释光、古地磁学、电子自旋共振、铀系同位素、钾氢、裂变经迹、氨基酸消旋断代技术；结构分析技术包括：热分析技术、扫描电子显微镜、X 射线衍射、红外吸收光谱、核磁共振、数码摄影分析；化学元素分析技术包括原子吸收和原子发射光谱、射线荧光分析、离子束分析、质谱和色谱及同位素分析、中子活化分析。采用现代科学技术方法进行文物鉴定，以文物的成分分析和年代测定为较常见。比较常用的方法有：碳 -14 断代技术；……热释光断代技术；……元素测定法；……老化测定

74　薛永年，《徐邦达与书画鉴定学》，《故宫博物院院刊》，2010 年第 6 期，第 15 页。

75　徐邦达，《古书画鉴定概论》，文物出版社，1981 年，第 17 页。

图 68　意大利，达·芬奇，《最后的晚餐》，420 厘米 ×910 厘米，绘于米兰圣玛利亚德尔格契修道院

法；……数码技术检测法；……X 射线荧光光谱法鉴定文物的材质；……中子活化分析，确定物质元素成分的定性和定量的分析方法。”[76]

胡强和胡继明先生在《现代分析仪器在考古学和文物鉴定中的应用》一文中，也谈到文物年代的测定用到的方法，如碳 -14 测定法，电子自旋共振年代测定法，还有铀系法、氨基酸法等。如碳 -14 测定法，是目前考古界公认的年代测定标准方法。该方法认为生物体在有生命期间，体内的碳 -14 原子一面衰减，一面直接与间接地从大气中得到补充，保持一定的水平。一旦生物死亡之后就断了其来源，体内的碳 -14 按衰变规律不断减少，可以据此算出年龄值。[77]（图 67）

20 世纪 90 年代，联合国教科文组织和国际博物馆协会就曾建立了一些实验室和研究所，从事艺术品鉴定、考古学方面的一些工作。科技检测手段鉴定文物在文博系统是比较普遍的一种方法，通常是在专门实验室完成的，也和传统鉴定方法相结合，现在大多数博物馆都成立了文保科技机构。如陕西省文物鉴定中心对青铜器的鉴定，一方面依托传统鉴定方法，另一方面也联合文保部门进行技术检测。如陕西省文物鉴定中心曾对一件兽面纹铜斝做科技检测鉴定分析：方法是通过 X 光照片显示，斝保存完整，没有明显裂隙，柱为混铸，X 射线衍射分析测定其外表面锈蚀和内部锈蚀硬物的成分；再用红外光谱分析检测出其外表面锈蚀物的成分，最后根据未检测出的绿色锈蚀成分，再结合比较河南安阳出土的一件铜斝，及形制、装饰、柱足等断定该斝的年代为商朝。[78]

目前，对不同的文物艺术品采用的科技鉴定方法也不一样。如陶瓷器的鉴定，借助现代仪器，如 X 射线干式照相技术、中子活化分析、扫描电镜等。

西方绘画的技术鉴定方法主要是射线成像技术，如中子活化成像、X 射线成像、r 射线成像等。（图 68）孔明先生谈到油画鉴定技术时有这么几种方法：“一、用放射性碳 -14 测定年代。美国芝加哥大学 W.F. 利比教授于 1949 年创立的利用生物体死亡后体内碳 -14 含量随时间减少的规律进行年代测定的技术（曾获 1960 年诺贝尔奖）。一旦生物体死亡，与外界停止碳交换，残体得不到碳 -14

76　邵维秀，《文物鉴定的科学检测方法》，《科技视界》，2015 年第 17 期，第 308 页。

77　胡强、胡继明，《现代分析仪器在考古学和文物鉴定中的应用》，《化学通报》，1992 年第 3 期，第 27—28 页。

78　陕西省文物鉴定中心，《让文物鉴定插上科技的双翼》，《文物天地》，2015 年 12 月，第 59—60 页。

的补充，将以每5730±40年衰变一半的速率不断减少。因此测得油画标样中残余碳-14的含量，就能推出它的年代，这对于历史悠久的油画鉴定比较可靠。二、测定同位素铯137和锶90可判定油画系1945年后的作品。20世纪40—50年代的核武器爆炸曾释放出两种特殊的同位素铯137和锶90。它们渗透到了整个地球的土壤层和动植物中，也留存在了所有第二次世界大战后创作的油画作品中，因为油画创作所使用的胶合剂天然油料，也是这两种同位素渗透的对象。在核爆炸之前，这两种同位素从未出现在自然界。三、用特殊扫描仪鉴定油画。因为每幅画的痕迹和所用颜料各不相同，它们在接受特殊扫描仪扫描时会呈现出各自不同的磁像。表面上看来完全一样甚至可以假乱真的复制品的磁像与真迹的磁像是完全不同的。即使用原作者所用颜料作画，但颜料混合方式、数量和作画的笔触不同，所产生的磁像也会不同。此外，与利用X光等其他用来辨别油画真伪的技术不同，这种扫描技术不会对油画造成损害。四、利用近红外线光谱鉴定油画。利用近红外线光谱，对艺术品的颜料、原稿和画布进行非接触检测，可以呈现出油画的底稿，进而较容易地再现艺术品的历史。许多画家在创作油画初始，都会在画布或木板上使用炭笔勾画出草图，而用炭笔所绘的轮廓线对近红外线的反射是非常高的。运用这种近红外线反射技术的晶体管探头，可以帮助了解画家的风格和技术。五、请行家鉴定油画。油画的真伪认定，通常还是靠专家个人认定，但专家水平如何，专家认定的准确性如何是无法用其他方法予以鉴别的。上述四种利用现代科学技术鉴定油画真伪和质量的方法最终还是要由行家给出意见和解释，必要时给出最终鉴别或鉴定结果。”[79]（图69）

张华先生在《中国绢本书画科技鉴定方法初论》中写道：“绢是我国传统绘画的重要物质载体，用物理、生物学、化学、计算机技术等科技手段对书画进行分析，对结果进行归纳总结，可以指导绢画的真伪鉴定工作。其关键问题在于如何建立可参考的数据模型和数据库，常用的绢本书画鉴定方法有形貌观察、分子生物学检测、红外光谱分析、微量元素分析等，并提出了如何创立书画鉴定数据库为科技鉴定服务的理论框架，如：一、形貌观察。依照年代、地区、

图69　陈逸飞，油画，《斜靠的持扇美人和鸟笼》，120厘米×150厘米，1996年

图70　北宋，宋徽宗赵佶，《文会图》，绢本，设色，184.4厘米×123.9厘米，台北“故宫博物院”藏

图71　此为元代画家黄公望《富春山居图》前半部分之《剩山图》，现为浙江省博物馆收藏，被烧另一段《富春山居图》之《无用师卷》，收藏于台北“故宫博物院”

79　孔明，《油画质量鉴定与认证方法的探讨》，《现代测量与实验室管理》，2010年第6期，第5253页。

画家等参数绘制出中国传统书画用绢的谱系，建立比较完善的数据库，将成为佐证绢上绘画鉴定工作有力的工具。二、分子生物学检测。将书画用绢的丝心蛋白基因图作为观察指标，采集具有一千多年历史的绘画用绢的大量的样本并进行分子生物学分析，了解其蚕丝蛋白相关的基因信息，进而建立可靠的数据库，从中找到其与作品完成时间、地域的相对关系，无疑会对绢本书画的断代工作提供科学的、客观的证据。三、红外光谱分析。用红外光谱分析的方法，对大量的样本进行分析，取得其丝胶含量、老化情况的综合数据，与年代、地域相关联，从中找到真品和赝品的差别，必将极大地帮助对其真伪的鉴别工作。四、微量元素分析。通过对传世书画的绢丝中微量元素，特别是 Fe、Cu、Zn 等进行分析，收集大量数据，建立数据库，描绘出其精确的数据曲线图，也一定会对绢上书画的鉴定工作提供有益的帮助。”[80]（图 70）

中国书画中采用科技鉴定的方法也越来越多，如黄宾虹先生采用显微镜对纸质材料的鉴定，吴湖帆先生曾采用摄影术对元代画家黄公望《富春山居图》之《剩山图》进行鉴定。（图 71）现在甚至有人采用公安系统的笔迹鉴定来运用于书画鉴定。刘进先生在《运用文检技术鉴定书画作品真伪的方法》一文中谈道："运用文检技术对书画作品真伪进行鉴别必须遵循文件检验的方法和手段。文件检验属于刑事技术、法庭科学的范畴，它的检验方法是运用物理学、化学、生理学、心理学等科学理论对文件进行检验。其具体方法从大的种类上分为笔迹检验，污损文件检验（以被消褪、擦刮、掩盖、割等方法伪造、变造的文件为检验对象）、文件材料检验（以色料、纸张等为其检验对象）、印刷文件检验（以各种印刷方法制成的文件包括印章为检验对象）等几方面。具体地说，利用文检技术进行书画作品真伪鉴定主要包括以下几个方面。一、运用和借鉴传统书画鉴定的方法和途径。二、运用污损文件检验的方法，发现被检书画作品是否有添、改、挖、刮、消褪、割、拼等变造痕迹。三、运用印章印文的有关检验知识，识别书画作品印文的真伪。运用笔迹检验的方法，鉴别名款、题款、题跋及各种书法作品本身的真伪，以发现仿、造、临、摹、代等及其他作伪手法形成的书画作品。”[81]

80 张华，《中国绢本书画科技鉴定方法初论》，《四川文物》，2009 年第 5 期，第 28—30 页。

81 刘进，《运用文检技术鉴定书画作品真伪的方法》，《江苏公安专科学校学报》，2001 年第 1 期，第 152—153 页。

第二章　艺术品收藏（上篇）

图 72　商代，甲骨文，河南安阳殷墟出土

图 73　西周晚期，毛公鼎拓片，该鼎现藏台北"故宫博物院"，其上有 496 字铭文，被誉为"鼎上春秋"

鉴藏，鉴而藏之。"藏也者，欲人之弗得见也。"[1] 古物收藏，古有官民之分，今有公私之别。官藏肇始较早。1936 年在河南殷墟发现的 YH127 坑，即是商王室储藏王室占卜档案的地穴，出土有 1.7 万片甲骨，说明距今三千年前的商朝对王室档案等已经有了保护和管理的意识。（图 72）春秋时期，已经有了管理收藏之职。《周礼·春官·宗伯》记载："春官之职，掌祖庙之收藏，凡国之玉镇、大宝藏焉。"《周礼·天官·玉府》："玉府掌王之金玉玩好兵器，凡良货贿之藏。"（图 73）官藏区别于民藏的较大特点是带有强权性和掠夺性。"沛公至咸阳，诸将皆争走金帛财物之府分之，何独先入收秦丞相御史律令图书藏之。"这是汉代司马迁在《史记》中描写刘邦夺取秦都咸阳的情景。这一"掠夺"传统也延续了中国书画收藏的两千年流变。书画收藏成为皇家收藏的重要目标，始于魏晋之后。究其原因诚如珍妮特·香博·埃利奥特等人所言："在中国的皇家艺术发展中，书法长期以来发挥着特殊的作用。3 世纪时，皇家收藏者在收藏书法作品时更多的是出于美学上的考虑，而对其书写内容已不太看重了，这表明皇家收藏者收藏作品的着眼点已经发生了深刻的变化，书法因而成了皇家藏品中第一种因为纯粹审美的原因而被珍视的艺术形式。约 4 世纪的时候，书法作品紧随绘画之后，作为一种艺术品，书法也成了宫廷藏品中的一部分。逐渐地，美学特质在书法绘画作品中具有了更高的地位。早期在青铜器上可以见到的神奇权力和来生预示、在肖像画和隐喻画中蕴含的道德教化此时都退居到了次要的位置。然而无论如何，和神奇的青铜器以及中国早期帝王收集的其他宝物一样，那些因为美轮美奂而被收藏的皇家艺术品，仍然具有一个相同的功能即象征

1　《礼记·檀弓上》。

政权的合法性。”[2]

藏，主要是指收藏、保护、流转、著录等。徐邦达先生在《古书画鉴定概论》中说：“对传世的历代书画进行鉴别，目的在于有利于对那些艺术品收集、整理、保护、研究，使它更好地古为今用。”[3]流转，是指书画作品的流传形式、收藏过程等，包括书画的买卖、馈赠、交换甚至抵押等等。虽然中国古代文人以高傲的气格拒不卖画或耻于卖画，但作为馈赠和交换的形式在早期的书画流转中普遍存在。“唐宋八大家”之一的韩愈，唐贞元十年（794）在长安同一个邻居对弈时，就曾赢得一幅卷轴画。（图 74）

图 74　荷兰国立博物馆展示收藏的中国金代木雕佛像

一般认为，中国书画的收藏发端于汉代，兴盛于唐宋。唐代张彦远在《历代名画记》“叙画之兴废”中说：“汉武创置秘阁以聚图书，汉明雅好丹青别开画室，又创立鸿都学以集奇艺，天下之艺云集。及董卓之乱，山阳西迁，图画缣帛，军人皆取为帷囊，所收而西，七十余乘，遇雨道艰，半皆遗弃。”[4]在卷轴画还未出现的汉代，那时收藏的书画多为书册、竹木简、壁画或帛画等。前引文中提到的对“图画缣帛”之破坏，的确是因为无知而引起对书画的破坏和遗失，憾矣！但这与我们现在所理解的书画收藏还是有较大的差距。汉代及以前的书画，主要是竹木简书、甲骨书、缯帛书等，绘画主要有帛画、漆画、壁画等。战国屈原就曾观楚先王之庙及公卿祠堂中壁画而写出千古名篇《天问》。王逸在《天问·序》中说：“屈原放逐，彷徨山泽，见楚有先王之庙及公卿祠堂，图画天地山川神灵，琦玮僪佹，及古贤圣怪物行事，因书其壁，呵而问之，以泄愤懑。”[5]壁画在卷轴书画未面世之前，的确起到了很好的传播和宣传功效，对收藏而言，它只是陈列于建筑之内的装饰或说教的图像。至少在汉代或其后的一段时间，中国书画还没有形成真正意义上的收藏。现在，一些石窟壁画、墓室壁画，因为偷盗或保护，走进了博物馆和陈列馆，如德国柏林亚洲艺术博物馆收藏有新疆龟兹石窟的壁画、陕西历史博物馆开辟一室收藏保护唐代墓葬壁画等。（图 75）书画之功用，诚如唐代张彦远所言：“夫画者，成教化，助人伦。

图 75　五代，如意轮观音像，河南温县慈胜寺壁画，被窃往美国，现藏美国纳尔逊博物馆

2　[美国] 珍妮特·香博·埃利奥特、沈大伟，《中国皇家收藏传奇》，潘利侠、刘继月译，当代中国出版社，2007 年。

3　北京故宫博物院编，《徐邦达集（一）》，紫禁城出版社，2005 年，第 9 页。

4　[唐代] 张彦远，《历代名画记》，人民美术出版社，1964 年，第 5 页。

5　[南宋] 朱熹，《楚辞集注》，上海古籍出版社，1979 年，第 49 页。

穷神变，测幽微。与六籍同功，四时并运。”[6] 很显然，这一时期的书画艺术尤其绘画，还未脱离实用功能。书画收藏与鉴赏的兴起，应该是伴随书画脱离实用功能而趋向精神审美的开始。

第一节　藏品来源

藏品是指可供收藏的人类创造的各类物品，如生活用品、文化产品、工业制品、科技产品、自然物等。社会演进到21世纪的今天，我们会发现，几乎任何一个个体物品，都有可能成为收藏品。从传统意义的“文化”收藏，到今天“泛文化”概念的收藏，人类在不断拓展收藏范围。从自然物品、精神文化产品到科技工业产品，人们的收藏品应有尽有。因此，我们一般可以将收藏品分为两类：传统意义的收藏品和现代意义的收藏品。传统意义的收藏品主要指古董珍玩艺术品，如书画、陶瓷、青铜、古籍、织物、玉器、矿物、竹木、杂件等。现代意义的收藏品，则不受限制，除了保持传统意义的收藏外，收藏门类五花八门，品种多样，应有尽有。（图76）

今天看来，藏品的范围越来越广泛，不仅局限于古董珍玩，连生活用品、工业产品等也进了收藏圈。专题性的藏品也越来越多，随着藏品的丰富，专题化的藏品博物馆也就应运而生。如酒瓶类的收藏、扑克的收藏、汽车的收藏、飞机的收藏、玩具的收藏等。收藏是一种乐趣，从各类藏品中收获知识，获得愉悦，这是很多人越来越喜欢收藏的基本原因。

随着收藏市场的繁荣，中国藏品呈现出传统藏品和现代藏品齐头并进的局面。我们在收藏品市场既能看到书画、陶器、瓷器、古籍善本、文献、织品、玉石、各类赌石、奇石、怪石、印石、家具、各种工艺品，也能见到古今中外各类钱币、影像资料、票据、邮品、火花、各类包装盒、瓶类、卡片、兵器、玩具、车辆、收音机、照相机、手机、电脑等。还有食品的收藏，也越来越引起人们的关注，如酒类的收藏、茶类的收藏等。此外还有各类标本的收藏，如植物标本、动物标本等。

关于藏品的来源，这是一个很复杂的问题，它应该分为初始来源和间接来源。以艺术品收藏为例，其初始来源即是各个时代艺术家直接创作而被收藏

图76　战国，青铜器，商鞅方升，上海博物馆藏

6　［唐代］张彦远，《历代名画记》，人民美术出版社，1964年，第1页。

的艺术品。间接来源是指艺术品的收藏流转过程。间接来源从地域分布看有国内流转和国际流转，如国内藏家、海外藏家，我们目前用得较多的一个词是海外回流。从收藏主体看，有私人收藏、国家收藏、集体收藏、家族收藏等。因此可以这么说，藏品的初始来源即是任何藏品从它诞生的那一刻起，它就可能成为藏品。而藏品的间接来源，则是藏品在流转收藏过程中转换收藏主体的一个过程。

从近代以来国家收藏品的来源看，主要有以下几种情况：

（一）调拨或交换。这是在国家政策规范和条件允许的情况下，国家收藏单位间的一种良性流动。一般有两种情况：一是国家收藏单位与地方收藏单位之间的调拨或交换；二是地方收藏单位与地方收藏单位之间的调拨与交换。调拨一般带有宏观调控性和行政干预性，交换则相对要自由一些。

（二）借调。借调和调拨有些不同，借调带有“租借”性，藏品的归属是很明确的。

（三）征集和购买。征集的范围很广，面向社会或个人，根据藏品的等级和质量实行定价购买，但其价格可能低于市场价。（图 77）

（四）捐赠。主要是指国家藏品机构接受社会或个人的捐赠，一般为无偿捐赠，也有有偿捐赠。文物的捐赠体现了公民的文化道德意识和社会文化责任感。

（五）考古发掘。对国家藏品而言，考古发掘占了很大比重。一般而言，考古发掘的文物归属感比较明确，地属性较强。但有时为了国家文化需要，也采取了一些文物调拨手段。

相对于国家藏品而言，民间藏品的来源则相对要广泛一些，除了国家法律规定的“文物”以外，其来源的途径不受限制，例如市场购买、亲朋馈赠、藏友交流、日常积累等等，而且可以自由流通。现在国家鼓励民间资本进入艺术品流通领域，民间收藏的有序健康发展，有利于国家文化建设。

第二节　收藏的标准和原则

自古以来，中国的收藏行为和活动便分为公藏和私藏，即官方意义的收藏和民间意义的私人收藏。公藏体现为国家收藏，古代多为皇室收藏，皇家收藏区

图 77　钱镜塘旧藏，《明代名人名贤尺牍》，2002 年中国嘉德拍卖，成交价为 990 万元人民币，现藏于上海博物馆

图 78　元代，任仁发，《秋水凫鹥图》，虚斋旧藏

别于民间收藏的较大特点是常常带有强权性和掠夺性；私藏指民间收藏，私人或家族收藏。从私人收藏看，兴趣和经济资本是现代收藏的重要基础。价值取向不同，收藏的标准和内容也就不一样。官方收藏的标准与民间收藏的标准有很大的不同。（图 78）

在古代，皇室收藏的标准主要有这么几个特征：一是体现统治阶级权力意志。这首先体现在所谓国之重器、国之至宝等上面。如殷商时期的甲骨文收藏，带有国家历史档案的性质。1936 年在河南殷墟就出土有 1.7 万片商王室储藏的甲骨档案。再如夏商周时期的青铜器贮藏，也是体现统治阶级意志的收藏行为。2003 年在陕西眉县发现一批春秋时期的青铜器窖藏，经考证为西周时期单氏家族所有，规格极高，数量巨大，仅铭文累计就有四千余字。虽为家族所有，但记载的多是周王室的历史。二是体现一个时代的精英文化，体现精英群体的精神特质。如体现文人意志和审美格调的优秀书画作品便成为重要的皇室收藏品。魏晋时期，书法绘画就成了皇室收藏的重要目标。其后历代大多有过之而无不及。南宋邓椿《画继》有云：“秘府之藏，充牣填溢，百倍先朝。”专制和集权常常成为皇家收藏的手段和资本。无论是“唐太宗搜访《兰亭序》”，还是宋太宗下令搜访历代名作，到清朝时，这种“权制”达到极致，收藏和破坏同样成了这种历史背景中的文化显像。清朝乾隆皇帝在极力收集天下藏品的同时，也在破坏收藏。如他在主持编撰《四库全书》的过程中，销毁了大量的古籍经书、书版等。从资料统计看，在十九年的禁书中，共销毁了 3100 种书籍，151000 多部，书版 80000 多块，以及不计其数的佛、道书籍和戏曲剧本等。三是体现皇帝个人的鉴赏水平、情趣爱好，兼收并蓄，各有取舍。如南朝齐萧道成性好文学，精于鉴赏，对所藏文物书画，一一评级，确定标准，不以年代远近而论高低。自画家陆探微至范惟贤 42 人，评为 42 等，72 帙，348 卷。其品评的标准对历代收藏产生了深远影响。无论是书画、瓷器、青铜，还是竹木家具、玉器等，都体现了皇室的兴趣爱好和审美标准。这从历代的著录书中可以体现出来，如北宋的《宣和博古图》，或明代的《宣德鼎彝谱》等。（图 79）

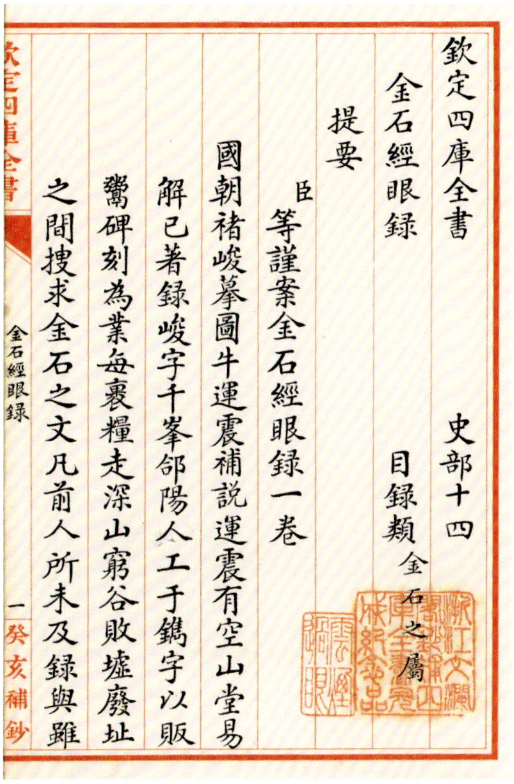
欽定四庫全書　史部十四
金石經眼録　目録類　金石之屬
提要
臣等謹案金石經眼録一卷
國朝褚峻摹圖牛運震補説運震有空山堂易
解已著録峻字千峯郃陽人工于鐫字以販
鬻碑刻為業每裹糧走深山窮谷敗墟廢址
之間搜求金石之文凡前人所未及録與雖
欽定四庫全書　金石經眼録　一　癸亥補鈔

图 79　《四库全书》之《金石经眼录》，杭州文澜阁民国补抄本（癸亥年）

民间收藏则体现出与皇家收藏不同的标准和原则，但从某种意义上看，民间收藏又脱离不了皇家收藏的标准。文化的精英性和高端化是所有藏家们追逐的目标。宋代赵子固与《兰亭序》的故事便折射出高端文化背后的收藏理念和标准。周密记载开庆元年(1259)他曾得五字不损本《兰亭序》,归家时,风作舟覆,其“被湿衣立浅水中,手持禊帖示人曰:‘兰亭在此,余不足问。’因题八字于卷首云:‘性命可轻,至宝是保。[7]’”正是这次落水,成就了书画收藏史上一则典故——“落水兰亭”。也正是这次落水,使得南宋及以后很长一段时间掀起“兰亭”之风。

古代民间收藏还体现出具有情感延续的特点,“同族”的情感和乡贤的情感。从诸多收藏家身上可以看到这一特点。明末的董其昌对五代董源的作品很推崇,董其昌曾珍藏四幅山水画——《潇湘图》《溪山行旅图》《龙宿郊民图》《夏山图》,有三幅为董源作品并以“四源堂”名斋。“董北苑《蜀江图》《潇湘图》,皆在吾家……又所藏北苑画数幅……可称画中龙。”[8]这也是历代文人崇祖观念的一种体现。(图 80)

图 80　五代南唐,董源,《龙宿郊民图》,台北“故宫博物院”藏

审美标准也是影响民间收藏的一个重要因素。从书法绘画看,历代确立的艺术品评标准直接左右书画的收藏。如绘画方面,北宋黄休复在《益州名画录》中将绘画分为四品:逸、神、妙、能。但收藏的目的不同,藏家确立的标准也不一样。如元代坚守学术之心的吴镇和趋世所好的盛懋面对藏家出现两种截然不同的效果,当四方以金帛求盛画者如门庭若市之时,“元四家”之一的吴镇冷静地说道:“二十年后,不复此尔。”果然,后来的很长一段时间,直至当今,吴镇成了藏家追逐的目标,而盛懋则相形见绌。可见,坚守学术之心和坚守市场标准也会带来不一样的收藏效果。

图 81　唐代,李白,《上阳台帖》,28.5 厘米 ×38.1 厘米,北京故宫博物院藏。据传为李白唯一墨迹

“物以稀为贵”长期以来也是古代收藏所遵循的一个重要标准。唐人白居易在《小岁日喜谈氏外孙女孩满月》诗言:“物以稀为贵,情因老更慈。”因为“稀”,故而贵,所以追逐,这是收藏的通常心理。但“物以稀为贵”还是要区别对待,不是所有的“稀”都为“贵”。(图 81)

现代意义上的国家收藏,它有严格的标准和立法,而民间收藏规则则相对要自由得多。民间收藏在法度上也自觉地接受了国家标准。国家收藏是一种制度,而民间收藏则多是个人的情趣、兴趣、知趣等使然。

图 82　战国,金银错狩猎纹铜镜,直径 17.5 厘米,传河南洛阳金村战国墓出土,现藏于日本东京永青文库

7　[元代] 周密,《齐东野语》卷十九,中华书局,1983 年。

8　[明代] 董其昌,《画禅室随笔》卷二,沈子丞编,《历代论画名著汇编》,文物出版社,1982 年,第 268 页。

2003 年 7 月 1 日实施的《中华人民共和国文物保护法实施条例》对文物的国家收藏和民间收藏分别做了阐释。第四章第三十七条规定：国家机关和国有的企业、事业组织等收藏、保管国有文物的，应当履行下列义务：一、建立文物藏品档案制度，并将文物藏品档案报所在地省、自治区、直辖市人民政府文物行政主管部门备案；二、建立、健全文物藏品的保养、修复等管理制度，确保文物安全；三、文物藏品被盗、被抢或者丢失的，应当立即向公安机关报案，并同时向所在地省、自治区、直辖市人民政府文物行政主管部门报告。第五章民间收藏文物的第三十八条规定：文物收藏单位以外的公民、法人和其他组织，可以依法收藏文物，其依法收藏的文物的所有权受法律保护。公民、法人和其他组织依法收藏文物的，可以要求文物行政主管部门对其收藏的文物提供鉴定、修复、保管等方面的咨询。

收藏标准有多重结构。以文物为例，仅分类上就有按时代分类（如晋唐宋元文物、史前文物、古代文物、近现代文物等）、按地域分类（如中原文物），按存在空间分类（如地上文物和地下文物），按材质特点分类（如陶瓷、玉器、丝绸、漆器、竹木雕刻等），按功能分类（如实用器、装饰器、陈设器等），按性质属性分类（如皇家用器、文人用器、革命历史文物、宗教用器等）。

按时代分类的文物（或艺术品）：

时代	内容	备注
史前时期（或称野蛮时期）	旧石器时代文物、新石器时代文物	多以石器、玉器、岩画等为主
古代文明时期	夏朝文物、商朝文物、西周文物、春秋文物、战国文物、秦代文物、西汉文物、东汉文物、三国文物、西晋文物、东晋文物、南朝文物、北朝文物、隋代文物、唐代文物、五代十国文物、北宋文物、南宋文物、辽代文物、金代文物、西夏文物、元代文物、明代文物、清代文物	这一时期出现了文物的各个品种和类别。如书法、中国画、版画、古籍文献、石器、青铜、漆器、丝织品、金银器、陶器、瓷器、铜器、竹木器、骨器、牙器、铁器、铅锌器、玉器等
近现代时期	民国时期文物、新中国文物、“文化大革命”时期文物等	
当代（历史进行中）	当代艺术	当代艺术作为一种正在进行和发生的文化现象，它的价值认定需要时间洗礼和历史沉淀

作为国家文物形式分类主要有两大类：一类是文化古迹遗存，如史前文化遗址、古代建筑、古代墓葬、古代寺院、古代石窟、古代石刻等；一类是器物遗存，如纸质文物、石质文物、金属文物、皮革文物等。具体分就有很多类别，如书画、古籍文献、石器、青铜、漆器、丝织品、金银器、陶器、瓷器、铜器、竹木器、骨器、牙器、铁器、铅锌器、玉器等。（图 82）

目前我国对文物收藏有一定的标准和原则。文物分为珍贵文物和一般文物，珍贵文物分为一、二、三级文物。具有特别重要历史、艺术、科学价值的代表性文物为一级文物；具有重要历史、艺术、科学价值的代表性文物为二级文物；具有比较重要历史、艺术、科学价值的代表性文物为三级文物；具有一定历史、艺术、科学价值的代表性文物为一般文物。根据《中华人民共和国文物保护法》和《中华人民共和国文物保护法实施条例》，制定了具体的文物藏品定级标准。（详见本书附录）

国家收藏的标准和原则除了延续传统标准外，也在一定程度上收藏符合时代特点的物品，如国家财税类博物馆的藏品、军事博物馆藏品、航空航天博物馆藏品等，这些藏品既体现了时代性特点，也扩大了传统国家藏品的范畴。

民间藏品的收藏标准和原则则要自由得多，没有统一的标准和原则，好的藏品、有价值的藏品、有特点的藏品、与众不同的藏品、稀缺的藏品等都是人们追逐收藏的目标。我们很清楚地看到，文化艺术藏品已经不能满足人们的需要，衣食住行等都成了藏品。如服饰博物馆、年糕博物馆、扇子博物馆、剪刀博物馆、十里红妆博物馆、酒文化博物馆、茶叶博物馆、建筑博物馆、汽车博物馆等藏品，不胜枚举。

收藏品的标准和原则，没有绝对的标准，古代藏品多注重文化性、历史性，现代藏品似乎更注重时尚性、趣味性和当代性。

从古代藏品中，我们可以看到清晰的脉络和标准：

1. 玉器、石器。工艺和质地精良，有铭文、款识和明确的时代特征、典型艺术风格的藏品为上。

2. 陶瓷器。典型风格、文化型代表器物、工艺精湛、官窑之器、名窑精品等为上。

3. 铜器类。包括青铜器、黄铜、紫铜、白铜等器。造型纹饰精美、工艺精湛、名款名器为上。

4. 铁器。铁器易锈蚀，因此，铁器作为藏品要求工艺多样精湛，品相上乘，在技术史或文化史上占有重要地位等为上。

5. 金银器。金银器本身有固定的经济价值，因此工艺精良、造型精美、年代准确和名家之器为上。

6. 漆器大型漆器在古代多为葬器，明清以后多为生活用器和实用器，作为藏品，要求造型、纹饰、工艺、材料等上乘和精美，名匠、名家之器更受欢迎。

7. 石刻、砖瓦等。名家之物，有重要历史文化内涵、雕刻精美、年代久远者为上。

8. 雕塑品。包括石雕、骨雕、牙雕、竹木雕、金属雕、泥塑、瓷塑等，名家雕塑为上。

9. 书画藏品。注重名家之物、代表作、品相、年代久远等特征。

10. 砚台。文房之物，注重名匠、名家、名砚材等特点。

11. 古籍善本、文书档案、碑拓、甲骨文等。注重历史性，作为文字的重要载体，特别强调史料价值。

12. 玺印、封泥、符牌等。历代官玺私印、封泥、符牌，注重名家流派、石材等品质。

13. 家具。宋代以前传世家具很少，明清以后家具要求工艺精湛、材质精良等。其中明式家具为藏家追逐。

14. 织物。织物的保存也是一个很重要的科技问题。历代工艺精湛、纹饰精美的织锦、刺绣、麻织物等为人所好。

现代藏品的标准和原则则要模糊得多，尤其是私人收藏，有出于经济目的的商业投资，有根据自己的兴趣和爱好来收藏，也有盲目的跟风，人家收藏什么我也收藏什么。收藏既是一种乐趣，也是一种责任和义务。不管哪一种形式的收藏，其本身都是很有意义的一件事。

第三节　收藏方式

中国收藏的方式多种多样。对私人而言，收藏方式往往和个人自身的经济实力、兴趣、爱好、价值取向，甚至居住条件等有很大关系。但国家收藏，便有很强的政治、文化、历史、社会、经济等价值取向。

国家收藏的历史悠久，可追溯到文明初现时期。唐代裴孝源在《贞观公私画史》序中言："虑牺氏受龙图之后，史为掌图之官。有体物之作，盖以照远显幽，侔列群象。自玄黄萌始，方图辨正，有形可明之事，前贤成建之迹，遂追而写之。至虞夏殷商周及秦汉之代，皆有史掌，虽遭罹播散，而终有所归。及吴魏晋宋，世多奇人，皆心目相授，斯道始兴。"[9]

国家为收藏设置有专门的机构管理，古代国家收藏大多为皇家垄断，本质上属于皇帝私藏意义上的公藏。现代国家收藏大多以公立博物馆的方式进行。在中国，博物馆分为国家博物馆和地方博

9　[唐代] 裴孝源，《贞观公私画史》，于安澜编，《画品丛书》，上海人民美术出版社，1982 年，第 27 页。

图 83　1935 年的上海博物馆

图 84　英国图书馆藏中国古籍

物馆，但性质上都是属于国家所有。还有一类是私人博物馆，藏品为私人所有。（图 83）

譬如文物收藏，《中华人民共和国文物保护法》第四章对“馆藏文物”有具体的规定：“第三十六条　博物馆、图书馆和其他文物收藏单位对收藏的文物，必须区分文物等级，设置藏品档案，建立严格的管理制度，并报主管的文物行政部门备案。县级以上地方人民政府文物行政部门应当分别建立本行政区域内的馆藏文物档案；国务院文物行政部门应当建立国家一级文物藏品档案和其主管的国有文物收藏单位馆藏文物档案。”“第三十七条　文物收藏单位可以通过下列方式取得文物：（一）购买；（二）接受捐赠；（三）依法交换；（四）法律、行政法规规定的其他方式。国家文物收藏单位还可以通过文物行政部门指定保管者调拨方式取得文物。”“第三十九条　国务院文物行政部门可以调拨全国的国有馆藏文物。省、自治区、直辖市人民政府文物行政部门可以调拨本行政区域内其主管的国有文物收藏单位馆藏文物；调拨国有馆藏一级文物，应当报国务院文物行政部门备案。国有文物收藏单位可以申请调拨国有馆藏文物。”[10]

有研究者在谈到博物馆的收藏功能时说：“博物馆实际上具有两个功能，一是公益性；公益性说明博物馆不是商业性，有教化子民的社会意义。一是研究性；研究性体现的是确立国家精神、塑造民族性格和维护文化传统的重要工具。”[11] 国家收藏在方式上要严谨得多，要体现一个国家的文化价值观，因此，国家收藏方式上要关注到民族、历史、社会、政治等特性，在藏品的选择上要有延续性、代表性、重要性。（图 84）

如果说国家收藏是聚藏，具有很大的稳定性，那么民间收藏就是散藏，流动性较强。有研究者在谈到收藏的方式时说，有三种方式：“一是限收，即专藏，就是只限于某一小范围的收藏。二是兼收，即同时收藏一些不同类别或时期的艺术品。三是全收，即几乎是值得收藏的艺术品，在可能的条件下都加以收藏。”[12] 从收藏经验看，刚刚涉猎艺术品收藏领域的人往往显得盲目和没有目的性，但随着经验的积累，越来越专门化和理性。从目前看，成熟的收藏家其收藏越来越

10　《中华人民共和国文物保护法》，法律出版社，2008 年。

11　李万康，《艺术品市场学概论》，复旦大学出版社，2005 年，第 137 页。

12　章利国，《艺术品市场学》，中国美术学院出版社，2003 年，第 61 页。

趋向专题化。专题化的特征有多样性，如同一门类的藏品，如青花瓷器的收藏，或各类碗器的收藏等。再如同一主题性的藏品，如“文革”题材的藏品;或战争题材的各种藏品等。总之，收藏趋向专题化、类型化、理性化等，是收藏越发成熟的重要标志。

第四节 收藏门类及其特征

中国传统收藏门类繁多而特征鲜明。按照传统藏品本身特征分，主要有这么几种:一、绘画，二、雕塑，三、工艺美术，四、书法，五、书籍资料，六、其他特色藏品等。下面列表详述：

门类	内容	特征	备注
绘画	中国画、 油画、 壁画、 版画、 水彩画、 水粉画、 素描、 丙烯画、 漆画等	中国画从表现特征看，有工笔、写意等。从题材看，有山水、人物、花鸟、鞍马、鬼怪等。从装帧形式看，有立轴、手卷、册页、镜片、尺牍等。从材料上看，有纸本、绢本、绫本、麻本、布本等。从时间上看，可以分为古代绘画、近现代绘画、当代绘画等。 油画从表现特征看，有具象和抽象之分。从题材看，有风景、静物、人物等。 壁画从内容看，有寺院壁画、石窟壁画、墓室壁画等。 版画从材料看，有木版、石版、铜版、铅版、金版、银版等之分	中国画的收藏呈现出三代分立的现象，古代书画因数量少，精品价格越来越高，为藏家追逐，相对而言，价格比较成熟合理。如2009年11月22日北京保利拍卖公司明代吴彬的《十八应真图》以1.69亿元人民币成交。2010年5月18日，中国嘉德拍卖公司以7925万元人民币成交了南宋人摹郭忠恕《四猎骑图》。2018年11月26日香港佳士得拍卖苏轼《木石图》以4.636亿港元成交。近现代绘画的各收藏名家争相追逐，南北有别，大家名家作品不分地域，全国争藏。由于市场特性，近现代书画价格相对于古代书画，有些浮躁和缺少理性。如2010年5月18日，中国嘉德拍卖公司以1.08亿元人民币价格成交了张大千的《爱痕湖》。当代绘画的收藏有如万花筒般变化，大起大落，也很符合当代文化的特性。从严格意义上讲，当代绘画的收藏需要时间的检验，应该是很久以后的事情。 从绘画的收藏看，中国画和油画占了相当大的比重，壁画未形成收藏传统，版画也属于收藏的冷门
雕塑	青铜、 石质、 金银、 玉质、 竹木、 玻璃钢、 陶器、 瓷器、 泥质等	雕塑从形态分，有浮雕和圆雕之别。陶瓷雕塑品种有秦兵马俑、唐三彩、德化瓷塑、景德镇瓷塑、石湾窑（广东）等	青铜属于国之重器，作为私人收藏比较困难，而青铜大多属于出土之物，为国家所有。现当代雕塑的发展越来越受到藏家喜爱。 在海外艺术品市场，中国青铜器为藏家追逐。2001年春季美国纽约佳士得拍卖公司拍卖了一件中国商朝青铜器“方罍”，成交价为924万美元

续表

门类	内容	特征	备注
工艺美术	陶器、瓷器、金属、皮革、丝织、纸艺、竹木家具、镶嵌、珠宝钻石玉器等	史前时期陶器的类别可分为：彩陶、黑陶、白陶、红陶、印纹陶等。唐代以后出现了唐三彩、紫砂等陶器品种。 瓷器品种很丰富。青瓷有越窑青瓷（秘色瓷）、耀州青瓷（陕西铜川）、洪州青瓷（江西南昌）、龙泉青瓷（含哥窑）、南宋官窑（浙江杭州）、北宋官窑（河南汴京）、汝官窑青瓷（河南临汝）、景德镇青釉瓷等。 白瓷有邢窑白瓷（河北邢台）、定窑白瓷（河北曲阳）、景德镇青白瓷、元枢府白瓷、景德镇白瓷（永乐白瓷）、德化窑白瓷（福建德化）等。 黑瓷有吉州窑（江西吉安）、德清窑（浙江德清）、建窑（福建建阳）等。品种有兔毫盏、油滴盏、鹧鸪斑（比兔毫盏更名贵）、木叶天目、剪纸天目、虎皮斑、曜变天目（国内鲜见，日本藏有3件以上）、黑花彩瓷等。 色釉瓷有宋钧窑变、明永乐鲜红釉、明宣德祭红（霁红）、清康熙郎窑红、清康熙美人霁、清雍正胭脂水、明嘉靖矾红、元代孔雀绿、明代宣德祭蓝（霁蓝）、清康熙雪花蓝、明代嘉靖回青、清雍正窑变、清乾隆窑变、清乾隆茶叶末等。 彩瓷有长沙窑（湖南长沙铜官）、宋三彩、辽三彩、明洪武红彩、青花五彩、釉上五彩、康熙古彩、雍正粉彩、乾隆粉彩、康熙珐琅彩、成化斗彩、青花、釉里红、青花釉里红、点彩、釉下彩、晚清浅绛彩、近代新彩、近代釉下五彩、7501瓷、奥运瓷等	陶器、瓷器、玉器、家具等是收藏品里的大类。在工艺美术收藏领域，中国的青铜器、瓷器、明式家具、玉器等成为各路藏家追逐的对象。 在海外市场，中国瓷器至今保持着亚洲艺术品拍卖的最高价格。2005年7月，在英国伦敦佳士得拍卖会上，一件鬼谷子下山元代青花瓷罐以2.45亿元人民币成交。2006年11月中国香港佳士得拍卖会，一件清代乾隆御制杏林春燕图珐琅碗，以1.5亿元港币成交
书法	书法、手稿等	书法从装帧形态看，有立轴、手卷、册页、镜片、尺牍等。从书体看，有楷书、行书、隶书、草书、篆书、现代书法等	古代书法精品的价格逐年增加，稳中有升，且炙手可热，成为书法藏家至爱。2009年11月22日，北京保利拍卖公司拍卖北宋曾巩《局事帖》，以1.08亿元人民币成交。2010年6月3日，北宋黄庭坚书法手卷《砥柱铭》在北京保利五周年拍卖会上以4.368亿元人民币成交。手写稿如达·芬奇手稿、贝多芬手稿等，1994年英国苏富比拍卖公司就以3080万美元的高价拍买过达·芬奇手稿
书籍资料	古籍善本、报刊、宣传资料等	古籍善本从书籍特征看，有绢帛书、甲骨文、石鼓文、竹木简、魏晋写经、唐人写经、宋版、元版、明清版本等	古籍善本的收藏，以宋版书为珍贵

续表

门类	内容	特征	备注
其他特色藏品	钱币、邮品、火花、卡类、股票、有价证券、藏书票等	钱币包含有纸币、金锭、银锭、金币、银币、铜币等	钱币的收藏也逐渐引起藏家注意，价格也越来越高。2010年5月18日，中国嘉德拍卖公司拍卖一件战国赵铸“武阳”背“一两”三孔布存世孤品以352.8万元人民币成交

第五节　藏品的贮存和展示

藏品的贮存和展示是一个很重要的问题，这是藏品的保护和安全问题。贮存对藏品的长期保护和传承，温度、湿度、安保等因素都必须加以考虑。藏品展示有常规展示、临时展示、交流展示等几种形式。展示是发挥藏品公共性、社会性、文化性等价值的一种合理的方式。展示对藏品的安全性，包括运输来说也是一个很重要的问题。

一、贮存

中国藏品的贮存，既是一个科技的问题，也是一个人文的问题。科技是指它的硬件条件，人文是指社会责任和意识。藏品保管妥善，远古之迹也可以焕然如新；保管不妥，则近代之作也会变成朽蠹。

藏品的贮存是一个世界性的课题，藏品材质、时间和环境都是贮藏要考虑和注意的因素。书画古籍等纸质的易霉易烂；陶瓷器、玻璃、石器等的易碎；青铜等金属器的易腐蚀氧化；竹木器具等易腐都是藏品贮存中碰到的问题。所以千百年来人类在贮存藏品的过程中既积累了很多经验，也克服了很多困难。千百年后的今天，我们还能见到人类早期的物品，不能不说是个奇迹，这应归功于人类有益的贮存和保护。一般而言，纸质、丝质、布类等藏品要注意防火、防水、防潮等；石质、陶瓷、玻璃等制品要注意防震、防撞等；金属等藏品要注意防潮、防水等；竹木等藏品也要注意防潮、防水、防火等。水火是藏品最大的天敌，故历代收藏，无论是公藏还是私藏，都有专门的空间场所。这些严谨的贮存方法，可以很清楚地看到中国古代高度的收藏责任和保护意识。

藏品的贮存属于管理学的范畴，历代对藏品的贮存，不仅有专门的场所和设备，还有专门的职员和管制措施。藏品的贮存在古代有特定的空间，或专辟一室，或独立一殿，有专人把守和看管。汉代秘阁、隋代“两台”、唐代秘府等，都是贮存的专门场所。中国历代收藏高峰时期的宋代和清代的收藏更是盛况空前、规格甚高，也为历代藏品贮存提供了经验和借鉴。如北宋端拱元年（988），在崇文院设秘阁以贮存历代书法名画。

以清代书画藏品的贮存为例。清代书画的贮存有专门的空间场所，如御书房、重华宫、万寿殿、乾清宫等处。清代乾隆时期（1736—1795），宫廷书画贮存之地分布于紫禁城外朝与内廷，呈现出“星罗棋布”的局面。《石渠宝笈》作为内府书画总览的一个特点是以藏品所在地为纲要，记录禁宫内的藏画分布情况。存放在各处的书画必定有以其所放宫殿名称专刻的“殿座章”，如冯承素《兰亭》中左侧最末一印“重华宫鉴藏宝”，这种编写体例，是早在乾隆八年（1743）编撰《秘殿珠林初编》之前就由乾隆亲自指定的。谕旨曰：内府书画“何者贮乾清宫，何者贮万寿殿、大高殿等处，分别部居，无相夺论，俾后披籍而知其所在”。而且以后的《秘殿珠林》和《石渠宝笈》各编也都依此例，并无更易。比较前代的宫廷藏画著录，如《宣和画谱》《宋中兴馆阁储藏图书记》《宋秘书省所藏[画目]》

图 85　三希堂，清高宗弘历即乾隆皇帝的书房

图 86　五代（梁），赵喦，《八达春游图》，台北“故宫博物院”藏

等等，乾隆时期宫廷收藏绘画的贮所有乾清宫、养心殿、三希堂、重华宫、御书房、学诗堂、画禅室、长春书屋、随安室、攸芋斋、翠云馆、漱芳斋、静怡轩、三友斋[13]，共 14 处。（图 85）

《石渠宝笈》所载贮存书画地点的 14 处中，贮存数量最大的是御书房，编入《石渠宝笈》的目录占十三卷，其次为乾清宫、养心殿各占九卷，重华宫占八卷，三希堂、学诗堂、画禅室各占一卷，长春书屋、随安室、攸芋斋共占一卷，翠云馆、漱芳斋、静怡轩、三友斋共占一卷。四十八年后诏命编的《石渠宝笈》《秘殿珠林》续编，其体制一如前编，所载书画除补充前编未录的宫中各处所储外，还收录了西苑、圆明园、长春园、三山等处陈设的书画。

到清末宣统时，清宫文物的贮存出现了严重的危机。溥仪在《我的前半生》中回忆道：“我在十六岁那年，有一天由于好奇心的驱使，叫太监打开建福宫那边一座库房。库门封条很厚，至少有几十年没有打开过了。我看见满屋都是堆到天花板的大箱子，箱皮上有嘉庆年的封条，里面是什么东西，谁也说不出来。我叫太监打开了一个，原来全是手卷字画和古玩玉器。后来弄清楚了，这是当年乾隆自己最喜爱的珍玩。乾隆去世后，嘉庆下令把那些珍宝玩物全部封存，装满了建福宫一带许多殿堂库房，我所发现的不过是其中的一库。有的库尽是彝器，有的库尽是瓷器，有的库尽是名画，意大利人郎世宁给乾隆画的许多画也在内……”[14] 溥仪发现了清宫收藏后，便肆意采取措施盗换偷运。最惨烈的结果是 1921 年 6 月 27 日凌晨建福宫的一场大火，把据说藏有 1157 件字画在内的聚宝地化为灰烬。

清朝灭亡以后，故宫博物院承接了保护书画和贮存书画的历史使命。（图 86）从国家贮存文物的层面看，中国国家博物馆、各省级博物馆等也不同数量地贮存有历代书画作品。

古代在室内陈设方面，有专门的器具用以贮存藏品，如我们通称的“博古架”或“多宝格”。它们在清代使用较为普遍，从雍正朝开始，一种屉板高低错落的柜格开始流行，专门用来在书房中陈设文玩古器。到乾隆时期，由于天下书法名画大多聚藏宫廷，

13　[清代] 鄂尔太、张廷玉等编纂，《国朝宫史》，北京古籍出版社，1987 年，第 204 页。

14　溥仪，《我的前半生》，群众出版社，2003 年，第 147 页。

各类贮存书画的家具层出不穷。大致有架类、柜类、箱类、格类等，大小不一，某种层面上也推动了家具的发展和繁荣。这些贮存书画的器具，选材非常考究，以优质硬木家具为代表，其中紫檀占绝大多数，另有少量黄花梨、铁梨、乌木、鸡翅木等，其余则是漆家具和杂木家具。有学者认为清代皇室选用紫檀来精心制作宫廷家具不仅是对美材良器的追求，更深刻的政治原因，是为了体现清王朝的正统意识和地位。[15]（图 87）

现代中国藏品的贮存方法越来越多，除了必需的大空间之外，具体的贮存设备也越来越科学化，如恒温恒湿设备、保温箱、银行特制贮存设备，但问题是所有的贮存设备都不一定是保险的，连银行也不例外。因为保护贮存不利而造成藏品损失的案例近年来也越来越多。

各地对藏品的贮存方法和管理原则也不尽相同，但有一个共同的原则就是让藏品得到更好的保护。比如，中国香港将艺术藏品的贮存和保护上升到法律和民主的层面，并提交立法会讨论。2009年 2 月 4 日，中国香港立法会议员与民政事务局关于“艺术品贮藏和展示艺术品”问题的对话可以给我们贮存艺术品提供有益的参鉴，以下是对话的内容——关于艺术品的贮藏和展示事宜，政府可否告知本会：按艺术品的种类及曾经展示的次数列出政府现时贮藏的艺术品数量。以及贮藏艺术品的地点及有关面积、各地点的配套设备及最多可贮存艺术品的数量。有否评估以现时每年艺术品的购藏量计算，该等地点何时会饱和；若有，评估的结果为何。有否考虑其他艺术品的贮藏方式，若有考虑，详情如何；若没有考虑，原因为何？民政事务局对上述问题做了详细解答。政府现时收藏的艺术品，主要是康乐及文化事务署辖下的中国香港艺术馆和中国香港文化博物馆所收藏的艺术品。截至 2008 年 12 月，两馆收藏的艺术品共有 31483 件（套），其中中国香港艺术馆 15309 件（套），而中国香港文化博物馆则占 16174 件（套），包括中国古代文物及茶具文物、中国书画、历史绘画、当代艺术作品、设计作品等详细数量。至于贮存方面，这些艺术品均收藏于这两所博物馆的藏品仓库内，均设有保安监测系统，消防警报系统，二十四小时温室调控系统（即特设的空气调节系统可就不同的藏品物料调整及监控仓库的温湿度）、防紫外线设备、照明光度调控系统、漏水报警系统等。这些设备均由康乐及文化事务署文物修复专业人员管理并每周进行定期监测，以确保艺术藏品得到妥善的保存。由于艺术品的体积、形状、大小均不相同，因此两所仓库可贮存的藏品数量亦不能一概而论。若以现时两馆艺术藏品的增长数量计算，现有的库存容量将在五年至十年后达到饱和。政府现正考虑不同方案，如在博物馆以外物色合适的地方，以增加艺术品的贮存空间。

藏品的科学贮存，是藏品收藏和保护的有效手段，我们可以借鉴古代有益的藏品贮存方法，也要积极借助现代的科学技术手段开拓新的贮存方法，唯有如此，藏品的意义才能得以延续，藏品的价值才能得以显现。

二、展示

藏品的展示要根据藏品的特点和展示环境而论，不同的藏品也就有不同的展示方式。展示方式要考虑到很多因素，如气候条件、设备条件、空间条件等，否则，不妥当的展示会造成对藏品的破坏。

世界各国对藏品的展示都非常重视，因为藏品的展示直接影响藏品的命运和观赏效果。不当的展示会毁坏或对藏品造成破坏，而很多破坏可能是毁灭性的。藏品的展示也要考虑很多潜在的因素，如战争、地震、水灾、火灾等。尤其是博物馆或常设机构的长期展示，要考虑长时间展示的安全性。

藏品的展示对管理人员提出更严格的要求，他们所肩负的责任有时相当大。藏品的展示任务不仅包括灯光、墙面和背景的设置、陈列方式、展柜的规格和要求、展品的装潢形式等，更主要的是藏品的展示原则，在保证藏品绝对安全的前提下，要极大限度地体现藏品的视觉观赏价值。展示的目的很大层面上就是体现藏品的欣赏价值和研究价值。（图 88）

---

15 ［清代］鄂尔太、张廷玉等编纂，《国朝宫史》，北京古籍出版社，1987 年，第 204 页。

图 87　浙江杭州文澜阁《四库全书》储藏箱柜

图 88　浙江博物馆武林馆，2017 年“梵天东土　并蒂莲华”佛像展陈列方式

图 89　2017 年，“来图书馆看敦煌”系列展中国美术学院站，图书馆入口装饰了敦煌“藏经洞”的布景

中国藏品的展示在不同国家或地区所遵循的原则是不一样的。藏品的分类原则可以有不同，如中国书画类，又可分为中国书法和中国绘画，中国书法又可以从书体分类，或从时代分类；绘画也是一样，可以从地域分，也可从时代分，还可从画派分。美国美学家托马斯·门罗在谈到藏品的展示时说：“最经常采用的规划方法按照历史时期和民族进行陈列……这样，当人们参观博物馆时就可以对从远古和原始艺术发展到现代艺术的整个过程有一个总的印象。但是这种原则还交织着另一个原则，即按照不同的艺术和媒介进行陈列的原则……任何一种陈列方法都不能得到所有人的满意，但每一种展示方式都有一定的价值和意义。它可以帮助观众掌握艺术的某些方面，同时也都存在一定的局限。”[16]

藏品的展示对私人而言，也许比国家要来得简单，当然私人博物馆除外；私人博物馆的意义和国家博物馆在藏品展示上没有本质的区别。藏品的展示可以作为长期的课题来研究，不同的国家和地区，展示的方式和经验也不尽相同，灵活多变的展示或许能起到较好的效果，这也许是吸引观赏者的有效手段之一。（图 89）中国香港在藏品展示方面的经验或许可以值得借鉴。博物馆除在馆内展示它们的藏品外，也将本馆藏品借予外地或其他博物馆展出，或其他行政机构或公共机构，如中国香港市政厅、中国香港机场等，让藏品发挥它应有的价值，但展示方必须保证这些外借藏品的安全，或缴纳一定的保险费用。此外，随着社区文化的发展，很多藏品走向社区展出，既为社区居民带来了高品位的精神享受，同时对“公共艺术”事业的发展和推动，也起到了很好的促进作用。

下面具体谈谈传统中国收藏品的展示方式。

（一）书画藏品的展示。书画的装裱方式不同，展示方式也不一样。

立轴一般以悬挂为主，靠墙面。要注意墙面的整洁卫生、干湿情况等。更要注意挂钩或钉子的牢固度。悬挂时最好两人平行托住，以免造成折痕或损坏。悬挂时最好戴上干净整洁的白棉质手套，以免弄脏作品。若是对联，则将对联置于中堂的两边，高度和内容都要相符。

手卷因为长而窄，一般不适宜悬挂，而是适合

16　[美国] 托马斯·门罗，《走向科学的美学》，石天曙等译，中国文联出版公司，1985 年，第 505—506 页。

平放在条案或专门台案上。一般手卷的展示因为长度，不可能完全展开，所以要在两端用镇纸压住，防止滚动，展示最主要的部分。

册页的展示与手卷一样，置于台案之上，很多册页因为比较长，也难以完全展开，因此，翻动时要小心，一般用食指或中指或专用竹木片或玉片插入册页下方，向右或向左翻动。

横批的张挂方式与立轴差不多，要注意钉子的牢固度，以免掉下损坏。

镜片的展示大多挂于墙上，或采用挂钩，或用钉子。由于镜框有一定的重量，所以无论是绳子还是钉子等，都需要牢固。（图 90）

图 90　2013 年 5 月，浙江博物馆《护生画集》作品展览，传统陈设和展品电子阅读相结合，新的展览模式已经出现

总而言之，书画属于比较脆弱的藏品，展示时首先要注意卫生，戴上手套、口罩甚至头巾；不要打喷嚏；不要抽烟；书画不宜展示太久，尤其注意季节的变化、干湿度的变化、灯光的变化等。

（二）陶瓷藏品的展示。陶瓷器与书画最大的不同，主要是防止碰撞或摔碎。因此陶瓷器的展示主要是放置在展台之上。陶瓷器的展示要根据瓷器的造型、纹饰、款识、釉色等，体现最佳展示效果，同时对光线的要求也很高。（图 91）

图 91　英国杜伦大学收藏的中国床和瓷器

陶瓷器的造型主要有：瓶、罐、尊、壶、碗、碟、盘、注、觚等。如瓶、罐等的展示和碗、碟的展示就有很大的不同。瓶和罐类的瓷器一般多直立展示为主，可以单面，也可多面展示。为了防止地震等，可以将陶瓷器固定，现在大多采用透明丝线固定。而碗碟类除了平放外，也可以倒放、斜放或挂放等。主要根据瓷器的特点选择，有时为了突出纹饰特点、造型特点、釉色特点或款识特点，可以借助其他设备，如现在博物馆大多采用镜子透光款识等。

展柜的形式也多种多样，有固定墙面的，也有独立的展柜，可以 360° 观看。（图 92）

图 92　荷兰，阿姆斯特丹（Schmidt Degener）房间中陈列的中国瓷器

（三）金属藏品的展示。金属藏品包括金器、银器、铜器、铁器等，一般根据藏品的大小、分量、体积等进行展示。金属器物对空气有很高的敏感度，防潮、防水汽等很重要，布展时要戴上干净整洁的白棉质手套、口罩等。有铭文的器物，可以将铭文采用拓片的方式作为附件展出，尽可能展示藏品的效果。

（四）石质藏品的展示。石质藏品主要包含各类石质媒材，如玉石、印石、水晶、玛瑙、钻石等各类矿物。石质藏品的展示主要应注意防碎、防止碰撞等。石质藏品有体量上的很大不同，有体积庞大的石雕，也有玲珑秀雅的宝石和玉石，所以要根据藏品的特点展示。

（五）竹木藏品的展示。竹木藏品的类别也很多，有较大的家具，也有比较小的雕刻和摆件。竹木藏品的展示相对于字画、瓷器而言，要方便一些。像家具类的大件藏品可以直接置于展厅中，在家中可以作为家具直接使用。

（六）织物藏品的展示。织物藏品的内容也很丰富，有各类服饰、绣品等，此类藏品的展示方式与书画有些相同，或张挂于墙面立柜，或平放于展柜之中，但一些出土的织物比较脆弱，展示时尤其要注意张挂的方式，织物藏品对温度和湿度的要求也很高。

第六节　藏品的保养

藏品的保养是尽可能长期保存藏品的关键，也是影响藏品价格和价值的一个很重要的因素，藏品的状态，如初始状态、破损状态、修复状态、品相程度等，都会对藏品的价格和价值产生很大的影响。

一般而言，藏品的保养原则是预防第一，保养第二，抢救第三。对国家而言，要制定长远有效的藏品保护法规，并落实责任。博物馆的国家收藏直接牵涉到国家文化发展策略和民族文化根基，保护好祖先的文化责无旁贷，也义不容辞。截至2000年，中国各类博物馆的数量达到二千余个，其中官方有一千三百余个，总藏品量超过二千余万件，保护的难度很高，任务相当艰巨，还有大量的藏品需要修复，而且面临人才紧缺的局面，如古籍善本的修复，全国需要修复的古籍藏量超过三千万册，按目前的人员队伍和进展速度，修复完成这些藏品至少需要一千年，可见藏品保护和修复人才的培养和教育任务相当艰巨。

图93　唐代，咸通九年（868），《金刚经》，最早活字印刷品，1907年于敦煌藏经洞发现，大英博物馆藏

藏品的保养和修复，无论是公藏或私藏，都是一个大难题。在传统修复保养技艺的基础上如何结合高科技元素是目前藏品保养的一个重要课题。藏品的修复主要包括整形、焊接、黏结、拼贴、补配、补色、加固、装裱、脱水等工艺，使藏品回复或接近原貌。藏品的保养主要包括预防虫蛀、霉变、干燥、潮湿、灰尘、风化、日照、污染、锈蚀、震动、机械损伤等。中国书画、古籍等，相对于瓷器、玉器、金属器而言，保养的难度相对要更大一些。（图93）

一、书画等纸质藏品的保养

我们将书画等纸质藏品的保养作为藏品保养的代表性例子稍加详述。

书画的收藏可以有两种情况，一种是装裱，一种是不装裱。但历朝历代流传下来的书画大多已经装裱。书画装裱在我国已经有两千余年的历史，从湖南长沙出土的战国时期的帛画《人物御龙图》和《人物龙凤图》到西汉时期的T型帛画，可以看到中国古代书画装裱的雏形。

秦汉时期及以前中国书画的样式主要是甲骨、竹木简册、帛书、帛画、壁画、漆画、木版画、画像石、画像砖等。《墨子》有云："吾非与之并世同时，亲闻其声，见其色也。以其所书于竹帛，镂于金石，琢于盘盂。传遗后世子孙者知之。"到汉代时，纸的发明，对书画的发展做出了巨大贡献。《后汉书·蔡伦传》记载："自古书契多编于竹简，其用缣帛者谓之为纸，缣贵而简重，并不便人。伦乃造意，用树肤、麻头及敝布、渔网以为纸。元兴元年奏上之，帝善其能，自是天下莫不从用焉。故天下咸称蔡侯纸。"魏晋以后，书画的材料主要体现在纸和绢上。

历朝历代流传下来的书画质地，主要为两种——绢本和纸本。纸本为多，相对而言，绢本难以保存。（图94）民间有说："只有千年纸，曾无千岁绢。"书画装裱的形式主要有立轴、手卷、册页、横批、尺牍、单片、对联、条屏、通景屏、扇面等。

图94 北宋，太平兴国六年（981），千手千眼观音，189.4厘米×124厘米，敦煌绢画，法国居美博物馆藏

书画的保养主要注意以下几个问题：潮湿、油污、氧化、虫蛀、鼠害、水患、火灾、日晒等。唐代张彦远在《历代名画记·卷二》"论鉴识收藏购求阅玩"一节中，就谈到书画收藏、鉴赏、保养等问题。我国古代在很早就以植物来防止"书蠹"，见诸著录的有莽草、芸草、皂荚、花椒、黄柏等。《周礼·郑代注》："蠹物，穿食器物者，鱼虫是也。莽草药物杀虫者，以熏之则死。"北宋沈括的《梦溪笔谈》："芸草似苜蓿，一名云蒿，似邪蒿而香，其香又可去蚤、虱辟书蠹。"宋代陈师道《后山谈从》载："用寒食面、腊月雪水为黏则不蠹。"南宋赵希鹄《洞天清录》曰："硬黄纸唐人用以书经，染以黄柏，取其避蠹。"明代冯梦桢《快雪堂漫录》记载："取川椒、白矾及蜡末浸出的水汁，加白芨，渗透入小麦粉质糨糊以修补图书，等等，不一而足。"清代杨浚《岛居随录》卷下云："皂荚末置书页间可以避蠹。"清代屈大均的《广东新语》

图 95 敦煌莫高窟九层楼。博物馆是贮存保管艺术品的空间，石窟也有类似的性质，任何一种保存都面临风险

图 96 北京紫禁城（部分），世界上最大的宫殿建筑群

卷十五也说："东莞出蠹香纸，以蠹香木皮为之……可辟白鱼。"清代叶德辉《书林清话》卷六记载："宋时有一种椒纸，可以避蠹。"（图 95）

到清朝，已经形成了一整套书画保存的经验和方法。

（一）防火防灾。紫禁城的宫殿建筑都是砖木结构，明代以来宫内就经常发生火灾。到了清代，康熙十八年太和殿火灾；乾隆二十三年（1683），贞度门、熙和门等处火灾。有鉴于此，清代皇帝对宫内防火十分重视。（图 96）康熙十八年（1679）十二月初三太和殿火灾之后，康熙帝即谕令说："宫内各处灯火最为紧要。凡有火之处，必著人看守，不许一时少人，总管不时巡查。"为避免失火，宫中禁止吃烟。康熙二十三年（1683）十月初一上谕，奉太后懿旨："今隆冬有风之际，各宫灯火著用心谨防。不许任意吃烟，著不时严察。"为了防火，康熙在东西华门外，设有防火步军。雍正元年（1723），又专设火班，从步军、护军中挑选一百名年壮熟悉防范的士兵组成。营房初设于咸安宫前墙西隙地板房廿五间内。乾隆元年（1727）移于寿康宫西墙外。雍正五年十一月二十三上谕："宫中火烛最要小心。日精门、月华门向南一带围房后，俱有做饭值房……可将围房后檐改为风火檐……将宫内太监编集成队，派头领一名，每十队立总头领一名，不但救火，即扫雪、搬运什物，用人时只须点其首领，彼自齐集所属同往料理。"[17] 为了防火，紫禁城各处设镀金海共十八口，大铜海二十二口，大铁海四口，中铜海一百五十二口，小铜海八口，小铁海一百四十口，共三百零八口。缸内常储有清水。这些铜缸、铁缸平时由太监管理。"每小雪节该管首领太监[18]等安设缸盖、缸套，酌量天气寒暄，熏火化冰，至开年惊蛰节撤收。其大铜缸一口，每日用黑炭四斤。小铜缸一口，每日用炭三斤。自十一月初一起，至次年二月初一止。"另外，内廷各朱旗房、值班处所还配有激桶等消防工具，以便随时

17 [清] 鄂尔太、张廷玉等编纂，《国朝宫史》，北京古籍出版社，1987 年。

18 首领太监：官名。清代管事太监的称呼，1677 年（康熙十六年）始设，有太和、中和、保和、文华四殿之作首领太监，八品衔，隶属于内务府敬事房。1723 年（雍正元年）定品级，随侍首领七品，宫殿首领八品。1726 年定品衔，七品首领为执手侍，八品首领为侍监。1786 年（乾隆五十一年）确定亲王、郡王、公主太监首领员数，八品衔。嘉庆年间升亲王首领太监为七品衔。赏给庆郡王七品首领太监三人，仪亲王、成亲王、定亲王增设八品首领太监一人，出自特恩，不为永制。

灭火。如乾清宫置激桶七十架。[19]东华门内东北筒间房安激桶四架。西华门内筒子朱旗房三间安激桶四架。火班官兵昼夜轮流值班，一旦发生火警，各按防范区域往救，不许慌乱。[20]

（二）防潮防虫。自古以来，艺术品防潮防虫就引起重视。北魏贾思勰在《齐民要术》卷三·杂说第三十说道："书橱欲得安麝香、木瓜，令蠹虫不生。五月湿热，蠹虫将生，书经夏不舒展者，必生虫也。五月十五以后，七月二十以前，必须三度舒而展之。须要晴时，于大屋下风凉处，不见日处。日曝书暍，令书色。热卷，生虫弥速。阴雨润气，尤须避之。慎书如此，则数百年矣。"清内府对书画的收藏保护措施也采取了前代经验和制度。乾隆皇帝对南熏殿所藏历代帝王圣贤图极为重视，每年夏天进行抖晾防止虫蛀侵蚀及霉烂。[21]清乾隆内府为防潮还制作有一种收藏大画的特制大木箱，外涂血料，披麻，上大漆，潮气进不去。还有在这种大木箱里再加一层锡皮或铅皮做里子，这更能防止潮气侵入，这种大木箱不能垒叠。[22]清代周二学《赏延素心录》记载："小画作匣，用香楠木。长短阔狭，随画定制。一匣容四替，一替容五画。顶置提梁，横开一门嵌入门上，钉紫铜方纽，纽中起枘，入凿便锁……大画作橱，用豆楠，次则香楠木。高亦随画定制，阔止二尺，深可尺余。一门开展，一门藏榫，上落铰钉，用紫铜仿古梭子式。承殿止高六寸，惟橱内忌粉漆及糊纸。卷册用旧锦作囊，或紫白檀作匣。匣内衬宣德小云鸾白绫，以檀末糁新棉花为胎，不但展舒发香，且能辟蛀矣。"清代《国朝宫史》卷之四·典礼四·宫殿事宜记载："每年十二月，各宫殿扫尘，由内管领理事关防处选择吉日、吉时奏闻，知会宫殿监。宫殿监具牌奏闻。届日，内管领员役进内右门，由月华门至乾清宫、坤宁宫等处扫尘，宫殿监率首领太监等关防。其十二宫等处由宫殿监传知扫尘。"现代研究表明，文物、图书、档案的虫害防治工作，首先应积极做好清洁卫生工作。清洁卫生是防治工作的根本，防患于未然。清洁工作的好坏是直接关系到文物保护的一个大问题。[23]（图 97）

当代随着科技的发展，书画的保护也越来越科学化，技术含量也越来越高。

（一）温湿度的控制方面。通常控制湿度所采用的方法是通风散潮。但当户外湿度高于室内时则应该停止通风，因为一旦一定温度的暖空气流入室内遇冷，水蒸气就会液化、凝聚在物体的表面，引起书画产生霉体。一般把温度控制在 10 至 18 摄氏度、湿度控制在 50% 至 60% 之间是存放书画的最适宜条件。而专门存放书画的环境，例如博物馆则可以借助空调除湿机等设备调节温湿度。条件好、面积大的书画展室应尽量采用中央空调设备调节温湿度，并且在气候波动较大的月份密切观察，及时有效地监控展室的温湿度。（图 98）

（二）光照方面。过高的照明度会加速书画纤维的分解，同时光照的时间也不能过长，长时间的曝光会导致画面颜色的减退和强度的降低。从书画保护的角度考虑，低照度有利于书画的保护，但是，从观众的角度考虑，又需要一个明亮舒适的欣赏环境。这方面上海博物馆采用感应式照明光源的做法值得借鉴。当观众在展柜前靠近展品时，光线慢慢变亮；当观者离开展品时，光线又会回到一个较暗的状态。这样既有利于藏品的保护，又方便了观者。

（三）虫害防治方面。虫害繁殖的有效温度一般为 15 至 35 摄氏度，空气相对湿度在 70% 以上，但虫害的最适宜温度范围会因其种类不同而有所不同。例如衣鱼中的家衣鱼最适合的温度为 32 至 37 摄氏度，西洋衣鱼则为 22 至 27 摄氏度。一般仓库害虫不活动范围是 0 至 15 摄氏度。[24]从库房的防虫要求来看，应以控制尽可能低的温湿度为好。可采用机械降温去湿，或者在室外干燥时加强通风，以此来降低湿度。控制温湿度不仅有利于防止虫害的发生，还能减缓有机质的氧化。物理的

19 ［清］《国朝宫史》记载：乾清宫等处安设激桶六十五架，慈宁宫等处安设激桶十架，宁寿宫等处安设激桶架。每月二十五日，宫殿监率领太监等查看，或有风干漏水之处，即行修理。其遮盖激桶布单，每遇岁暮染新。经五年后有毁坏者，由宫殿监行文广储司换给。

20 秦国经，《清代宫廷的警卫制度》，《故宫博物院院刊》，1990 年第 4 期。

21 ［清］胡敬，《南熏殿图象考》，卢辅圣主编，《中国书画全书》第 11 卷，上海书画出版社，2000 年。

22 郑求真，《纸绢画的收藏与保养》，《故宫博物院院刊》，1979 年第 3 期。

23 陈元生、解玉林，《文物的虫害及其防治》，马承源主编，《上海博物馆文物科技论文集》，上海科技文献出版社，1996 年。

24 ［日］素木得一，《昆虫的分类》，东京北隆馆，昭和三十七年（1962），第 23—25 页。

图 97　古代丝织品留存面貌

图 98　古代墓室壁画的现状，河南洛阳古墓博物馆藏

图 99　明代鎏金银座青花碗，高 14 厘米，西藏布达拉宫管理处藏

防治方法是利用能使害虫致死的温度、射线直接进行灭虫。目前已采用的方法有高温杀虫法、低温杀虫法、高频加热杀虫法、微波杀虫法、干燥失水杀虫法、充气除氧杀虫法和辐射杀虫法等。

显然，上述保养方法有许多方面也适合于纸质藏书和其他纸质藏品的保养。

二、陶瓷器藏品的保养

陶瓷器属于易碎物品，在古代运输过程中就很注意选择包装方式和运输方式。

首先，陶瓷器的包装要选择合适的盒子，大小适宜，能固定最好，在空处放一些柔软的棉絮、泡沫塑料或布类东西加以填充或固定。最好是一件陶瓷器一个盒子，避免碰撞损坏。其次，把玩鉴赏的时候桌上垫上毡子，不要让瓷器直接与桌面接触，以免伤及瓷器或桌面。陶瓷器不要和其他硬物接触，以免损伤釉面。最后，陶瓷器的清洗，不要使用高酸性或高碱性的液体，一般清水就可以。尤其是陶器，不适宜清洗，可以保持一些原始状态，附着在表面的尘土可以清除掉。光洁的瓷器一般用湿毛巾清洗上面的灰尘等即可。（图 99）

三、金属藏品的保养

金属藏品的保养主要是要防止锈蚀。把持时要戴上干燥的棉质手套，以免汗液或水分直接接触金属藏品。展示时置于密封的展柜中比较合理。

金银、青铜等贵重金属藏品，要防止硬物碰撞或相互碰撞，以免留下痕迹或损坏。金器、银器等藏品，最好分开包装收藏，不要裸身放在一起。青铜器大件等要分开装箱保养。要存放在通风干燥的环境中或恒温恒湿设备中。（图 100）

四、石质藏品的保养

石质文物的保护相对于书画等对环境的要求可能要低一些，一般来说，石质藏品的保护要注意以下几个环节。首先，将藏品清洗干净。目前较为常见的方法，一是采用清水清洗石质表面的可溶盐等脏物。另一种是采用化学清洗剂清除石质表面的脏物，这种方法即采用适度的酸碱溶液清洗，不可采用强酸强碱，以免损坏石质。还有一种是机械清除法。其次，石质藏品需要加固、防护等。（图 101）

五、竹木藏品的保养

竹木藏品的保养难度也比较大，一般来说，竹木器怕干不怕湿，干易裂，但太湿也易腐，尤其是在潮湿地区，不要将家具等直接接触地面。擦洗时不要使用湿毛巾，用柔软的干毛巾或适量加些蜡，增加家具或竹木器具的光泽。在竹木器家具的表面不要直接放置硬物或盛热水等的杯子，这些都会对家具表面造成损坏。

竹木器藏品时间久了以后，可以在表面使用一些橄榄油或核桃油等擦拭，可以起到防潮、防裂等作用。（图 102）

图 101　大英博物馆镇馆之宝古埃及“罗塞塔石碑”

六、织物藏品的保养

织物藏品的保养和书画藏品等的保养一样，是一个沉重的课题。织物对环境的干湿度要求很高。

首先，织物不宜暴晒，注意通风透气。其次，不宜长时间浸泡，清洗时要洗干净。最后，拿取存放时都要戴上手套，注意剔去灰尘、保持织物干燥和做好防虫害处理。光照、湿度、温度、微生物、害虫、空气污染等都会对织物造成损坏。

图 100　西周，青铜彝，美国佛利尔美术馆藏

附录　中国文物藏品定级标准

一、一级文物定级标准

（一）反映中国各个历史时期的生产关系及其经济制度、政治制度，以及有关社会历史发展的特别重要的代表性文物；

（二）反映历代生产力的发展、生产技术的进步和科学发明创造的特别重要的代表性文物；

（三）反映各民族社会历史发展和促进民族团结、维护祖国统一的特别重要的代表性文物；

（四）反映历代劳动人民反抗剥削、压迫和著名起义领袖的特别重要的代表性文物；

（五）反映历代中外关系和在政治、经济、军事、科技、教育、文化、艺术、宗教、卫生、体育等方面相互交流的特别重要的代表性文物；

（六）反映中华民族抗御外侮、反抗侵略的历史事件和重要历史人物的特别重要的代表性文物；

（七）反映历代著名的思想家、政治家、军事家、科学家、发明家、教育家、文学家、艺术家等特别

图 102　元代，螺钿花式盘，日本东京国立博物馆藏

重要的代表性文物，著名工匠的特别重要的代表性作品；

（八）反映各民族生活习俗、文化艺术、工艺美术、宗教信仰的具有特别重要价值的代表性文物；

（九）中国古旧图书中具有特别重要价值的代表性善本；

（十）反映有关国际共产主义运动中的重大事件和杰出领袖人物的革命实践活动，以及为中国革命做出重大贡献的国际主义战士的特别重要的代表性文物；

（十一）与中国近代（1840—1949）历史上的重大事件、重要人物、著名烈士、著名英雄模范有关的特别重要的代表性文物；

（十二）与中华人民共和国成立以来的重大历史事件、重大建设成就、重要领袖人物、著名烈士、著名英雄模范有关的特别重要的代表性文物；

（十三）与中国共产党和近代其他各党派、团体的重大事件，重要人物、爱国侨胞及其他社会知名人士有关的特别重要的代表性文物；

（十四）其他具有特别重要历史、艺术、科学价值的代表性文物。

二、二级文物定级标准

（一）反映中国各个历史时期的生产力和生产关系及其经济制度、政治制度，以及有关社会历史发展的具有重要价值的文物；

（二）反映一个地区、一个民族或某一个时代的具有重要价值的文物；

（三）反映某一历史人物、历史事件或对研究某一历史问题有重要价值的文物；

（四）反映某种考古学文化类型和文化特征，能说明某一历史问题的成组文物；

（五）历史、艺术、科学价值一般，但材质贵重的文物；

（六）反映各地区、各民族的重要民俗文物；

（七）历代著名艺术家或著名工匠的重要作品；

（八）古旧图书中具有重要价值的善本；

（九）反映中国近代（1840—1949）历史上的重大事件、重要人物、著名烈士、著名英雄模范的具有重要价值的文物；

（十）反映中华人民共和国成立以来的重大历史事件、重大建设成就、重要领袖人物、著名烈士、著名英雄模范的具有重要价值的文物；

（十一）反映中国共产党和近代其他各党派、团体的重大事件，重要人物、爱国侨胞及其他社会知名人士的具有重要价值的文物；

（十二）其他具有重要历史、艺术、科学价值的文物。

三、三级文物定级标准

（一）反映中国各个历史时期的生产力和生产关系及其经济制度、政治制度，以及有关社会历史发展的比较重要的文物；

（二）反映一个地区、一个民族或某一时代的具有比较重要价值的文物；

（三）反映某一历史事件或人物，对研究某一历史问题有比较重要价值的文物；

（四）反映某种考古学文化类型和文化特征的具有比较重要价值的文物；

（五）具有比较重要价值的民族、民俗文物；

（六）某一历史时期艺术水平和工艺水平较高，但有损伤的作品；

（七）古旧图书中具有比较重要价值的善本；

（八）反映中国近代（1840—1949）历史上的重大事件、重要人物、著名烈士、著名英雄模范的具有比较重要价值的文物；

（九）反映中华人民共和国成立以来的重大历史事件、重大建设成就、重要领袖人物、著名烈士、著名英雄模范的具有比较重要价值的文物；

（十）反映中国共产党和近代其他各党派、团体的重大事件，重要人物、爱国侨胞及其他社会知名人士的具有比较重要价值的文物；

（十一）其他具有比较重要的历史、艺术、科学价值的文物。

四、一般文物定级标准

（一）反映中国各个历史时期的生产力和生产关系及其经济制度、政治制度，以及有关社会历史发展的具有一定价值的文物；

（二）具有一定价值的民族、民俗文物；

（三）反映某一历史事件、历史人物，具有一定价值的文物；

（四）具有一定价值的古旧图书、资料等；

（五）具有一定价值的历代生产、生活用具等；

（六）具有一定价值的历代艺术品、工艺品等；

（七）其他具有一定历史、艺术、科学价值的文物。

五、博物馆、文物单位等有关文物收藏机构，均可用本标准对其文物藏品鉴选和定级。社会上其他散存的文物，需要定级时，可照此执行

六、本标准由国家文物局负责解释

一级文物定级标准举例：

（一）玉、石器。时代确切，质地优良，在艺术上和工艺上有特色和有特别重要价值的；有确切出土地点，有刻文、铭记、款识或其他重要特征，可作为断代标准的；有明显地方特点，能代表考古学一种文化类型、一个地区或作坊杰出成就的；能反映某一时代风格和艺术水平的有关民族关系和中外关系的代表作。

（二）陶器。代表考古学某一文化类型，其造型和纹饰具有特别重要价值的；有确切出土地点可作为断代标准的；三彩作品中造型优美、色彩艳丽、具有特别重要价值的；紫砂器中，器形完美，出于古代与近代名家之手的代表性作品。

（三）瓷器。时代确切，在艺术上或工艺上有特别重要价值的；在纪年或确切出土地点可作为断代标准的；造型、纹饰、釉色等能反映时代风格和浓郁民族色彩的；有文献记载的名瓷、历代官窑及民窑的代表作。

（四）铜器。造型、纹饰精美，能代表某个时期工艺铸造技术水平的；有确切出土地点可作为断代标准的；铭文反映重大历史事件、重要历史人物的或书法艺术水平高的；在工艺发展史上具有特别重要价值的。

（五）铁器。在中国冶铸、锻造史上，占有特别重要地位的钢铁制品；有明确出土地点和特别重要价值的铁质文物；有铭文或错金银、镶嵌等精湛工艺的古代器具；历代名人所用，或与重大历史事件有直接联系的铁制历史遗物。

（六）金银器。工艺水平高超，造型或纹饰十分精美，具有特别重要价值的；年代、地点确切或有名款，可作断代标准的金银制品。

（七）漆器。代表某一历史时期典型工艺品种和特点的；造型、纹饰、雕工工艺水平高超的；

著名工匠的代表作。

（八）雕塑。造型优美、时代确切，或有题记款识，具有鲜明时代特点和艺术风格的金属、玉、石、木、泥和陶瓷、髹漆、牙骨等各种质地的，具有特别重要价值的雕塑作品。

（九）石刻砖瓦。时代较早，有代表性的石刻；刻有年款或物主铭记可作为断代标准的造像碑；能直接反映社会生产、生活，神态生动、造型优美的石雕；技法精巧、内容丰富的画像石；有重大史料价值或艺术价值的碑碣墓志；文字或纹饰精美，历史、艺术价值特别重要的砖瓦。

（十）书法绘画。元代以前比较完整的书画；唐以前首尾齐全有年款的写本；宋以前经卷中有作者或纪年且书法水平较高的；宋、元时期有名款或虽无名款而艺术水平较高的；具有特别重要价值的历代名人手迹；明清以来特别重要艺术流派或著名书画家的精品。

（十一）古砚。时代确切，质地良好、遗存稀少的；造型与纹饰具有鲜明时代特征，工艺水平很高的端、歙等四大名砚；有确切出土地点，或流传有绪，制作精美，保存完好，可作断代标准的；历代重要历史人物使用过的或题铭价值很高的；历代著名工匠的代表作。

（十二）甲骨。所记内容具有特别重要的史料价值，龟甲、兽骨比较完整的；所刻文字精美或具有特点，能起断代作用的。

（十三）玺印符牌。具有特别重要价值的官私玺、印、封泥和符牌；明、清篆刻中主要流派或主要代表人物的代表作。

（十四）钱币。在中国钱币发展史上占有特别重要地位、具有特别重要价值的历代钱币、钱范和钞版。

（十五）牙骨角器。时代确切，在雕刻艺术史上具有特别重要价值的；反映民族工艺特点和工艺发展史的；各个时期著名工匠或艺术家代表作，以及历史久远的象牙制品。

（十六）竹木雕。时代确切，具有特别重要价值，在竹木雕工艺史上有独特风格，可作为断代标准的；制作精巧、工艺水平极高的；著名工匠或艺术家的代表作。

（十七）家具。元代以前（含元代）的木质家具及精巧冥器；明清家具中以黄花梨、紫檀、鸡翅木、铁梨、乌木等珍贵木材制作，造型优美、保存完好、工艺精良的；明清时期制作精良的髹饰家具；明清及近现代名人使用的或具有重大历史价值的家具。

（十八）珐琅。时代确切，具有鲜明特点，造型、纹饰、釉色、工艺水平很高的珐琅制品。

（十九）织绣。时代、产地准确的，能代表一个历史时期工艺水平的具有特别重要价值的不同织绣品种的典型实物；色彩艳丽，纹饰精美，具有典型时代特征的；著名织绣工艺家的代表作。

（二十）古籍善本。元以前的碑帖、写本、印本；明清两代著名学者、藏书家撰写或整理校订的，在某一学科领域有重要价值的稿本、抄本；在图书内容、版刻水平、纸张、印刷、装帧等方面有特色的明清印本（包括刻本、活字本、有精美版画的印本、彩色套印本）和抄本；有明清时期著名学者、藏书家批校题跋、且批校题跋内容具有重要学术资料价值的印本、抄本。

（二十一）碑帖拓本。元代以前的碑帖拓本；明代整张拓片和罕见的拓本；初拓精本；原物重要且已佚失，拓本留传极少的清代或近代拓本；明清时期精拓套帖；清代及清代以前有历代名家重要题跋的拓本。（图 103）

（二十二）武器。在武器发展史上，能代表一个历史阶段军械水平的；在重要战役或重要事件中使用的；历代著名人物使用的、具有特别重要价值的武器。

（二十三）邮品。反映清代、民国、解放区邮政历史的，存量稀少的，中华人民共和国建国以来具有特别重要价值的邮票和邮品。

（二十四）文件、宣传品。反映重大历史事件，内容重要，具有特别重要意义的正式文件或文件原稿；传单、标语、宣传画、号外、捷报；证章、奖章、纪念章等。

（二十五）档案文书。从某一侧面反映社会生产关系、经济制度、政治制度和土地、人口、疆域变迁以及重大历史事件、重要历史人物事迹的历代诏谕、文告、题本、奏折、诰命、舆图、人丁黄册、田亩钱粮簿册、红白契约、文据、书札等官方档案和民间文书中，具有特别重要价值的。

（二十六）名人遗物。已故中国共产党著名领袖人物、各民主党派著名领导人、著名爱国侨领、著名社会活动家的具有特别重要价值的手稿、信札、题词、题字等以及具有特别重要意义的用品。

注：二、三级文物定级标准举例可依据一级文物定级标准举例类推。[25]

图 103　东汉，山东武梁祠拓片，晚清至近代拓

25 《文物藏品定级标准》（中华人民共和国文化部令第 19 号，2001 年 4 月 5 日文化部部务会议通过）。本标准根据《中华人民共和国文物保护法》和《中华人民共和国文物保护法实施条例》的有关规定制定。

第三章　艺术品收藏（下篇）

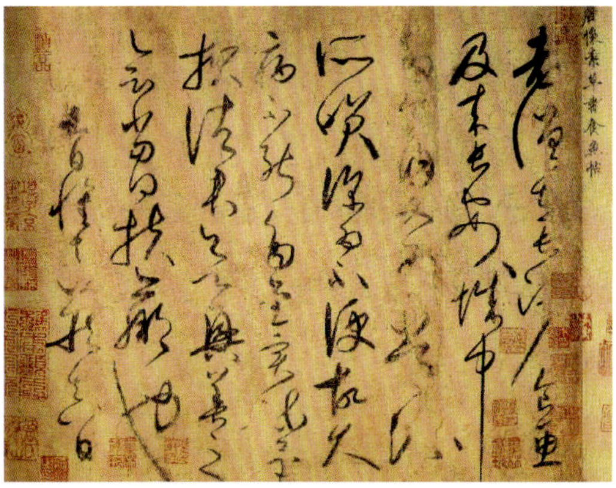

图 104　唐代，怀素（传）《食鱼帖》，白麻纸本，34.5 厘米 ×52.4 厘米，字体略有损毁

第七节　收藏的教育实质

中国收藏教育是一种新的教育方式，至今还没有可以直接参照的成熟的教育模式。收藏是一个贯穿收藏者初衷、过程、结果、价值的文化行为，因而收藏教育也会涉及这些方面。

无论是何种意义或何种方式的教育，都有一个共性：教育是对人的一种影响、感化或改变。东汉许慎《说文解字》解释："教，上所施，下所效也。""育，养子使作善也。"[1] 我们祖先在两千年前就开始关注教育，《孟子 · 尽心上》中曰："君子有三乐，而王天下不与存焉。父母具存，兄弟无故，一乐也。仰不愧于天，俯不怍于人。二乐也。得天下英才而教育之，三乐也。"西方关于教育的解释，《美利坚百科全书》"教育"条目中是这样解释教育的："从最广泛的意义说来，教育就是个人获得知识或见解的过程，就是个人的观点或技艺得到提高的过程。"[2] 聂振斌在《儒学与艺术教育》一书中，谈到鉴赏论与"君子有三乐"时说："鉴赏力是欣赏艺术、实施艺术教育的关键。所谓鉴赏力主要是指感知、体验、想象、理解、判断诸能力。有无这种能力或曰这种能力是高是低，结果是大不一样的。对于文学艺术和审美活动，凡是接受者、参与者或阐释者，都要有相应的鉴赏力，否则艺术欣赏、艺术批评或审美教育就无法进行。"[3] 收藏鉴赏力同样是实施收藏教育的一个关键。（图 104）

中国收藏教育，一般包括收藏活动和藏品所引

1　[东汉] 许慎，《说文解字》，中华书局影印本，1963 年，第 69 页、第 310 页。
2　翁震宇编著，《美术教育概论》，中国美术学院出版社，2009 年，第 1 页。
3　聂振斌，《儒学与艺术教育》，南京出版社，2006 年，第 47—48 页。

起、所关联的教育和收藏知识、方法、技术教育等。收藏教育应该是包含有多种层面教育内涵的一种教育方式。

收藏是文化保护、文化传承、情感历练、社会责任、人文关怀等的重要体现之一。从收藏本身看，收是一个过程，藏既是过程也是结果。

收藏方式大致有以下几种情况：

收而不藏。这是指藏品的一种流动过程，这种收藏过程更多的是以投资或经济等活动为目的，物品的“收”而不藏，收者往往与藏品没有发生实质关系，它只是流转者手中的一个物品。收而不藏，也包含有一种捐赠或赠送行为。这个“藏”的概念，不是简单的保护、保管，它应该有更深层次的内涵，如品鉴、赏析、把玩、研究、传播等。收的过程是认知的过程，藏则是认可的结果。我们现时代的收藏，大多是收而不藏，与古代收藏有天壤之别。

不收而藏。这是指没有参与藏品的流动而直接继承艺术财富的收藏活动，如得到并珍藏祖传的藏品、他人赠送的藏品等。这种不收而藏的活动，开始往往不能体会收藏活动的甘苦，难以享受到充满艰辛和乐趣、苦涩和愉悦的收藏过程。这些藏品在收藏者或继承者身上不容易找到一种文化责任，难以持久和较好体现收藏的重要功能——传承与教育。不收而藏的藏品，因为这些藏品没有和继承者发生直接关系，在一定程度上，他们感到很茫然，古代收藏的经验告诉我们：藏不过三代。

既收又藏。这是一种实际意义上的收藏，既有“收”这个过程中的甘苦，也有“藏”背后的厚重和愉悦。收和藏的有机结合，能充分体现出教育、人文、责任、情感等的和谐统一，收和藏都是动态的过程，没有终极。而教育的目的，就是从这些流转的藏品中找到文化的脉息，代代传承，不管是情感的，还是责任的，都让我们的生活变得更有意义。（图 105）

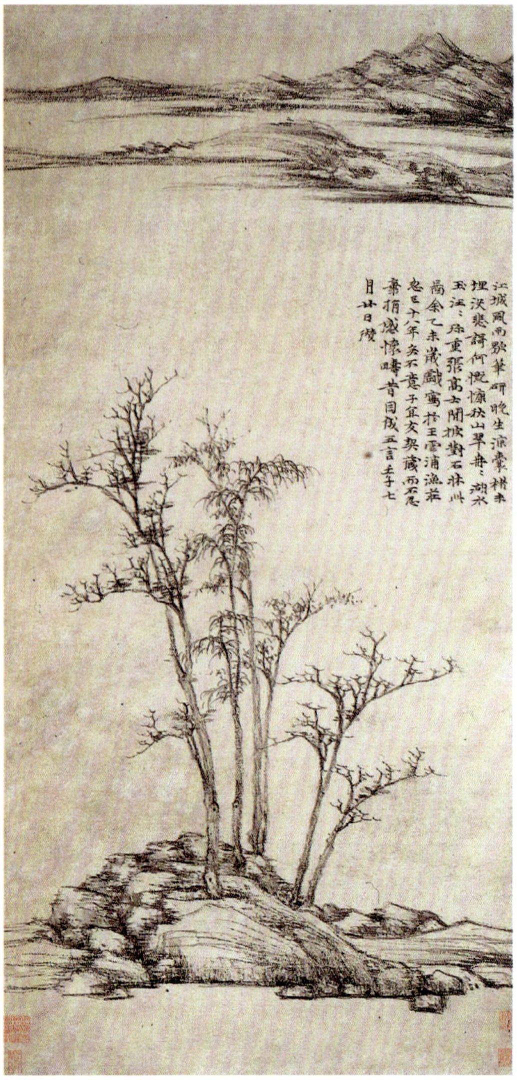

图 105　元代，倪瓒，《渔庄秋霁图轴》，96 厘米 ×47 厘米，虚斋旧藏，今藏于上海博物馆

不收不藏。不收不藏并不是说不和藏品发生关系，而是一种近距离或远距离的观望和守护。换句话说，这或许可以称为较为单纯的“心藏”。欣赏藏品可以不拥有藏品，拥有藏品也不一定能欣赏藏品，在逻辑上讲，前者的意义似乎更大一些，与藏品交流是让藏品发挥价值的重要意义之一。这也是为什么很多鉴赏家不一定是收藏家的原因，或者说很多收藏家只是藏家而已。

图 106　沪上鉴藏家钱镜塘在作画，钱先生将毕生收藏的 5 万件书画藏品遴选 4000 件捐给国内一些博物馆。

对于藏家和观赏藏品的其他人来说，收藏事实上都同时显现为教育，它是有关收藏活动和藏品的知识教育、情感教育、审美教育、伦理教育，也是社会成员的文化责任教育和人格修养教育，甚至是终极人文关怀教育。收藏教育区别于我们目前通常的德智体教育，也不同于艺术教育，将所有收藏品都归于艺术品的看法无论在理论上还是在收藏实践中都是缺乏依据和逻辑性的。收藏教育可以说是一种具有普适性的文化教育。

概而言之，收藏教育的实质是通过藏品的收、藏、回归社会等达到感化人、激励人、教育人的一种手段和目的。对收藏者而言，他通过收藏和藏品传播一种理念和知识，收藏本身也是一种生活方式；对观赏者而言，通过藏品获得愉悦和精神享受。（图 106）

在西方，很多艺术博物馆免费开放，如大英博物馆，免费开放的背后，虽然让博物馆本身承载了很大的财政压力，但藏品的社会普及性教育得到了广布，其社会效益远远不是经济效益可以相比的。也有一些私人收藏机构，如英国大威德艺术基金会（Percival David Foundation of Chinese Art）的一些高品质藏品，直接放进伦敦大学，很大程度地直接受益于学生和社会。在我们国家，博物馆的免费开放始于本世纪初，如浙江省博物馆、上海博物馆等，博物馆直接成了学生们的第二课堂，也成了社会市民提高和普及文化艺术素质很好的课堂。随着私人博物馆的设立和藏品的公开化，越来越多的人开始体会到“睹物思人”的文化关怀，一件藏品的背后是人格，它不是一个简单的物品，从藏品的背后可以感知到祖先的智慧、才情、义务和责任。

第八节　收藏教育的任务和特性

《论语・宪问篇第十四》记载：“子路问成人。子曰：‘若臧武仲之知，公绰之不欲，卞庄子之勇，冉求之艺，文之以礼乐，亦可以成人矣。’曰：‘今之成人者何必然？见利思义，见危授命，久要不忘平生之言，亦可以为成人矣。’”[4] 孔子关于“成人”的教育论断，也适用于中国收藏教育。

4　《论语・宪问》，见杨伯峻译注，《论语译注》，中华书局，1980 年，第 149 页。

图 107　五代（南唐），赵幹，《江行初雪图卷》，台北“故宫博物院”藏

一、任务

中国收藏教育，堪称一项“接代延续教育”的精神文化和艺术工程。何谓“接代延续教育”？它指对某一种濒临灭绝的文化或技术等进行抢救性保护而进行的教育，这种教育的特点就是在“接代”问题上能延续下去。我们很多的文化艺术遗产濒临灭绝，如非物质文化遗产中的很多项目。中国收藏关涉大量的非物质文化遗产，更维系到文化责任和义务。

收藏的物品不仅是带有具体生活背景和社会信息的东西，而且包蕴了一定的文化基因、文化情感、文化责任和意识等。以艺术品收藏为例，仅从美术史本身来看，一件件的艺术品不仅仅是艺术史的构成，更是一部文化史或社会史。每一件作品背后，有一段故事，或文化的故事，或艺术的故事，或情感的故事。（图 107）美国艺术史家詹森（H.W.Janson）在《艺术史》（*History of Art*）中谈到美术史学科的特性时说：“没有一种别的学科邀请我们在历史的时空里更广阔地遨游，也没有一种别的学科更能强烈地传达过去与现在之间的持续感或人类之间的密切关联，更有进者，与文学或者音乐相比，绘画与雕刻使我们觉得更能传达艺术家的个性，每一笔、每一触都能记载艺术家的特征，不管它所要遵循的成规是如何严厉。因此学术的风格成为一种分辨品评的工具，其微妙与精细是无与伦比的……艺术作品本身不能告诉我们它自己的故事，要经过不断的探求，利用文化史上的各种资料，上至宗教、下至经济学的帮助，才能使它们吐露消息，这不只适用于遥远的过去，也适用于 21 世纪。在这个知识逐渐专门化与分裂化的时代里，艺术史引起广泛的兴趣，这该不会令人惊奇。”[5] 因而，收藏艺术品就不仅仅是收集艺术的创作结果和记录艺术的发展轨迹，还为当代社会成员和后代人提供了一个独特的历史文化教育的平台。（图 108）

图 108　钱镜塘鉴藏书画用印“海昌钱氏数青草堂所藏法书名画之印”

图 109　大唐善业泥压得真如妙色身佛像面拓片（正面），高 11.5 厘米，宽 9 厘米，清末民初拓，淮阴陈伯衡旧藏

5　［美］H. W. 詹森，《艺术史》，王宝莲、曾堉译，幼狮文化公司，1980 年。

中国收藏教育的任务，任重而道远。收藏教育的任务是解决人的问题，是对人的教育。这就像人文学科是关于人的学科一样。中国收藏教育，是人文教育的一个重要范畴，人文教育和人文学科的关注点都是相同的，那就是对价值的认定。英国艺术史论家贡布里希（E.H.Gombrich）在谈到人文学科的特性时说："如果人文学科要求得自身的生存，它们就必须关心价值。这种关心是人文学科和自然学科的最明显的区别。自然科学将人种——不管是解剖学、生理学、心理学还是人类学等统统包括在它们的范围之内。如果我没有看错的话，那么自然科学感兴趣的是有机生命或精神生命的一般规律。如果人文学科要忠实自己的使命，那它们就应该告诉我们更多的东西。我们要求它们告诉我们，人类会变成什么样子……我们应该归还人文科学的惊讶感、崇高感还有恐惧感，换句话说，应该归还人文科学的价值感。"[6] 惊讶感、崇高感还有恐惧感，同样是人们在接受收藏教育的过程中可以感受到的。逐渐入门收藏、获得心仪藏品和从藏品中感到认识的豁然开朗的那种惊讶感，对某些珍藏非同一般流转历程和它所蕴含的极为丰富文化内涵的那种崇敬感、崇高感，还有涉足收藏愈久愈感到收藏规律难以真正把握、愈感到收藏文化博大精深难以尽观的那种害怕不安，那种恐惧感，都是我们在从事收藏的经历里并不陌生的。收藏过程中的惊讶感、崇高感还有恐惧感，其实也正是我们在这一过程中同时接受收藏教育的体会和经验。

中国收藏教育，可以是历史教育、文化教育、艺术教育甚至科学教育的延续。随着收藏市场的发展和繁荣，中国收藏教育应该引起人们足够的重视，收藏本身便是对文化价值和人生价值的一种确认。中国收藏教育的任务便是对收藏的人文价值、审美价值、科技价值、历史责任、民族文化意识等的梳理和传导，从而使人确立正确的人生观和价值观。

二、特性

中国收藏教育的特性首先在于它密切联系悠久的历史文化和日新月异的现实生活，同时依据收藏主体的不同而有所区别。在收藏教育中可以将国家宏观教育、社会教育和家庭家族教育观念相结合。国家宏观教育主要指各级各类学校教育。将中国收藏教育纳入全民教育系统是有意义的。社会教育主要指开放的博物馆、艺术馆收藏教育，这是一种自觉自愿的文化教育和情感教育，通过积极有效的倡导和信息传播，让人们自觉自愿地走进博物馆，与藏品进行对话，有许多工作要做。家庭家族教育，即延续良好的家庭教育观念，将收藏作为文化陶冶、情感历练、家庭家族凝聚和社会责任强化的一种生活方式和价值观念体现。（图 109）

中国收藏教育，它解决的问题不仅仅限于收藏活动本身，还会涉及与收藏有关的多个层面的学科知识，如经济学、艺术品市场学、市场营销学、广告学、决策学、管理学、投资学等。中国收藏教育也包括藏品本身的知识，如艺术学、文艺学、文学、社会学、宗教学、哲学、历史学、文化学、人类学、化学等。随着社会的发展，收藏活动伴随的法律等问题越来越明显，收藏法也将成为一门重要的内容。此外，收藏心理学也将引起人们极大的关注和兴趣。因而中国收藏教育显现为多方位、多维度的知识教育和人文教育，以及技术技能教育和培养。

从根本上说，中国收藏教育体现的是一种人文关怀。文化的背后是人格。如何将人格教育纳入中国收藏教育是一门很深的学问。而藏品本身又是人类文明成果的结晶。我国早期文献《易经》就明确指出"人文"的重要性："刚柔交错，天文也。文明以止，人文也。观乎天文以察时变，观乎人文以化成天下。"[7] 中国收藏教育一方面要培养收藏者和其他社会成员的收藏意识，更主要的是要多关注藏品背后的文化内涵、历史情境、人类情感和社会文化责任等，将其作为教育内容。

6　范景中编选，《艺术与人文科学——贡布里希文选》，浙江摄影出版社，1989 年，第 7—16 页。

7　［清］阮元校勘，《十三经注疏》，上册，上海古籍出版社，1997 年。

第九节　收藏教育的途径和效应

中国收藏教育的途径主要有学校的收藏教育和社会的收藏教育，后者又可以包括博物馆、艺术馆的收藏教育，收藏市场的收藏教育，日常收藏行为本身的收藏教育等。目前中国的大学教育中还几乎没有收藏教育的内容，更不用说中小学了。收藏教育，将是未来教育的一个很重要的方向。它可能关乎的是对国家文明、传统文化或是一个民族文化的态度和命运。

时值21世纪，中国收藏学走进学校教育，有它自身的基础和条件。第一，中国社会经济发展迅速，资本雄厚，社会稳定。第二，中国的收藏市场发展迅速，遍及全国，有近三千年的历史经验，并在不断完善中进步。第三，民间收藏的基础异常雄厚，并且形成了固定的收藏市场和稳定的收藏拍卖行业。第四，企业开始收藏活动，甚至走进收藏行业，对提升企业文化和培养社会文化责任感有很好的促进作用。第五，媒体对收藏的关注，也提高了全民对收藏的热度。这些条件，足以引起我们对收藏教育的兴趣。同时，我们也应该看到，有很多问题越来越引起人们的关注，如收藏理念问题、收藏标准问题、藏品相关的著作权问题、收藏遗产继承问题等。这也凸显了中国收藏教育的重要性和义不容辞。

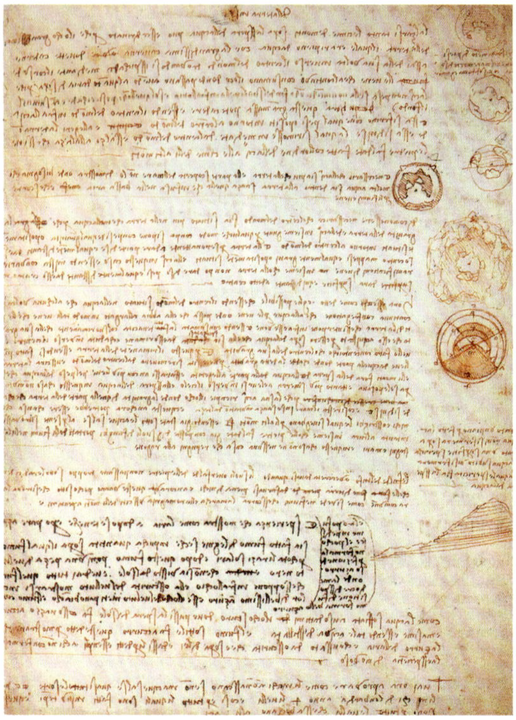

图110　1994年11月，比尔·盖茨以3080万美元价格拍得达·芬奇科学手稿《哈默手稿》（*Codex Hammer*），共72页，后盖茨将其复制成电子版，供人们阅览和研究

在学校收藏教育中，可以关涉以下内容：收藏史，收藏观念和理论，收藏的文化责任和终极价值，中外收藏比较，收藏的动机和目标，收藏标准，收藏方式和手段，收藏品的来源、分类与特性，收藏品市场的构成和要素，收藏品的价值和价格，收藏投资策略，收藏风险评估，收藏品的鉴定，收藏品的修复与保护，收藏品的归属，收藏品的捐赠，收藏品的纳税和保险，收藏品的借展和租赁等。（图110）

博物馆相对于学校而言，在教育的方式上要灵活一些。博物馆的教育对象主要是社会成员。当然，学校也可将博物馆作为学校教育的第二课堂。因此，博物馆的收藏教育在更大层面上体现出社会意义和公众意义。博物馆的收藏教育较之于学校有很大的优势，那就是博物馆本身就是藏品的聚集地，在这里，收藏理论直接与藏品结合在一起。（图111）

图111　俯瞰英国伦敦大英博物馆，藏品700万件以上，今免费开放

可以说，博物馆就是由收藏而兴起的。中国的博物馆发展起步较晚，不足一百年的历史。如今中

图 112　中国美术学院（原浙江美术学院）象山校区。中国美术学院目前有三个校区，十个分学院，设有艺术鉴藏系，隶属艺术管理与教育学院

图 113　敦煌莫高窟第 130 窟，盛唐大佛头部（上视）彩塑，二十世纪四五十年代原版旧影

国各地的各种博物馆已经在发挥其各种功能，其中包括教育功能。人们在博物馆中学习文化科学知识，也学习收藏知识和方法甚至收藏技术，学习有关收藏的人文精神。

学校教育与博物馆教育的有机结合，或许是中国收藏教育努力的方向。学校系统的收藏学知识教育与博物馆专门的藏品观赏研究教育相结合，会取得很好的教育效果。（图 112）

社会教育是个很宽泛、自由度相对大的教育模式。除了博物馆教育，各类形式的收藏鉴赏研讨班、收藏研讨会、高峰论坛、收藏博览会、面向社会的收藏鉴宝活动等收藏教育也值得重视。它们的群众参与面相对要大而自由一些，形式也多样化，这在一定程度上补充了学校教育和博物馆教育的不足。此外，各类媒体的收藏栏目也是一种常见形式的收藏教育和宣传，但这类节目的宣传效应和影响大，要多注意引导和良性发展，不能只把收藏当作一种轰动的新闻效应的资源，而是要积极引导人们的收藏价值观和责任意识，这样才能起到收藏教育的效果。

个人的日常收藏行为是一种潜移默化的自我收藏教育，也是一种在收藏实践中积累经验，提高眼力和判断力，增强收藏认识的学习过程。（图 113）

从宏观上讲，中国收藏教育可以起到两个方面的效应：一是可以使个体——收藏者的文化艺术素养得到发展和提高，进而有利于培养个体的人生理想、生活信念、人生情境、知识文化、认知能力、完美人格等；二是可以提升整个社会的文明程度和文化建设水平，能将物质力量和精神力量有机结合，创造和谐的美的生活，从而促进整个社会的文明发展。

第十节　收藏与伦理教育

何谓伦理？英语“伦理”一词 ethics，源于希腊语 έθικος（ēthikos），是指风俗、习惯、性格等。公元前 4 世纪，古希腊哲学家亚里士多德在雅典学院创立 Ethitha，即伦理学，并在《尼格马科伦理学》一书中最先赋予其伦理和德行的含义。伦理学以道德现象为研究对象，不仅包括道德意识，也包括道德活动和道德规范等。伦理学中最重要的是道德与经济利益、道德与物质生活、道德与个人利益和整体利益之间的关系等。伦理教育主要是进行道德行为规范方面的教育。中国古代从小就开始进行“正确教育”的蒙学，如《易・蒙》中曰：“蒙以养正，圣功也。而养正莫先于礼。”[8] 而“蒙学”的关键就是从小要接受“明人伦”等的教育。到春秋战国时期“人伦”“道德”等的概念开始出现。（图 114）

图 114　鉴藏家、画家吴湖帆像，梅景书屋主人

与收藏有关的伦理教育的内容和目的主要是：一、培养完美的人格和道德修养。儒家思想讲“修身”，做好人，修炼人之品格。道德理想的实现是人生的高层次追求，通过收藏教育，可以从中锤炼人的精神品格和道德情操。在藏品中获得美感，进而获得身心愉悦。《论语・述而》说：“志于道，据于德，依于仁，游于艺。”道，即是人伦秩序和宇宙秩序的和谐，德即是遵循“道”的结果。道德和谐统一，是中国传统教育追求的重要价值之一。二、培养诚信观念。收藏教育是实现真善美的过程，真的背后是诚，诚的背后是信，故孔子曰：“人而无信，不知其可也。”[9]收藏应当是一种纯洁的文化活动和情感历练，在藏品交易、流转和珍藏赏鉴过程中，收藏主体如果没有诚信观念，则很难体会到藏品真善美的真谛。藏品的真和做人的真应当是和谐统一的。熊十力说：“天人合德，性修不二故，学之所以成也。易曰：继之者善，成之者性。全性起修名继，全修在性曰成。本来性净曰天，后起净性为人。”[10] 三、增强社会责任感和文化忧患意识，而其前提便是道德伦理教育。收藏作为一种高雅的文化艺术活动，实则是把握民族的文化脉息，传承民族人文精神。通过藏家道德伦理自律和收藏宣传教育，使收藏成为一种调节个人与社会、个人与民族、个人与文化之间关系的有效手段，这是值得为之努力的。（图115）

图 115　德国制毫芒雕刻铜版《人物像》，二十世纪三四十年代。工艺复杂、技术精湛，体现了德国铜版工艺的高水平

由于目前整体收藏体制的不完善和文化收藏观念的淡薄，以及历史、政治、法律、文化等方面的综合影响，本来就很不成熟的中国收藏市场呈现出相当混乱的局面，随之衍生出许多相关的收藏法案。这方面问题主要集中在：美术品的真伪问题、美术品的著作权问题、美术品的管理问题、美术品拍卖中的诚信问题、美术品的捐赠问题、艺术遗产问题、

8　[清] 阮元校勘，《十三经注疏》，上册，上海古籍出版社，1997 年。

9　《论语・为政》，见杨伯峻译注：《论语译注》，中华书局，1980 年，第 21 页。

10　熊十力，《新唯识论》，中华书局，1985 年，第 662 页。

美术品托管问题等。而相关人员的道德自律缺失，艺术品市场和收藏业的行业自律机制尚未建立健全，也是造成这些问题的重要原因。

随着收藏市场的继续发展，出现的问题还会更多，尤其是中国加入 WTO（世界贸易组织）之后，中国的收藏市场将会面临更大的挑战，中国与国际间的收藏交往越来越频繁，国际间的各类收藏品案例也越来越多。例如，关于捐赠品是否可以用来交易，不同国家的相关法律规定并不一样，对于慈善捐赠的艺术藏品人们应该持有什么样的认知和态度，这其实也关涉伦理道德。

中国收藏市场出现的诸多问题，或多或少都和其背后的名利因素分不开，而这些问题的解决，从深层次上说也要取决于个人的道德修养和伦理观念，因为很多问题都不是能运用法律手段来解决的。应当说，造成这些问题的一个重要的主观因素是收藏道德观念。一些艺术商业中介机构和收藏中介机构，一些收藏家，一些艺术家（现实的和潜在的藏品生产者）和一些与收藏有关的批评家、出版家、媒体人士，为谋取经济利益而放弃了对自身的伦理道德要求，甚至突破道德底线。有针对性地以各种方式来加强收藏伦理道德方面的教育，成为一件不可忽视的社会性工作。同时，这件工作又是长期性的。

伦理道德教育是一个很漫长的过程，需要潜移默化。只有提高了全民族的文化素养，整体的道德素质才有可能显现出高水平。我们现行的教育，也是将德育排在第一位，这是很正常的社会教育需要。中国收藏教育背后，伦理教育是必需的，而且是持久的。

第十一节　收藏与美育

众所周知，收藏本身同时是一个审美的过程。所谓美育，或者说审美教育，在不少学者眼中，从狭义讲就是艺术教育；从广义讲，美育是运用自然界、人类社会、物质生活和精神生活中一切美的形式潜移默化地影响人们的审美能力、审美趣味和道德智慧等。我国近代教育家蔡元培就说："美育者，应用美学理论于教育，以陶养感情为目的者也。"[11] 而美育作为一个明确的教育范畴，则始于 18 世纪的德国美学家约翰・克里斯托佛・弗里德里希・冯・席勒（Johann Christoph Friedrich von Schiller，1759—1805）。他认为"美育"的特殊作用，在于成为沟通感性与理性、自然与人文、知识与道德、感性王国与理性王国的中介。他明确指出："要使感性的人变成理性的人，除了首先让他成为审美的人，没有其他途径。"[12] 席勒还明确提出了"德、智、体、美"四育的概念。他说，"有促进健康的教育，有促进认识的教育，有促进道德的教育，也有促进鉴赏力和美的教育"，而"美育的目的在于培养我们感性和精神力量的整体达到尽可能和谐"。[13]（图 116）

图 116　上海土山湾画馆旧影。土山湾画馆是中国近代西画教育的摇篮和培育基地

中国收藏，上升到美育层面，主要是对藏品的艺术鉴别和审美欣赏。这常常直接或间接体现出收藏主体的美育背景和审美水平。（图117）藏品鉴赏，首先要明确藏品本身可能有的审美价值——美学价值或美育价值。一般认为，藏品的价值主要可以体现为以下方面：历史价值、文化价值、文献或文物价值、纪念价值、知识价值、情感价值、审美价值、装饰价值、商业价值或投资价值、教育价值、道德价值、旅

11　蔡元培，《蔡元培美学文选》，北京大学出版社，1983 年，第 174 页。

12 ［德］席勒，《美育书简》，徐恒醇译，中国文联出版公司，1984 年，第 55 页。

13 ［德］席勒，《美育书简》，徐恒醇译，中国文联出版公司，1984 年，第 102、108 页。

游价值、技术价值等。其中与情感价值密切联系的审美价值，是相当普遍地存在于收藏品当中的。从事收藏会影响到收藏者的审美感受和审美品位，这是显而易见的，至于这影响是正面的、积极的，还是负面的、消极的，要看收藏的层次和品位。

艺术创作和欣赏是人的审美活动的一种集中体现方式，属于人的精神生活的高级形态。艺术品的收藏一个较重要的功能就是美育，它潜在地影响我们的心灵和志趣，进而感化我们的精神和灵魂。

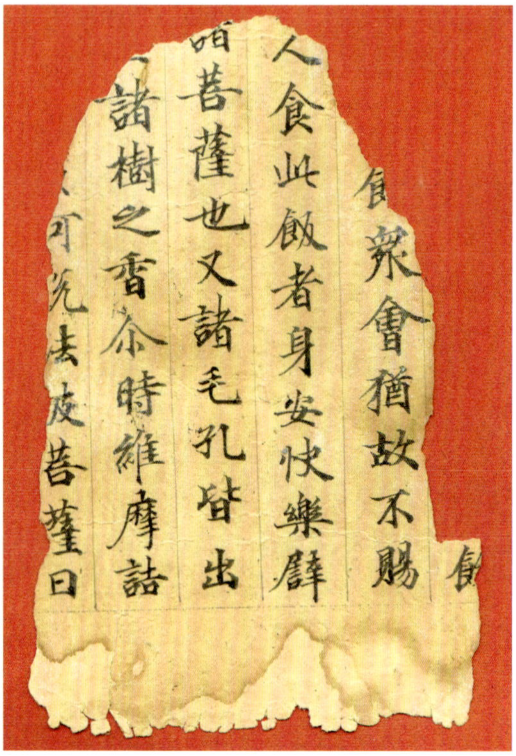

图 117　唐代，唐人写经（残）

第十二节　收藏业人才的教育和培养

收藏业人才，指从事收藏行业的具有收藏方面某种特长的人，如收藏品鉴定人才、收藏管理人才、藏品市场分析人才、收藏活动策划和批评人才等。一般说来，中国收藏业人才的教育和培养，是一个长期艰巨的任务，在目前收藏业处于混乱和无序的状态下，良好的教育导向显得尤为重要。收藏业人才的教育和培养成为急迫的社会需要之一。

中国收藏业人才的教育和培养方式，也可以采用学校教育和社会培养相结合的模式。从学校教育看，又可以分为中等专业教育和高等教育，进行不同层次、不同侧重、不同专业方向的收藏业人才教育和培养，如艺术鉴赏、艺术拍卖、艺术经纪、艺术经营等人才。在中小学教育阶段适当安排收藏知识和收藏兴趣的内容，也是可以考虑的。这会有助于从小培养人们的收藏爱好，有助于培养一部分人的收藏从业兴趣。到目前为止，中国收藏业人才的培养模式还是以社会教育为主，社会教育依托的单位大多为高校、文博单位、各级收藏家协会、收藏学术团体、新闻媒体等。学校收藏教育还是比较薄弱，尚未正式纳入全日制教育系统。（图 118）

图 118　中国文物保护基金副理事长、秘书长、文物修复专家詹长法先生应邀来中国美术学院讲授“文物修复理念”

事实上，中国收藏品经营行业人才培养长期处于真空状态，直到 2006 年 4 月中华人民共和国劳动和社会保障部在人民大会堂宣布规范一批新职业，并将文物鉴定等列入正式职业培训项目的范畴。例如，长期以来，文物鉴定全凭鉴定人员在文物圈内的影响而实施行为，鉴于经常出现藏品真假混淆不清造成社会影响等情况，劳动和社会保障部规定文物鉴定人员也需要拥有相关文凭等职业资格。此外，该部还增加了职业艺术品评估师、职业艺术品包装师、职业艺术品拍卖师、职业艺术品经纪人等从业资格的规定。目前，我国艺术类从业人员约有400万人，从事收藏者以及收藏爱好者和收藏业从业人员的总人数已经超过7000万，队伍相当庞大。为了规范艺术品经营和收藏业，劳动和社会保障部中国就业培训技术指导中心正式启动培训业务，接受培训者经考试合格将取得劳动和社会保障部中国就业培训技术职业技能鉴定中心颁发的《CETTIC职业岗位培训合格证书》。

目前，与收藏业人才培养有关的培训考试项目有很多，如劳动和社会保障部举办的“中国艺术品鉴定师高级研修班”，清华大学“文化经济职业岗位培训项目暨艺术品鉴定与经营管理从业人员职业培训认证高级研修班”，中国拍卖行业协会举办的“全国拍卖师职业资格考试”，西泠印社举办的“艺术品鉴藏与经营从业资质证书”培训考试等。

经过多年的社会和学校联手培训探索，中国收藏业人才培养已经取得了一些成果，但还是引起了业内人士的担忧。例如，随着各级培训机构的增多，各种资质证书的泛滥，一些收藏品鉴定人员的资质为业内人士所质疑。从藏品鉴定本身看，这是一个相当艰难和深奥的学科，不是通过几次培训就可以达到效果的。为此，我们有必要严肃和完善这种制度，规范藏品鉴定以及其他收藏行业行为，让收藏变得尽可能纯净和理性。

第十三节　高等院校的收藏学专业建设

将研究收藏作为一门学问、一个独立的学科引入高等教育，是中国收藏事业和收藏品市场发展的必然结果。从目前来看，中国高等院校与收藏学相关的专业主要有这么一些：美术史与美术理论、艺术鉴赏（主要是美术品鉴赏）、艺术管理、博物馆学、艺术考古学等。

上海“2008年首届世界华人收藏家大会”上，章利国先生提出“应将收藏学作为高校一门学科专业来建设”的观点，得到了不少与会专家学者的赞同。1994年，他率先在中国美术学院开设“艺术品市场学”课程，第一次将艺术品市场研究引入高校教学，并撰写了艺术品市场研究专著。这十多年的探索，为他的收藏学理论打下了较为坚实的基础。他认为，“这样的独立的收藏学专业不同于以往从属或借住在其他专业（例如历史学、艺术学、考古学或者艺术品市场学）门下的一些关涉收藏的课程，它应当有自己的培养目标，有自己有机建构的课程体系和教学方式”。“将这样的专业设置在综合性大学更为理想。”[14]（图119）

图119　章利国先生在“2008年上海首届世界华人收藏家大会”上演讲

毫无疑问，随着近二十年来中国艺术品市场和收藏的迅猛发展，对艺术品市场和收藏的研究和关注也越来越多，相关的研究成果逐渐

14　章利国，《努力创建收藏学及其专业》，华人收藏家大会组委会主编，《名家谈收藏·文化篇·下》，东方出版中心，2009年，第281—289页。

增多。例如，章利国著有《走向艺术品市场——理论与应用》（这也是中国国内第一本研究艺术品市场的理论著作，河北美术出版社 1995 年出版）和对它做大幅度修改增补并加插图而完成的《艺术品市场学》（中国美术学院出版社 2003 年出版，作为中国艺术教育大系之一，它被列为诸多高校本科和研究生教材）。《艺术品市场学》是国内该研究领域第一部比较全面科学的理论成果和大学教材，其特点是以美术品市场为观察中心，运用经济学、管理学、文化学、艺术学、美学、心理学、法学等多学科结合的研究方法，吸收国外艺术品市场研究的有益成果，并结合中国艺术品市场的实际情况，揭示艺术品市场的本质特征和运行法则，同时注重理论联系实际。李万康著有《艺术品市场学概论》（复旦大学出版社 2005 年 10 月出版），该书探幽发微，力避陈言，创造性地对艺术品供给者、消费者、艺术品价格、艺术品投资与收藏、画廊、艺术品博览会、艺术品经纪人、艺术品营销策划与国家艺术营销战略做了全面独到的归纳与分析。马健著有《收藏投资的理论与实务》《收藏投资学》《艺术品市场的经济学》等。他从宏观艺术品市场、艺术品投资与收藏、艺术品市场与经济学、投资技巧等角度对艺术品市场做了有序的梳理和思考。吕艺生著有《艺术管理学》（上海音乐出版社 2004 年出版），该书从现代管理的基本原理和应用出发，在现代艺术管理理念的指导下，通过信息管理、目标管理、计划管理、行政管理、法制管理、激励机制等，对其基本途径进行了细致研究；同时还全面探讨了预防决策理论与方法、系统工程在管理中的运用，艺术中介人、中介机构、艺术的海内外营销及各阶层艺术管理者的修养及技巧等相关问题。此外，还有余丁的《艺术管理学概论》（高等教育出版社 2008 年 1 月出版），美国简·杰弗里和余丁的《向艺术致敬——中美视觉艺术管理》（知识产权出版社 2008 年 3 月出版），曹意强主编的《艺术管理概论》（中国美术学院出版社 2007 年出版），孙亮编著的《文化艺术品市场营销》（文化艺术出版社出版 2008 年）等。（图 120）

当今中国收藏和艺术品市场的繁荣催生、推动了对它们的理论研究，这一现象也逐渐被中国一些高等院校所认识。虽然收藏学或者中国收藏学目前还没有作为一个专业在高校设立，但在近十几年来中国高校不同程度地与其相关的课程和专业的设置开始渐成气候。艺术学已经成为一级学科。在艺术学科名下，不少高等院校开

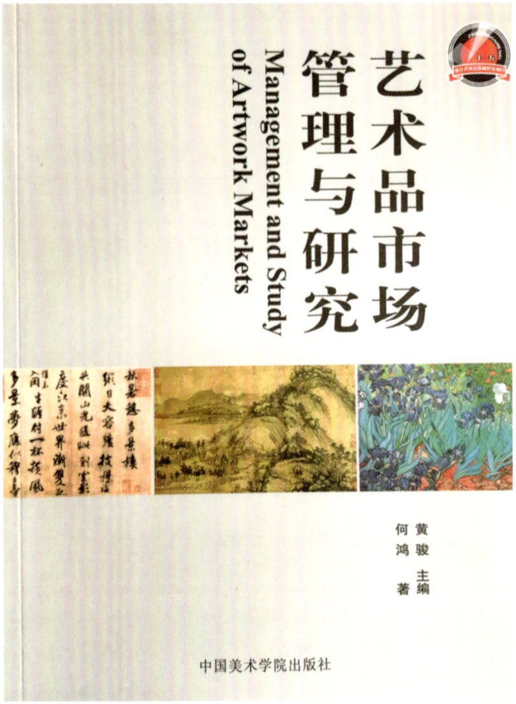

图 120　黄骏主编、何鸿著《艺术品市场管理与研究》

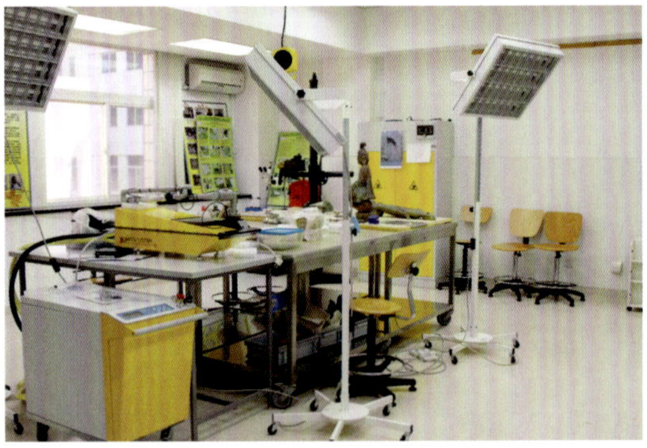

图 121　中国文物研究所文物修复中心一角，为中国文物艺术品修复人才培养做出了较大贡献

设了艺术管理、艺术鉴赏、艺术品鉴定、艺术品市场研究与管理等课程或设置专业。例如中国美术学院就有艺术品鉴赏与保护专业本科和研究生班，艺术策划与管理专业本科和研究生班，艺术策划与行政、考古与博物馆学等专业的设置。北京大学、清华大学、复旦大学、中央美术学院、中央音乐学院、中央戏剧学院、中国传媒大学、首都师范大学、上海大学等均设有文化艺术管理等相关专业或课程。此外，不少高校针对日益发展的艺术品市场和收藏业，相继成立了各类研究中心，如中国美术学院的艺术品鉴赏中心、中央美术学院艺术品市场分析研究中心等。（图 121）

古物收藏，直接涉及文物保护、修复等诸多课题，而这正是收藏教育的重要目的之一。王蕙贞先生在其编著的《文物保护学》中将文物保护分成这么几大类："陶瓷砖瓦类、金属类、石质类、纸质类、漆木竹器类、纺织品类、壁画泥塑彩绘类、皮革尸体骨角质类、古代建筑类；此外还提到博物馆的环境、土遗址保护、影片照片及录音类文物、考古发掘现场保护、现代分析技术在文物保护中的运用、文物保护技术实验室。"[15]

文物保护学包含观念的问题，更有实际的技术问题。观念问题涉及意识问题，预防性保护文物渐渐成为文物保护的主流。中国台湾林春美先生认为："预防措施与保养能延长具有艺术、历史或科学价值的文物寿命，同时也是最经济的保护文物方法。还进一步针对台南艺术大学古物维护研究所提出了藏品的预防性保护与管理内容可以从三个方面着手：一、藏品行政管理，包括藏品现况调查评估、藏品保护政策与保护准则的制定、藏品处理室及典藏室的设立。二、藏品环境控制，包括温湿度控制、照度控制、空气污染防治、虫微菌管理、防灾设备管理、典藏及展示材料设备的选择；三、藏品维护，包括各种保护套、盒、支撑架的制作。"[16] 一句话，"防患于未然"是文物保护的首要原则。这种文物保护意识，也符合我们长期以来坚持的"保护为主、抢救第一、合理利用、加强管理"的文物工作基本方针。

文物修复是属于"文物保护学"的范畴和课题，文物是属于不可再生的文化资源，一旦破坏就难以挽回和弥补，因此，加强文物保护意识是重中之重的使命。但文物的损坏也是不可避免的问题，因此，文物修复和保护也成了永远的课题。

文物修复，不只是工艺技术，它是一门综合学科的整合，涉及多种技术和学科。工艺技术方面，如造纸技术、纺织技术、铸造工艺、漆器工艺、金饰工艺、陶瓷工艺、玻璃工艺、焊接工艺、木工、金工、石刻技术、书画技法、装裱技术等。学科方面，涉及考古学、文物学、社会学、历史学、文化人类学、民俗学、博物馆学、物理、化学、生物学、金石学、艺术品鉴赏和鉴定、工艺学等。

文物修复是一个世界性的课题，在西方较有影响的文物修复理论，是由意大利现代修复理论的奠基人罗马修复中心主任切萨莱·布朗迪（Cesare Blandi）先生提出的。他在 20 世纪 60 年代《文物修复理论》一书中提出了著名的文物修复理论：修复是根据历史学、自然科学、美学、材料学的特征来认识艺术品、修复艺术品的方法论。这个修复核心理论，基于三条原则：一是艺术品所具有的"双重二元性"，即物质面和图像面、美学性价值和历史性价值；二是三个原则，即可逆性修复原则、可识别修复原则、最小干预性修复原则；三是提倡预防性修复。[17] 而在布朗迪之前二百多年的 18 世纪中叶，一位威尼斯画家和修复家 Pietro Edwards，他率先提出了"预防性保护"的概念，并在修复中加入科学的成分，他做出了四项贡献：一是对修复物本身的研究；二是对修复物和环境的研究；三是对修复前的方案的制定，修复过程的检测；四是建立修复学校，培养后续修复人才。到 1866 年，西方出版了第一本关于修复方面的专著《绘画的修复》，作者是意大利绘画修复家 Giorami Secco Suardo，他在书中提出了一个重要的思想："我们要知道过去的修复历史和有关的美学知识，才能对现在和将来的修复做出正确的判断，分析修复物的过去，才能制订出好的修复计划。一个修复者必须学习机械、化

15 王蕙贞编著，《文物保护学》，文物出版社，2009 年。

16 林春美，《文物维护新面向——预防措施与保养》，《艺术观点》，台湾台南艺术大学，春季号，2007 年 4 月，第 85 页。

17 詹长法，《意大利现代的文物修复理论与修复史》（上），《中国文物科学研究》，2006 年第 2 期。

学、物理、艺术等，文物修复需要人有多种学科的创造性，需要不同的专业密切配合。”[18]

文物修复，是一个庞大的系统工程，既是历史的问题，也是现实的问题和责任问题；既是技术工程，也是人文工程，更是心灵工程。西方从古希腊开始，对艺术品就有了“维护”的意识。我国到汉代，也形成了严谨有序的文物保护意识和机构。但时至20世纪中叶，当西方确立完善的文物修复理论时，我们的文物意识正遭受空前的精神和情感危机。1999年，西方文物修复的核心之地意大利，其政府就颁布了第490号法律条文，首次对“修复”拟定了具有法律效率的定义：所谓修复是指为了维持某件物品物质性上的无欠缺性，为保证其文化价值的保全、保护而实施、处理的行为。同一时期在我国的权威词典《现代汉语词典》中是这样解释“修复”的：1. 修理使恢复完整（多指建筑物）。2. 有机体的组织发生缺损时，由新生的组织来补充使恢复原来的形态。[19]毫无疑问，意大利“修复”法律观念的确立是基于像布朗迪这样几代人对艺术品或文物修复的贡献。在现代欧洲，修复对象的概念从“艺术品”扩大到了所有的“文物”。概括如下：1. 修复对“艺术品”进行。2.“艺术品”即使被修复（如果正确地处理），也不会损害到其作为“艺术品”的价值。3. 修复的目的在于“恢复艺术品中的潜在水平的统一性”。4. 修复只允许对艺术品的物质面进行。5. 修复时，不能损害艺术品的美学性价值（就是不能对图像面进行干预）。6. 修复时不能损害艺术品的历史性价值（不能消除其时间经历的痕迹）。7. 修复要控制在最小限度。8. 修复的地方必须能和原品区分。9. 修复措施是可逆性行为。即应根据需要随时可以恢复到修复前的原品状态。[20]

日本是世界上较早制定文物保护法规的国家，也是世界上文物保护最好的国家之一。早在明治四年（1871）就颁布了《古器旧物保存方法》，明确了国家层面的文化保护意识。至昭和二十五年（1950）颁布了《文化财保护法》，日本完备了各类文物保护法规。

如今，在中国人的文物保护意识中，文物保护修复逐渐养成良好的观念和建立机制，如国家文物法、各级文博单位对文物的管理和保护机制、高校的文博专业后备人才培养、文物保护学的研究等。但文物保护和修复之路还相当漫长，文物数量的庞大、历史的经验不足、法制的不完善、机制的不合理、管理的断层、技术的高度、人才的匮乏等都是相当突出的问题。

从严格意义上讲，我国从20世纪50年代才开始有国家层面的文物保护意识，时任总理的周恩来多次指示，从境外购回稀世国宝，如“三希堂”之《中秋帖》和《伯远帖》，以及《五牛图》等。1950年，中央人民政府政务院颁布了禁止珍贵文物的出口，这是第一次由中华人民共和国中央政府颁布的禁止珍贵文物出口的管理办法。1961年，国务院正式颁布了中华人民共和国第一部综合性保护文物的行政法规《文物保护管理暂行条例》。1982年11月19日，全国人大常委会通过了《中华人民共和国文物保护法》，这是文化古物领域的第一部法律，它进一步完善了我国文物保护的法律制度，标志着我国以文物保护为中心的历史文化遗产保护制度的形成。

半个多世纪的文物保护、修复，相对于西方两百多年完善的文物修复保护系统和理论，我们还显得很稚嫩。就像很多人意识到的我们面对的文物现状：中国是一个文物大国，亟待修复的文物不计其数，传统修复中缺少科学性，失败的例子还是有一些，如何真正关注不可再生的文物，已经成为中国文物修复领域不可回避的现实，损坏的文物粘一粘、补一补就算完成了，其间对所有的文物都不进行思考，既不利于中国自己的修复理论的产生，也不利于科学性地修复文物。

针对诸多文物保护领域的不合理现象，很多专家学者提出了自己的思考和设想。贾文忠先生就提出中国应有自己的文物修复理念，他从五个方面做了分析：一、对国际文物修复理念的认识；二、引起争议的某些理念，主要是西方修复理念对我国传统修复中存在的不同意见；三、缺少国际交流和理念研讨；四、中国传统文物修复理念的转变和借鉴；五、建立自己的修复理念。他说，目前中

18 袁立霞，《中意文物保护与修复理念的结合与碰撞》，《文物修复研究》（4），民族出版社，2007年10月，第359—360页。

19 中国社会科学院语言研究所词典编辑室编，《现代汉语词典》，商务印书馆，1996年修订第3版，第1416页。

20 詹长法，《意大利现代的文物修复理论与修复史》（上），《中国文物科学研究》，2006年第2期。

国传统文物修复需要做好以下几方面的工作:(一) 各类文物修复标准制定，并进行科学的专业划分，对各专业部分体系的关键标准进行系统研究；研究标准体系中的各标准项目的适用范围、主要内容及与相关标准的科学关系。科学定义的术语、符号、计量单位、分类等标准。(二) 开展文物修复师准入制度。(三) 对传统修复技术进行认真总结并提出发展方向。(四) 将文物修复技术引入大学学历教育中，特别是增强动手能力。(五) 将传统文物修复技术申报非物质文化遗产。[21]

贾文忠先生的这些期待，大多数愿景正在实行和完善中，20 世纪 80 年代一些高校陆续开设了文物保护、文物修复、文物考古等相关专业和课程，如北京大学、复旦大学、中国美术学院、中央美术学院、西北大学、南京艺术学院、首都师范大学、北京联合职工大学、浙江艺术职业学院、北京城市学院、中央民族大学、中国防卫科技学院等。但从目前的发展态势来看，我们的文物修复和保护的前进力量依然很脆弱。

针对中国目前文物保护现状，我们来看看几组新闻标题：

1.《云南日报》2004 年 12 月 9 日报道，我国文物保护和修复技术人才严重匮乏，中意合作开展培训以解燃眉之急。

2.《三秦都市报》2006 年 9 月 6 日以《三成彩陶文物褪色日趋严重》为题，谈到陕西省近三成的彩陶达到濒危的状态，究其原因主要有三个：一是彩陶出土后专业性维护不够。二是库房简陋，保存环境不佳。三是专业保护修复人才匮乏。

3.《北京青年报》2006 年 5 月 26 日报道，现状不容乐观：待修古籍过千万，修缮人员未满百。我国古籍保护现状不容乐观，“残破严重、需要修复的古籍超过一千万册件，其中珍稀善本古籍约有 250 万册件，但全国图书馆古籍修复人员不足一百人”。

4.《博物漫步》杂志 2010 年 3 月 19 日以《文物保护人才：稀缺》为题分析我国文物保护人才现状。

5.《扬子晚报》2010 年 11 月 21 日报道，江苏百万册古籍待修复，高水平修复师全省不足 5 人。

6.《新民晚报》2011 年 3 月 15 日以《全国政协委员呼吁加强培养文化遗产保护专门人才》为题，谈到我国急需修复的馆藏文物 230 余万件，但具有一定保护修复专业的技术人员只有 6000 人，专业资质单位不足 200 家，文物保护专门人才极度缺乏。

从以上反馈的信息看，文物保护修复人才的建设是当务之急，这应该成为一个国家的文化工程和人才工程建设项目。文化艺术是一个民族的灵魂和品格，对一个国家而言，国亡尚有复国之日，文化一亡则永无补救。

21 贾文忠，《中国应有自己的文物修复理念》，《文物修复研究》(4)，民族出版社，2007 年 10 月，第 364—366 页。

附录　部分高校、文博系统等古物修复建制状况

区域单位	修复学单位名称	修复学名称	修复学科目设置	修复学具体内容	历史沿革	备注
北京故宫博物院	1950 年为文物修复工厂；1980 年文物保护科学技术部	书画复制组、书画装裱组、综合工艺组、金石钟表组、实验室	各类藏品修复	负责北京故宫博物院收藏的各类质地文物的保护研究、修复和复制以及艺术品质、技术工艺质量的监制工作。承接国内外文物的保护、修复和复制任务	1950 年、1980 年经历两个发展时期	
	古建修缮中心		古建修缮与维护	故宫古建大修维修工程项目、各类古建维修工程、陈列展览项目工程、传承古建传统工艺技术	从 1929 年开始，故宫就开始古建保养修缮工程	
台北“故宫博物院”	登录保存处	藏品修护	各类藏品维护	本院藏品之登录及征集、本院藏品之预防性保存及科学研究、本院藏品之修护	1987 年成立	
北京大学	考古文博学院	考古学及博物馆学	文物保护科学，设有实验室	涉及石窟壁画、古建、织物、金属、土质遗存、古器物、纸质等方面。有本科、硕士和博士三个层面的教学	1998 年开始设置招生	该学院拥有亚洲最大的高校博物馆——赛克勒考古与艺术博物馆

续表

区域单位	修复学单位名称	修复学名称	修复学科目设置	修复学具体内容	历史沿革	备注
中国美术学院	公共艺术学院	艺术品鉴赏与保护专业	艺术品鉴赏与保护	涉及国学、中国书画、古代陶瓷、古籍善本、玉器、中国古代建筑、艺术品市场、明清家具、玺印篆刻等。目前有本科和硕士层次	2003 年设置	艺术品鉴赏与修复实验室 2011 年 12 月投入使用
日本东京艺术大学	美术学部	美术研究科	保存修复、保存科学、文化财保存学科目	课程包括油画、版画、壁画、日本画、建筑、雕刻、工艺、当代艺术等	昭和三十八年（1963）设置	含修士课程和博士课程
日本东京文化财研究所	无形文化遗产部	非物质文化遗产保护、文物保存及修复	美术部、无形文化遗产部、保存科学部、修复技术部、国外文化遗产保护协作	非物质文化遗产项目包括传统、民俗、工艺三个方向。其他有建筑、石窟壁画、东洋绘画、西洋绘画、漆工、中国书画、古籍善本等方面	1930 年成立，前身是帝国美术院附属研究所	日本每年的 1 月 22 日为“文化财保护日”
意大利佛罗伦萨大学	文学与哲学学院	遗产的历史与保护	考古遗产的历史与保护、艺术遗产的历史与保护	不详	佛罗伦萨大学始建于 1321 年	佛罗伦萨大学有两个学院涉及古物保护方面，其中文物保护与修复专业是热门专业之一
	数学、物理与自然科学学院	文物保护与修复	文物保护与修复技术、环境与文物化学、文物学	不详		

续表

区域单位	修复学单位名称	修复学名称	修复学科目设置	修复学具体内容	历史沿革	备注
意大利博洛尼亚大学	数学、物理与自然科学系	文物保护与修复	文物保护与修复技术	本科专业课程	博洛尼亚大学成立于1087年，是西方历史上最古老的大学	该校约有30个博物馆，有“博物馆大学”之誉
德国巴伐利亚联邦州宫殿花园湖泊管理局保存中心	古迹修复中心	宫殿、城堡、古宅的维护与修复		包括古籍内的壁画、贴金、彩绘木雕、家具、油画、织品、皮革、雕刻等	2000年成立修复中心	参与人员包括建筑师、修复师、传统艺师等
德国杜塞尔多夫市文物修复中心	文物保护与修复中心	文物保护与修复	绘画（包括现代绘画）、木质、陶瓷、工艺美术、纸质、照片	该修复中心是“德国修复专家联合协会（VDR）”以及“国际历史与艺术品保护协会（IIC）”的成员，主要负责杜塞尔多夫市及周边城市的博物馆、档案馆、展览馆中艺术品的修复与保护工作，该中心的专业技术人员致力于研究修复技术上的课题	1976年成立，前身是地方文化中心	该修复中心的实验室大量运用自然科学分析法对艺术品进行分类研究

续表

区域单位	修复学单位名称	修复学名称	修复学科目设置	修复学具体内容	历史沿革	备注
德国德累斯顿美术学院		修复学专业	壁画与建筑彩绘、油画、彩塑、插图、圣坛绘画装饰	课程分为工艺学、保藏、修复三大部分，科目包含壁画与建筑彩绘、油画、彩塑、插图、圣坛绘画装饰，以及博物馆或文物部门的实习课程。目前设置硕士生（五年制）、博士生层面的教学	1974年开始设置招生	与德国多所高校、博物馆合作，提供实习机会
瑞士弗利宝文化资产服务中心	文化资产服务中心	可移动性文物、不可移动性文物		石质、木质、金属、壁画、油画、彩绘玻璃等项目	19世纪已经开始文物保护工作	参与人员有观察历史学家、建筑师、文物保存修复师、传统匠师、摄影师等
马耳他文化遗产中心	文化遗产保存修复与管理中心			设有油画、织品、考古、木质、纸质文物，物件（包括玻璃、陶瓷、金属等）修复和测量纪录部门等	2002年作为马耳他国家博物馆和文化遗产顾问	该中心试行经理人制度。代管六处世界遗产和多所国家博物馆
英国伦敦大英博物馆	平山郁夫东方书画修复室		书画修复	主要修复东方包括中国、日本、韩国等地的书画作品	该修复室由日本平山郁夫先生1994年捐资50万英镑修建而成	中国有书画装裱师如邱锦仙等老师在此供职

续表

区域单位	修复学单位名称	修复学名称	修复学科目设置	修复学具体内容	历史沿革	备注
中国香港康乐及文化事务署	文物修复组	平面文物组、立体文物组	文物修复组的主要工作是采取技术方法预防文物受损、对文物状况进行评估、对各类文物进行保护和修复、书写文物保护修复记录	平面文物组分为书画、印刷品用照片、档案及善本、纺织品和标本四个专题。立体文物组分为有机类文物、陶瓷及无机类文物、金属文物、出土文物四个专题	2000 年正式成立	根据文物材料组成分为有机类和无机类文物。文物修复组的工作涉及中国香港 12 个政府博物馆的 20 余万件藏品
中国澳门文化司署	文化财产厅		建筑文物、流动文物	根据文物保护法，中国澳门现有文物的分类是：1. 纪念物，如教堂、寺庙等；2. 具有艺术价值的建筑物，如岭南中学旧大楼；3. 受保护之建筑群，如市政厅广场；4. 受保护之地点，如卢九花园等	1983 年	详见《中国澳门文物名录》，1992 年 11 月批准公布

区域单位	修复学单位名称	修复学名称	修复学科目设置	修复学具体内容	历史沿革	备注
中国台湾台南艺术大学	古物维护研究所（所属文博学院）	古物维护	东方绘画修复组、纸质文物修复组、油画与木质文物修复组、文物与保护管理组	选修科目： 传统工艺技法——基础雕刻、安金、彩绘、漆艺、镶嵌、基础木工、西方绘画传统技法（含西方贴金技术）、造纸、装帧、版画、基础裱褙、古代传统天然草木染、纸本彩绘、裁金、砂金、残像图记法、绢本彩绘技法。 必修科目： 硕士论文；文物修复理论与伦理；普通化学（一、二）；艺术史研究（一）——风格与图像研究；艺术史研究（二）——社会学与女性主义研究；文物保存与管理（一）——调查、鉴定与记录；文物保存与管理（二）——评估与保护计划；文物展示与典藏维护研究；历史建筑与遗址管理；材料史（一、二）；显微镜监测分析理论与实务；专题研究（一）——生物病害之防范与处理；专题研究（二）——预防性维护；专题研究（三）——颜料与染料（理论与实务）；专业演习（1. 油画与木质；2. 纸质；3. 东方绘画；4. 壁画）；专业实习。	台南艺术大学创办于 1996 年	该修复学课程以 1997 年度为例

续表

区域单位	修复学单位名称	修复学名称	修复学科目设置	修复学具体内容	历史沿革	备注
				选修科目： 藏品修复化学；文物维护摄影；短期实习——保存修复专题研习：照片摄影保存修复；展示保存；考古与民族文物保存技术；金属与陶瓷修复等课程；古籍修复与丝绸之路古遗址保护；历史金属劣化与维护；历史金属劣化与维护实务；壁画修复历史与理论（一、二）；壁画修护材料（一、二）；装裱比较研究（一、二）；研究方法；收藏管理与实务（一、二）；木材鉴定；检视登录；专题研究（四）——黏着剂与溶剂；文物修复英语；文物专题研究（文物史、保护与研究、纸质文物性质特论）；织品专题研究；纸质藏品保护与管理；文物保存化学特论（仪器分析）；历史建筑保存调查与实务；中国台湾壁画研究		

注：本海外部分资料得到德国柏林自由大学东亚艺术史学院张煊傈博士帮助，留学前她就学于中国美术学院艺术鉴赏专业，在此致以谢意。

一门学科和一个专业的真正形成，需要长时间的实践和积累，目前中国高校或许还没有设立收藏学或中国收藏学专业的坚实基础和充分条件，但这项工程已势在必行。

中国收藏学的学科和专业建设，必将引导和推动中国收藏事业走向健康有序和可持续发展。它也必定会有助于中国收藏家加强收藏认识，扩大收藏眼界，从而提高收藏层次。而理论与实践密切结合、互补互动的收藏事业的可持续发展，有赖于收藏主体亦即收藏家的成熟和进步，也有赖于越来越多的普通百姓唤醒自己的收藏意识，走进收藏者行列乃至成为新的收藏家。

第四章　艺术管理

艺术管理是一个现代概念，源自西方艺术经营、管理和研究机构的人才需要，20 世纪 60 年代在一些高校开设了相关专业，如美国哈佛大学和耶鲁大学开设的艺术经营管理专业课程等。自 20 世纪 70 年代艺术管理学科形成以来，就一直围绕着艺术管理的概念持续争论。1998 年出版的《国际政策百科全书》是这样解释“艺术管理”的：艺术管理是一种传统管理的应用——计划、组织、实施、监督和控制——有助于表演或者视觉艺术作品并把艺术家的作品展示给观众。管理和促进创造性的过程并把它传达给观众，通常包括公共的、非营利艺术机构（如非营利的剧院、交响乐团、歌剧团体、舞蹈团体、博物馆、公共广播和表演艺术中心）和私人的、商业的、以营利为目的的艺术实体（如商业性剧院、“流行”音乐、私人画廊、电影、电视和视频节目）。但实际上在其学科命名上长期存在分歧，“艺术管理”在英文中使用的是 Arts Management or arts administrations 这个词，它主要是指艺术管理操作，强调管理的过程与程序。杰曼·格里尔（Germaine Greer）认为：销售是我们时代的主要文化形式。在这种时代特征中，一向带有高雅光环的艺术也成为销售品，传统的说法，如“艺术创作”（artistic creation）为充满商品意味的字眼，如“艺术产品”或“消费”（artistic production and consumption）之类所取代。艺术创作和欣赏体制的产业化成了艺术管理的内容，其功能就是以某种有效的方式把艺术家和受众联系在一起。[1] 而近年来，许多人都更愿意使用“艺术行政”（Arts

1　曹意强，《艺术管理概论》，中国美术学院出版社，2007 年，第 1 页。

Administration）这个词，因为当代的艺术管理更为注意管理的决策或者策略，从宏观上来说是更为关注文化管理政策的研究。（图 122）

艺术管理，从理论上讲，主要有几个途径：首先是目标管理，即是使管理者与全体职工共同实现自我控制，并达到一定目标的一种管理制度和管理技能。这是一种注重结果的管理模式。它的代表人物是美国被称为“管理学之父”的管理学家彼得·杜拉克（Peter Drucker，1909 年生）。艺术管理所要达到的目标是指在一定的时空，通过全体艺术生产者的通力合作，最大限度地提高实现目标的概率。其次是行政手段。德国人卡尔·亨利希·马克思（Karl Heinrich Marx，1818—1883）认为行政是国家的组织活动。文艺行政管理是指在社会主义原则指导下，充分利用人民政权的强制性和权威性，通过组织、领导、计划、人事、协调、监督、财务等手段，对文学艺术生产所进行的宏观的统筹性管理。[2] 可见，行政管理的主要特点是权威性和强制性。行政管理的主要手段有：制定系统有序的文化艺术方针政策；发布行政命令和相关文件；领导指示和会议贯彻；治理整顿和惩罚制裁。第三是法制管理。这主要是指以法律和法规方式进行的艺术管理。法制管理的作用和特点主要有：强制性、约束性、规范性和调解性。艺术法制管理的法律和法规主要分为两类：一类是一般法律和法规，如宪法、法律、法规等。另一类是专门法律和法规。如著作权法、拍卖法、专利法、文物保护法等。第四是引进激励机制。主要有物质奖励、精神鼓励、情感激励、竞争激励等。

艺术管理形式的历史可以追溯到很早。在中国古代史籍中，提到的黄帝、颛顼、尧、舜、禹、周文王等人，他们或多或少从事过艺术管理的工作。我国较早的乐舞管理机构有周朝的“大司乐”，它拥有的音乐人才有 1500 多人。它的直接管理者是周王室，其功用既相当于培养音乐舞蹈人才的学校，也是王室从事各种祭祀和庆典活动乐舞表演的部门。春秋时期孔子在《论语·八佾》中就提到，孔子在季氏庭院观看乐舞时，见季氏用八佾为舞，非常愤怒——“是可忍，孰不可忍也。”原来，春秋时期关于乐舞列队人数有严格规定：天子乐舞，可列八佾，一佾为一列，一列八人，纵横共六十四人。诸侯为六佾，大夫四佾，

图 122　美国纽约苏荷艺术区

2　索世晖等编著，《文艺管理学导论》，求实出版社，1989 年，第 103 页。

图 123　春秋，青铜钟，美国旧金山艺术馆藏

士两佾。因此，季氏违反了规矩，令孔子怒也。隋唐时期，中国乐舞兴盛，隋朝出现了专门管理乐舞的机构——太常司。唐代的乐舞更是形成了“九部乐”和“十部乐”的严格规范。（图 123）在古希腊，就有美丽的神话传说，缪斯（Mousai）是掌管文艺和科学的女神的总称，分别是历史、天文、史诗、情诗、抒情诗、悲剧、喜剧、圣歌和舞蹈，代表着当时希腊人文活动的全部。在希腊人的理想中，他们相信舞蹈可以给人身心充分的和谐与愉悦。到了现代，西方国家对文化艺术事业的管理，是基于社会大生产和科学技术的高度发展，它的特点是没有设立专门的政府权力机关，而是通过一些专家性、权威性的非常设独立机构实施对文化事业的宏观管理，如美国的联邦艺术暨人文委员会、英国的文化委员会和艺术委员会、瑞典的文化事务委员会等。政府不直接管理具体的文化事务，而是通过制定和监督实施文化艺术的方针政策，确定和分配国家拨款，采用奖励、补贴、税收等经济杠杆来调控文化艺术事业的发展。

面对我国文艺演出市场存在的很多问题，早在 2003 年 6 月，部分在北京的艺术表演团体代表就呼吁颁布《演出法》。这些问题集中在：有关部门监管不力，法制不健全；价格和赠票问题；税收交纳和管理问题；公平和恶性竞争问题；演出行业的保护问题；经纪人的从业资格问题；演出行业的奖惩机制和知识产权问题。值得可喜的是，中共中央在关于国民经济和社会发展的第十一个五年计划的建议中明确提出要深化文化体制改革，建立党委领导、政府管理、行业自律、企事业单位依法运营的文化管理体制和富有活力的文化产品生产经营机制。繁荣新闻出版、广播影视、文化艺术，创造更多更好适应人民群众需求的优秀文化产品。完善文化产业政策，形成以公有制为主体、多种所有制共同发展的文化产业格局和民族文化为主体、吸收外来有益文化的文化市场格局。加强文化市场管理，营造扶持健康文化、抵制腐朽文化的社会环境。加强文物保护。积极开拓国际文化市场，推动中华文化走向世界。我想，在文化艺术事业的管理方面，首先要得到政府的大力支持，增加拨款，扶持高雅艺术和文化的创作与制作。由政府直接投入，或者由政府监督建立社会赞助机制。特别是对于那些代表民族文化艺术水平的优秀作品给予重点扶植。同时也要设立各种文化艺术发展基金和奖励基金。重奖在文化艺术方面有杰出贡献的人才，奖励高层次、品位高雅的文化艺术。还要设立出版赞助基金，资助高水平的文化艺术创作和文艺学术著作的出版。再次，深化文化艺术创作和艺术表演团体的体制改革，挖掘市场潜力的同时，增强单位和个人自身活力。面对日益发展的网络艺术形态，政府要加强监管力度，进行立法，尤其是打击网络色情艺术，以净化社会风气和提高普及人民的艺术品位。（图 124）

我国的艺术管理专业和人才培养起步较晚，比西方晚了三十年。20 世纪 90 年代在一些高校开始设立艺术管理专业，1993 年在高校专业目录中出现了“文化艺术事业管理”专业，1998 年将管理类设置为学科和专业门类，目前至少已有如北京大学、中国传媒大学、南京艺术学院、东南大学等近五十所院校开设了艺术管理专业，中国美术学院和中央美术学院等高校还创设了相关学院，如艺术管理与教育学院等。董峰在《试论艺术管理学科建设问题》一文中，对“艺术管理”研究对象作了界定，大致包括“艺术管理规律说”“艺术管理现象说”“艺术管理问题说”，并提出艺术管理研究的“直接的和主要的对象是艺术组织及其活动”。2011 年艺术学升格为学科门类后，有将艺术管理纳入艺术学理论学科范畴的想法，迎来了新的发展机遇。

图 124　中国北京 798 艺术区

第一节　艺术品市场管理

艺术品市场管理，是艺术管理的一个分支，是一个综合的管理模式和系统，也是艺术品收藏的一个联动机制，它涉及的面很广泛，包括法律、道德、行政、经济、服务、资讯、智能数据等。艺术随着时代和科技的迅猛发展，也给艺术管理提出了新的思路和考验。传统的艺术管理适应不了当今的艺术发展，但这一新兴的事物也给人们造成了很多困扰，甚至很难将它区分是属于人文学科还是社会学科。郑川在《当代艺术管理教育科学发展》一文中提出：到底是艺术属性第一位，还是管理属性第一位？细究相关认识和理解，主要有两种对立的意见：其一，强调艺术管理的管理属性，认为艺术管理就是“艺术 + 管理”，是平行于其他性质的管理，属社会科学。这是从艺术管理字面进行的浅显推论。其二，则强调艺术、艺术管理自成一体的独特性。

我国在文化艺术管理方面相对落后，还没有形成一套规范有序的管理体系。市场经济的迅猛发展也给文化艺术事业的管理带来了许多负面影响，主要表现为以下几个方面。一是文化拜金主义风气日益盛行；二是不重视艺术质量，只注重短期行为；三是政府文化艺术单位参与艺术文化经营，扰乱了正常的文化艺术品市场秩序；四是人才流失严重，后备管理人才不足；五是竞争不公平合理；六是网络艺术的泛滥。

随着社会和经济的发展，艺术品的市场化、规模化和国际化越来越明显，艺术产业化也成了21世纪国家文化系统中很亮丽的一道风景。艺术品市场管理，在我们国内还是一个新兴的管理领域，无论是从制度、立法和实施方面，都显得很稚嫩和不成熟。如杨丽娅的《艺术品市场管理法构建中的问题及建议》一文从艺术品市场管理法的缺失方面指出目前艺术品市场中存在的各种问题，如：艺术品市场法缺位、现行法规规章缺乏协调性、文化安全战略立法意识缺失、现行法规规章效率层次较低、执法存在难题等，并提出了相应的解决措施。李敏在《中国艺术管理生态现状》一文中，一针见血地指出：艺术管理是中国艺术品市场发展的核心问题。中国艺术品市场超常发展的速度导致艺术管理滞后，制度、机制、人才等方面跟不上发展，为操控者提供了利益的温床，进而搅乱了市场格局，一旦遇到经济危机或外界环境变化的影响就将产生巨大波动，市场弊端和不稳定性随即暴露出来，严重打击了消费者的利益。诸如制度问题、机制问题、人才问题、观念问题、执行问题等都是艺术品市场管理中需要解决的问题。但可喜的是我们正在探索艺术管理的方式和方法，国家文化部成立了艺术品市场司，很多高校设立了艺术管理专业和艺术品鉴赏与保护专业，也成立了国家文化艺术管理学会等国家学术团体。他们涉及的艺术管理方向有：艺术行政、艺术策划、艺术生产、艺术营销、艺术经纪、文化艺术法规、知识产权、艺术传播等各个领域。

2004年，黄小驹在《中国文化报》撰文《出台艺术品市场管理条例》中引用当时文化部官员的话，提出艺术品市场的严重问题："长期以来，社会上对于假画有一些不正确的认识，就是觉得假画也有艺术价值。造假者因此心存侥幸，以为不会被指责或追究责任。在市场经济迅猛发展的今天，人们的知识产权保护意识不断增强，但是假画现象越发猖獗，对艺术品市场的冲击和破坏也越来越严重。"2012年年底，文化部研究起草《艺术品市场管理条例》，针对艺术品市场中一些突出的问题，如艺术品的鉴定、估价，艺术品的经纪人制度，展览展销、拍卖交易、艺术品进出口等管理问题。但至今还未形成正规条例发布，处在试点中。在2016年文化部新修订的《艺术品经营管理办法》中，明确艺术品经营行业要坚守行业底线，强化主体责任，建立健全监管制度，加强内容监管，切实维护消费者合法权益，不断规范市场经营秩序，明确了从事艺术品经营活动的经营单位，包括艺术品收购、销售、租赁经营单位，艺术品拍卖企业、进出口经营单位、商业性展览企业、鉴定评估机构，利用信息网络从事艺术品经营活动的电商平台企业、租赁平台企业等，以及以艺术品为标的物的投融资企业（含艺术品基金、信托、艺术银行、交易所等）和其他从事艺术品经营活动的单位，要深入行业调研，开展行业普查，摸清行业底数，准确研判行业现状与趋势，不断提高行业管理能力。

随着艺术品市场的发展，人们关注的艺术管理问题也越来越多，赵磊在《艺术品市场管理特征的探究》一文中谈到艺术品市场管理的特征，包括以下几个方面：注重规范营销方式，提高艺术品质量。艺术品审美与商品价值间的关系。整合与利用艺术品市场资源，促进现代化发展。高宁、尚鸿雁提出了艺术管理新的研究方向，在《试论当代视觉艺术下的视觉艺术管理》一文中提出了视觉艺术管理的内容，包括艺术法、艺术行政和艺术品市场。这是有意思的话题，他们进一步解释，有效的艺术法会对当代艺术的发展产生一定的促进作用，艺术行政的研究内容为当代艺术发展提供了丰富的发展模式和理论依据，艺术品市场为当代艺术提供了合理的发展平台。

为了适应中国艺术品市场的发展，2003年，中央美术学院开设了艺术策划与管理专业，与其他高校的艺术产业管理、文化产业管理等专业呼应，这是新的尝试，为艺术品市场所需人才培养开了先河，也为2015年成立艺术管理与教育学院打下基础。随着艺术管理学科专业陆续在中国美术学院等高校的开设，课程建设成为当务之急，尤其核心课程的建设是重中之重，美国国际艺术管理教育者协会前任主席琼•杰夫瑞教授说：艺术管理涉及的学科门类非常多，但不管涉及多少门类，最核心的东西是应该统一的，比如要有核心课程。这一点与吴明娣在《艺术品市场专业人才培养的现状与问题》一文中谈到的问题有相同性，人才培养日趋同质化，具体表现在高校课程设置趋同，缺乏核心课程。吴明娣进一步分析，据目前掌握的资料显示，无论是专业艺术院校，还是综合性大学的艺术院系，所开设的与艺术品市场相关的课程大多重视文化艺术历史板块的设置，仅有部分院校涉及书画鉴赏等鉴定类的课程，围绕艺术品交易、经营、管理的课程十分有限。国内大多数艺术管理专业中与艺术品市场相关的课程设置较为粗疏、空泛，仅有艺术品市场学概论、展览策划、市场营销等，较少涉及画廊经营、古玩交易、艺术品博览会组织运作、拍卖规程等艺术品市场核心课程，更缺乏艺术法规、艺术品价格评估等与艺术品经营密切相关的课程。多数高校的艺术管埋专业偏重展览策划类人才的培养，其他方面专业人才的培养相对不足，导致所培养的人才不能充分满足国内艺术品市场的实际需求。还有部分院校由于办学基础薄弱、师资匮乏导致艺术管理专业课程重心偏离艺术品经营管理，而用美学、文学、经济学、管理等学科的课程加以弥补，使得所培养的学生进入艺术品市场后，缺乏核心竞争力，无法适应画廊、拍卖行等艺术品经营机构的工作。

第二节　艺术策划

艺术策划主要是针对某一项艺术行为进行谋略的过程。一般可以分为前期酝酿、中期构思直至形成规范的可实施文本等几个阶段。人们习惯上总是使用艺术计划和艺术策划的概念，其实这两个概念均属于艺术谋略的范畴。艺术计划主要是指在一定时间内为实现某一艺术目标而预先对某项工作做出安排部署，如规划、要点、安排、方案、意见、打算、设想等。中国古代兵家也谈到“事不前定不可以应猝，兵不予谋不可以制胜”，“运筹于帷幄之中，决胜于千里之外”。

艺术计划是一个系统而又庞大的文化运作工程，它不是纯艺术部门能完成的，需要社会各部门的协调分工才能完成。艺术计划按时限分有长远计划、近期计划、短期计划，年度计划、季度计划、月度计划、周计划等，按范围分有国际合作计划、国家计划、地区计划、部门计划、单位计划等，按内容分有综合计划和专门计划等。

下面看两则艺术计划案例。案例一：2004年12月上海大剧院《剧院魅影》演出计划。酝酿时间之长：早在十五年前，上海大剧院副总经理钱世锦第一次看《剧院魅影》，备受震撼，从而也萌发了将这部音乐剧引入中国的想法。1994年和1996年，上海大剧院先后与《剧院魅影》剧组接洽，由于条件不成熟，没有引进成功。直到2002年，在华首演的事情得到落实。雅姿独家冠名赞助，在资金、宣传等方面为演出做出积极的支持与配合。随之，上海大剧院也将迎来历史上最浩大的改建工程：总投入高达数千万元人民币的《剧院魅影》在上海演出，仅是搬运舞台布景、服装、道具、器材的集装箱就有22个之多。演出舞台也要专门设计重新搭建。宽16米、深20米的舞台，将是《剧院魅影》历年的演出中面积最大、气势最磅礴的。早在一年前就交由英国舞台设计专家着手设计舞台，在公演前三个星期内进入封闭式装修安装。形式新颖独特：《剧院魅影》的公演宣传，以艺术唯美为准则，采用了品牌推广方式。赞助商的选择，不但要求与“美”密切关联，其品牌理念还要与其艺术执着吻合，同时还需具有雄厚的实力及国际知名度。著名美容化妆品牌——雅姿有能力推广《剧

图 125　《剧院魅影》DVD 宣传封面。2004 年 12 月 18 日上海大剧院成功引进百老汇音乐剧《剧院魅影》，该剧连续演出场次达到 100 场，堪称奇迹

院魅影》。标准要求最高：上海大剧院筹备《剧院魅影》是历年来标准最高的。此次公演，上海大剧院向《剧院魅影》特别要求剧中的男女主角均要来自美国百老汇，并且经验丰富。为了确保演出完美无瑕，演员的化妆用品均为指定品牌。不仅在大的方面要求尽善尽美，细节也不容忽略。为清洗戏服特意添置了干洗机等设备。为让现场每一个观众听到最完美的音效，上海大剧院更是牺牲部分成本利益而拆除 32 个观众席位。影响最为深远：《剧院魅影》在中国演出，将实现中国人不用走出国门就能领略世界顶尖音乐剧的愿望。公演期间中国将有 70 多家媒体全方位对演出盛况实时报道。（图 125）

案例二：当地时间 2005 年 10 月 15 日，北京 2008 年奥运会提前三年在瑞士首都伯尔尼“开幕”，在海内外引起巨大轰动，这是中国当代“熊猫人”赵半狄、导演朱文和艺术家舒勇等人献给中国人民和世界体育界艺术界的特殊礼物。10 月 31 日，赵半狄、朱文和舒勇在广州召开新闻发布会，为海内外媒体介绍了他们在瑞士伯尔尼“提前享受 2008 北京奥运会”的艺术计划——大型行为艺术的情况。瑞士国家体育场内的“北京奥运之夜”只是赵半狄此次艺术计划的一个主体项目。赵半狄是这样表明此次艺术计划的意义：进行这次艺术创作的初衷是在政府的方式之外，我们艺术家也可以这样表达自己的感情。体育并不只是一个僵硬的比赛，而是一个游戏的内容，自己希望用这种奇幻而浪漫的方式，消解可能有的隔阂，把似乎属于某个国家的尊严和荣誉变成了全人类的快乐源泉，这也是艺术伟大而神奇的作用。

“策划”一词出现于 20 世纪 90 年代，是当代社会生活中较为广泛运用的一种思维方式和操作方法。艺术策划是艺术品市场化、商业化和产业化发展的必然趋势。传统意义上的艺术策划一直是运作性的，集中在类似于“谁将在哪位策展人策划的哪次展览中参展”这样的问题上。艺术行业策划在中国一度缺乏战略眼光：没有明确的宗旨，也不能正确分析影响实现该宗旨的内外因素以及构想应遵循的发展方向。没有目的，一切策划便失去了意义。在全球市场化和高新技术日益发展的今天，新的艺术发展模式取代了传统意义上的艺术形式，出现了艺术策划公司、艺术中介组织、艺术制作和销售等的新运作模式。艺术策划的主要特点有：创新超前性、独特个性、整

体和谐性、新闻轰动性和经济效益性。如 2001 年 6 月 23 日，在中国北京紫禁城午门举行的世界三大男高音多明戈（Placido Domingo）、帕瓦罗蒂（Luciano Pavarotti）、卡雷拉斯（Jose Carreras）演唱会，就是一次成功的艺术策划活动。此次活动的艺术策划者在 About the concert 演出宣传册中说："2001 年 6 月 23 日，中国紫禁城故宫午门外广场将迎来六百年历史第一次音乐盛会——世界三大男高音紫禁城广场音乐会。以午门为中心，南至端门、天安门，东至劳动人民文化宫，西至中山公园的规模空前的演出现场，数万名观众将亲身聆听西方经典和中国皇家宫殿珠联璧合、相得益彰的独特魅力。此次音乐会是国内迄今为止艺术含量最高、场地历史文化价值最高、制作成本最高并完全与国际接轨的一次涉外艺术交流活动，其演出将在精彩与恢宏程度上永载史册。"（图 126）

图 126　2001 年世界三大男高音放歌北京紫禁城

在策划每一次艺术活动时，首先应明确它的目的性，目标定好后就可以确定艺术活动的主题了。如果说一个艺术组织的成功仰仗于艺术创作理念与艺术管理水平的结合，那么艺术战略策划的成功同样也依赖于艺术和科学的和谐完美结合。美国国家表演艺术中心——肯尼迪中心总裁迈克尔·M. 凯撒（Michael M. Kaiser）指出，艺术战略策划可通过三个独特阶段来制定策划方案：(1) 筹创，即采纳引导策划进程的战略框架，起草激发整体计划的宗旨。(2) 分析，即收集数据并进行外部分析和内部分析，揭示出计划中必须着重探讨的战略问题。(3) 策划，即制定实现本组织宗旨的最佳艺术、经营及财务策略。[3] 一般艺术策划的内容包括：目的和意义、时间、地点、主题内容、参与人员、方式、计划安排、申请、经费预算（赞助、广告等）、组织分工、主持、物品采购、制作、场地布置（功能分配）、宣传（海报招贴、新闻媒体、信息发布、书刊印刷等）、媒体记录（影像）、嘉宾邀请（外联）、美术设计（舞台、灯光设计等）、音响设备、安全保卫、后勤服务、环境卫生等。

图 127　1979 年 9 月，北京中国美术馆举办"星星美展"，图为观众等候观看（李晓斌摄影）

在艺术策划中，有很重要的一项就是艺术展览的策划，随之出现了"艺术策展人"的角色。艺术展览或美术展览的概念源于西方，1667 年法国皇家美术学院在卢浮宫举办了"沙龙"（Salon），这是最初的官方美术展览。半个多世纪后，这种活动成了官方定期举

图 128　2011 年 6 月，元代画家黄公望的《富春山居图》海峡两岸"合璧展"在台北"故宫博物院"展出。图为多媒体技术"合璧"后的《富春山居图》

3　[美] 迈克尔·M. 凯撒《艺术行业战略策划——实用指南》，潘勇译，中央音乐学院出版社，2003 年。

办的展览活动，并在西方形成了燎原之势，遍及欧洲大陆。而中国意义上的美术展览，其萌芽似乎是1910年清政府举办的中国书画和刺绣等各类物品展览。[4]近代意义上的第一次美术展览要算1919年在江苏苏州旧皇宫举办的美术展览，其宗旨是“提倡国术，互相鼓励，仅资浏览，不加评判”。1928年，随着浙江杭州国立艺术院（今中国美术学院）的创办，各类艺术品展览层出不穷，艺术事业蓬勃发展。对中国当代艺术而言，最有影响力的艺术展览当数1979年的“星星美展”，它开启了其后的“八五思潮”和中国当代艺术批评和策展的序幕。（图127）

“策展人”是指在艺术展览活动中担任构思、组织、管理的专业人员。在西方语境中，“策展人”（curator）是指在博物馆、美术馆等非营利性艺术机构专职负责藏品研究、保管和陈列，或策划组织艺术展览的专业人员，也就是常设策展人。与之相对应的则是“independent curator”，译作“独立策展人”或“独立策划人”。中文“独立策展人”一词，20世纪80年代或更早开始在中国香港、台湾等地区及海外华人范围内使用，20世纪90年代在中国大陆艺术界使用。独立策展人是指根据自己独特的学术理念来策划组织艺术展览，但其策展身份不隶属于任何展览场馆的专业人士。一般认为独立策展人出现于20世纪70年代西方博物馆的变革，第一个独立策展人是瑞士伯尔尼美术馆前馆长哈拉德·森满（Harald Szeemann）。独立策展人在身份上不同于在美术馆、博物馆等艺术机构的常设策展人（curator），也不同于由这些艺术机构聘请策划专题展览的客座策展人（guest curator）或兼职策展人（adjunct curator），当然更不同于通过组织商业性艺术展览营利的画廊主（gallerist）或经纪人（dealer）。中国目前还没有形成严格意义上的“独立策展人”，主要还是以兼职策展人和客座策展人为主。但随着艺术品市场的发展和繁荣，相信独立策展人的角色和制度越发完善，这对促进中国艺术行业的发展和规范管理将起到积极作用。

艺术展览随着经济的发展、文化的繁荣和国际间交流的日益频繁，越来越多的高规格和高品质展览在国内呈现出来，这样也带动了艺术策展人队伍的壮大和艺术品市场的繁荣。国内大型的艺术展览，特别是一些跨国和跨区域的高规格展览，根据市场的需要一般安排在国际大都市的上海或北京，或东部沿海经济发达的城市。如2005年9月26日在北京故宫午门城楼展厅展出的瑞典“哥德堡”号商船出水的中国外销瓷——“瑞典藏中国陶瓷展”，这次展览既是北京故宫博物馆八十周年华诞的一部分，也是中瑞两国建交五十五周年的重要活动之一，规格之高，盛况空前。这艘二百六十多年前来中国从事贸易活动的瑞典商船，满载中国瓷器等物品即将到达目的地，在家乡海域触礁沉没，成为世界海难史上的一大遗憾。这些出水瓷器的展览，不仅展示了中国瓷器的精湛技术，遥远时代的跨国贸易，也是中瑞历史文化交往的一个重要明证。展览结束后，捐赠给北京故宫永久收藏的18件瓷器将永远见证历史和现实、情感和友谊、文化和政治的关系。再如2006年3月12日在上海博物馆展出的亚洲两大博物馆——上海博物馆和日本东京国立博物馆收藏书法珍品的“中日书法珍品展”，这次展览汇聚了两家博物馆珍藏的中国历代书法佳作和部分日本书法国宝，如上海博物馆收藏的东汉《曹全碑册》、东晋王献之的《鸭头丸帖》、后凉王相高的《维摩经卷》以及唐人怀素的《苦笋帖》等。东京国立博物馆则提供了东晋王羲之的《丧乱帖》《孔侍中帖》、宋拓的《石鼓文》《泰山石刻》和日本书法家空海的《风信帖》、橘逸势的《伊都内亲王愿文》等。这次跨国联合展览也取得了空前的成功，仅在日本展出期间，观众人数在每天的有限控制下就达到近20万人次。2011年6月，万众期待和瞩目的元代画家黄公望的《富春山居图》海峡两岸“合璧展”终于拉开帷幕，这次展览不仅是艺术的团圆，也是一种亲情的期盼。隐藏在艺术展览背后的情感因素和人文精神值得后来的人们慢慢品尝。（图128）可见，一次成功的艺术展览策划，除了展览本身艺术品的质量，地域环境、文化氛围、广告宣传和策划等也是很重要的组成部分。

4 1910年6月5日，南洋劝业会于清朝宣统二年在江宁（今江苏南京）开幕，这是中国意义上首次大型博览会，展有书画和工艺品等美术作品。

第三节 艺术协调与控制

图 129 2010 年电影《阿凡达》剧照，其 3D 特技效果掀起了世界电影的视觉风暴

图 130 谢成水，临摹敦煌第 329 窟唐代莲花飞天藻井。1989 年临于敦煌莫高窟

艺术要有序稳定地发展，必须有效地进行协调与控制，即运用各种手段调节和控制艺术品市场的运作，使它具有秩序感，从而健康发展。归结起来讲，艺术协调和控制的手段主要有以下几种：政策规范和行政手段、法律手段、经济手段、舆论监督等。

政策规范和行政手段。艺术的政策规范体现了一个国家的文化意志。它是在一定时期内为实现文化艺术目标而制定的文化艺术政策法规。行政手段是指国家有关文化艺术的管理部门，根据国家制定的文化艺术政策法规，执行管理事务，从而达到管理艺术品市场的目的。大凡一个国家的文化政策制定，都会遵循两个原则，一是社会性原则，一是市场化原则。不同的国家有不同的文化政策规范和行政手段。瑞典对外文化交流委员会的《瑞典介绍》中谈到“文化政策”：瑞典国家文化政策的八点目标——表达自由，权力下放，增加活力，加强接触，反对文化艺术商品化，帮助经济条件差的各种人（儿童、青年、移民等）进行艺术创新，保护文化遗产以及加强国际间的交流。在文化艺术商品化的问题上，瑞典采取的是国家扶持的原则，如歌剧院、交响音乐团体等得到国家支持。在韩国也有专门的艺术机构，韩国设立了艺术局，支持文化艺术创作活动，伸张国民的文化艺术享受权并制定相关的文化艺术政策。艺术局还专门设有艺术政策科，负责制定、调整及实行各项艺术政策。如增进文化艺术人才的福利，创造及运用文化艺术振兴所需的支援财源，使用福利彩票收入振兴文化艺术事业。设韩国文化艺术振兴院，评估艺术支援事业，制定及促进关于艺术政策的调查研究计划等。

我国也有专门的文化艺术政策部门，中华人民共和国文化部（现为文化和旅游部）的主要职责是：（一）研究拟定文化艺术工作的方针、政策和法规并监督实施。（二）研究拟定文化艺术事业发展战略和发展规划；指导文化艺术体制改革。（三）管理文学、艺术事业，指导艺术创作与生产，扶持代表性、示范性、实验性文化艺术品种，推动各门类艺术的发展；归口管理全国性重大文化艺术活动。（四）拟定文化艺术产业规划和政策，指导、协调文化产业发展；规划、指导国家重点文化设施建设。（五）归口管理文化艺术品市场，拟定文化艺术品市场的发展规划；

研究文化艺术品市场发展态势，指导文化艺术品市场稽查工作。（六）管理社会文化事业，拟定社会文化事业发展规划并组织实施；指导各类社会文化事业的建设与发展等。祁述裕在《中欧政府文化体制、文化政策比较分析》[5]一文中分析了中国与欧洲一部分国家文化政策的异同。他说：欧洲国家文化体制和文化政策主要表现在以下几个方面：（一）在处理国际文化关系中，欧盟国家奉行文化多样性原则，主张各民族文化共同发展。（二）在文化的性质和作用的认定上，欧盟国家政府普遍认为，文化产品具有商品和意识形态双重属性。这与中国政府的文化价值认同是相同的。（三）在文化产业管理体制上引入竞争机制，实行多元化。（四）注重扶持和资助文化产业。欧洲许多国家政府在引入竞争机制的同时，还十分重视对文化企业给予扶持。欧洲国家对国营广播电视公司均给予不同程度的财政资助。（五）对本国文化产业实行保护性政策。（六）完善产业政策和法制环境。欧洲许多国家把完善产业政策和法制环境视为保障文化产业健康发展的关键因素之一。

如今，随着数字技术和信息技术的迅猛发展，世界各国都面临一个普遍性的文化难题，那就是网络文化的管理问题。（图 129）网络文化的主要特点是传播速度快、传播区域广、影响大、监管难等。根据我国文化市场发展的需要，早在 2002 年，中共中央办公厅、国务院办公厅就对加强网络信息安全管理工作做出了新的调整：对于利用互联网经营美术品、音像制品、演出活动及“网吧”等互联网上网营业场所的日常监督由文化部负责，并实行经营许可证管理制度。当时的文化部文化市场司主要有如下工作职责：研究制定文化市场和以商品形式进入流通领域的文化产品以及文化娱乐经营活动的管理政策、法规并监督实施；管理文艺演出市场、文化娱乐市场；管理音像制品的批发、零售、出租、放映；负责音像制品进口管理；研究文化艺术品市场发展态势，指导文化艺术品市场稽查和电影发行、放映工作；负责电子游戏经营场所日常监管工作；负责利用互联网从事文化艺术产品传播和文化艺术服务经营活动的日常监督及其内容监控管理。

法律手段。法律手段是文化艺术政策执行实施的保障和依据。这是一种强制性的手段。主要是指涉及文化艺术经济活动等的法律法规，即由国家有行使立法权的机关根据立法程序制定和颁布有关文化艺术经济活动的规范性文件。如与艺术品市场相关的有：企业法、市场法、商标法、文物法、拍卖法、著作权法、出版法、新闻法、演出法等。在欧洲的希腊，1932年就通过了5351号法令《文物法》，其中第19款规定：关于文物出口，出口商必须向国家交纳考古征用基金，数额是由基金会确定的文物价格总额的一半。而且文物的出口还必须获得国家批准。在美国，颁布了1946年的《兰哈姆法》和1988年的《修正商标法》两部联邦大法，这两部法是向美国专利商标局办理商标及服务标志注册的依据。如《美国法典》规定：“商标是文物、名称、符号、图形或其组合，……用以识别与区分……商品，包括独一无二的产品。使其有别于他人生产或销售的商品，同时标示商品的来源，即使来源不明也不例外。”随着中国艺术品市场的发展，政府也在1994年开始相继颁布了一系列与艺术相关的法律法规。如1994年10月27日通过了《中华人民共和国广告法》，1995年开始施行；1994年11月25日，中华人民共和国文化部令第8号发布实施了《美术品经营管理办法》；1995年10月26日发布实施了《经纪人管理办法》；1997年通过了《中华人民共和国海关对进口展览品监管办法》和《传统工艺美术保护条约》；1999年又通过了《合同法》等，从不同的角度对中国的文化艺术品市场进行了有序的法律规范。（图130）

知识产权（intellectual property）保护是世界各国面临的日益严重的艺术品市场问题。知识产权也称知识权或无形产权。它包括公民和法人在知识方面的人身权利和财产权利，是公民和法人民事权利的组成部分。其中人身权利不能转让、馈赠和继承；财产权可以依据法律获得报酬或得到物质奖励的权利。根据1967年颁布的《世界知识产权公约》（第2条）规定，知识产权主要包括：（1）对文学、艺术和科学作品享有的权利；（2）对演出、录音和广播享有的权利；（3）对一切领域

5　祁述裕，《中欧政府文化体制、文化政策比较分析》，《中国特色社会主义研究》，2005 年第 2 期。

的发明享有的权利；（4）外观设计享有的权利；（5）对商标、服务标记、厂商名称和标记享有的权利；（6）对制止不正当竞争享有的权利；（7）对在工业、科学、文学或艺术领域里一切其他智力活动所创造的成果所享有的权利。知识产权无疑已经成了时代竞争的利器，我国的文化企业在这方面还存在不少差距，如果不掌握和运用知识产权，就难以在激烈的市场竞争中立足，尤其是加入WTO后，横亘在中国企业面前的最大障碍，不再是关税壁垒、行政壁垒，而是技术壁垒，是知识产权关卡。近年来中国企业商标注册、专利申请、版权登记、域名注册的增长幅度虽然都很大，但是与全社会的经济总量比较起来，我国企业的知识产权意识和运用知识产权的能力还相对较弱。但这种局面开始发生变化。以2008年中国北京奥运会为例，因为奥运会已经成了一种世界经济产业形态。2008年“奥运吉祥物”——“福娃”的产生就贯穿了知识产权的保护过程。北京奥组委早在2004年征集奥运吉祥物创意及设计方案之时就发表声明，为了便于保护奥运吉祥物的知识产权和进行市场推广，无论集体或个人创作，奥组委都将拥有吉祥物的完整著作权。我国相关政府部门对于奥运会吉祥物知识产权的保护都给予了充分的重视。国家知识产权局规定，在没有权利人证明的情况下，任何有关2008奥运的专利申请都将不被批准。工商、版权和海关部门也已经下发了专门的文件，对奥运商品给予特别的保护。2010年上海世博会，在2008年北京奥林匹克运动会保护知识产权的基础上探索新的思路。早在2006年，上海世博局便与国家相关部委制定了《上海世博会知识产权保护行动纲要》，内容涉及专利权、商标权、著作权的保护，知识产权的网络保护和海关保护等方面，并对我国现行法律法规框架下可能存在的问题如权利冲突、法律法规冲突、涉外因素、实践因素、宽泛定位和合理使用等，做了预防和设想，并提出了合理建议。如从维护世博会标志权利人的权利角度保护知识产权；从维护全球世博会参与人权利的角度保护知识产权；从维护社会公共利益的角度保护知识产权；通过对世博会知识产权的保护，进一步推动我国知识产权的保护工作等。（图131）

图 131　2010 年上海世博会一景，远处红色建筑为中国国家馆，现更名为中华艺术宫

经济手段。艺术品市场本身就是属于经济学的范畴，所以采用经济手段调控艺术品市场是必然的措施。经济手段的主要措施有财政和信贷、价格、税收等。

舆论监督。舆论监督是各行各业采用的一种辅助性调控手段。舆论监督的主要特点有：目的性、时效性、诱导性、广泛性和比较性。目的性主要是指针对某一艺术现象或问题进行舆论监督，有很强的目的性和针对性。时效性主要是指舆论监督效用的频率，舆论的影响力是很大的，但有时时效性较短。诱导性体现的是舆论监督的是非导向，舆论监督没有法律或行政手段的强制性，但可以对艺术品市场起到劝诱作用。舆论监督的手段主要有社会舆论，新闻舆论（报纸、电视、网络、杂志等），团体和圈内舆论。弘扬优秀艺术文化，打击非法的文化艺术活动，是舆论监督的基本职责。

艺术品市场调节与控制的意义，正如章利国所说：“艺术品市场调控是一个系统工程，只有充分地认识各种调控手段的特点，辩证地把握这些手段方式，有主次、有针对性地有机配合综合运用，才能收到预期效果。”[6]

6　章利国，《艺术品市场学》，中国美术学院出版社，2005 年，第 270 页。

第五章 艺术品市场

图 132 2005 年张艺谋电影《千里走单骑》宣传海报。此片创造了当时中国文艺片电影的最高票房

艺术品市场是大文化市场的重要组成部分。文化市场从内容上总体分为：表演艺术品市场（如戏剧、音乐、杂艺、舞蹈等），文化娱乐市场（如歌舞厅、卡拉 OK 厅、茶座酒吧、电子游艺、球类游艺室、康乐室等），书刊报纸市场，电影市场（包括电影创作、制作、放映、包装、营销发行等），音像市场（包括 VCD、DVD 等音像制品的创作、制作、发行、租借等），文化旅游市场，文物艺术品市场（包括文物的归属、各类艺术品的交易等），文化艺术服务市场，文化企业市场等。艺术品市场的构成相当复杂，也是瞬息万变。我们所理解的艺术品市场，习惯的目光总是放在美术品市场。其实艺术品市场的范围很广，不仅有庞大的美术品市场，也有各类艺术行为市场，如文艺表演和演出市场、电影放映市场等。（图 132）它包含动态市场和静态市场。艺术品市场的本质特征是交换、调节和竞争。交换是目的，调节是手段，竞争是艺术品市场的核心动力。下面我们重点谈谈艺术品市场管理的构成。艺术品包含的内容，从我们目前的涵盖面来看，主要指的是美术品，包括：绘画（油画、中国画、版画、水彩画、水粉画、连环画、综合绘画、素描、各类图绘手稿等）、雕塑、工艺美术（陶瓷、玉器、竹木器具、杂件等）、书法、摄影、书籍等。

面对纷繁复杂的艺术品市场，管理者的任务和责任相当繁重，曹意强认为：艺术管理一般需要处理好七个方面的基本问题：一、规划与发展；二、市场营销与公共关系；三、人事管理；四、财务管理；五、委员会关系；六、劳工关系；七、政府关系。[1] 这些

1 曹意强，《艺术管理概论》，中国美术学院出版社，2007 年，第 2 页。

复杂的关系问题，也适用于目前的中国艺术品市场管理现状。

第一节 艺术品市场的发端

从人类早期的物物交换，到后来货币的出现，到现代意义上的艺术品交易，人类经历了几千年乃至上万年的探索过程。艺术品市场（Art market）是艺术发展和繁荣的必然产物。在西方，早在17世纪的荷兰，就出现了以商品形式进行交易的艺术品，这也是促成当地艺术高度繁荣的诱因。在那时，艺术家往往是双重身份，既是艺术品的生产者（美术创作主体），也是艺术品经销商。到了18世纪，随着艺术品交易的方式、规模和范围逐渐扩大，出现了以画店为主体销售艺术品的形式；拍卖形式的出现也极大丰富了艺术品市场。法国“罗可可艺术”的代表画家A. 瓦托在油画《拉尔森画店》中就生动地描述了这种情景。画店的老板实际上充当了“艺术品经纪人”的角色。艺术家的作品送到画店销售，作品售出后由画店与艺术家分成，或直接由画店收购。19世纪中叶以后，随着西方现代工业化速度的加快，艺术品市场的结构也发生了巨大变化，欧洲等地出现了以展览、购藏、销售为一体的画廊，从而取代了传统意义上的“以售为主”的画店，艺术品市场的范围也由单一的绘画艺术扩展到实用性的工艺美术品。20世纪初，由于国家政府部门和企业主、金融家等参与和投资艺术品市场，便形成了由收藏家、艺术博物馆（或美术馆）、古董商、投资商、拍卖行、艺术品博览会和艺术家等联合构建的艺术品市场新格局。这时，一些主要经营古籍的著名拍卖行也开始涉猎绘画领域和其他美术品。英国苏富比拍卖公司（Sotheby’s）就是较早涉足艺术品拍卖的公司，它也是世界上最早的艺术品拍卖公司。（图133）

图133 英国伦敦苏富比拍卖公司创始人——萨缪尔·贝克

在中国，艺术品的买卖从唐代以前就开始了。“（王羲之书法）雅所爱重，悬金招买”[2]，吴升的《大观录》中，“不计贵贱”（图134）唐人张彦远在《历代名画记》“论鉴识收藏购求阅玩”中提到书画鉴藏之关系时说：“夫识书者多识画，自古蓄聚宝玩之家，固亦多矣。则有收藏而未能鉴识，鉴识而不善阅玩者，阅玩而不能装

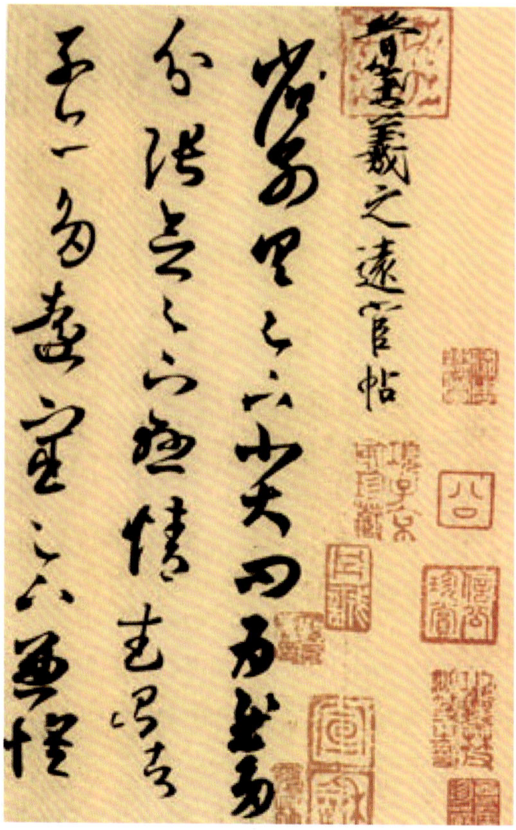

图134 东晋，王羲之，《远宦帖》（局部），6行，53字，纸本，草书，台北“故宫博物院”藏

2 ［南朝］虞龢，《论书表》。

褫，装褫而殊亡铨次者，此皆好事者之病也。”[3]张彦远又言："鸠集遗失，鉴玩整理，昼夜精勤……竟日宝玩。可致者必货弊衣减粝食……惟书与画犹未忘情。”[4]清人顾禄在《清嘉录》中谈到苏州“灯市”时引用了《石湖乐府》序中的一段话："前一月，已卖灯，谓之灯市。价贵者数人聚博，胜则得之。”这段描述似乎表现了“拍卖”的雏形。到清末时，中国就有经营字画、古董、古玩生意的商店出现，但真正意义上按照市场经济规律进行艺术品交易的画廊或拍卖公司则是20世纪80年代末到90年代初开始的。中国的艺术品市场还很稚嫩，没有形成一个比较健全的制度和艺术品市场体制。中国的艺术品市场主要集中在经济文化比较发达的文化都市和东南沿海地区，而尤以北京和上海为中心。由于中国与西方及东亚、东南亚的一些国家和地区在经济发展上的不平衡，因此在一定时期内形成了以海外收藏家为主的买方市场和以国内艺术家和古代艺术品为主的卖方市场。20世纪90年代后期，由于中国经济的飞速发展，中国艺术品市场的买方市场有逐渐转向由国内收藏家和投资者为主的趋势。而21世纪初，已出现了中国的收藏家和艺术品投资者走向海外买方市场的局面。

第二节　艺术品市场的结构

一、艺术品提供者

艺术家是艺术品的第一供给者，即直接提供者。在社会分工和职业专门化的过程中，艺术家逐渐形成了一个独立的身份和职责。而艺术家，又往往是一个模糊的职业称呼，我们更多地习惯于接受类似于“书家”“画家”“摄影家”“陶艺家”“雕刻家”等称呼。人类社会初期，在精神和物质区分还不是很明朗的情况下，我们界定的工匠等，便是艺术家的早期雏形。即便后来出现的如“伶人”“艺士”“画师”“画工”“画家”“匠人”“艺人”等，都或多或少地打上了艺术家的烙印。恩格斯在《家庭、私有制和国家的起源》一书中说："发生在东大陆原始社会后期的社会大分工，即游牧部落从其他的野蛮人群中分离出来；手工

图135　刘海粟夫妇

3　［唐代］张彦远，《历代名画记》，人民美术出版社，1964年，第33页。
4　［唐代］张彦远，《历代名画记·论鉴识收藏购求阅玩》，人民美术出版社，1964年5月。

业和农业分离；商人阶级的出现。”[5]艺术作为生产方式出现，那是文明社会进化的结果，而其作为一种特殊的生产方式，总是在意识形态领域引起人们的关注，它的特殊性，有时与宗教、科学等一样重要。马克思在《1844年经济学哲学手稿》中谈道：“宗教、家庭、国家、法律、道德、科学、艺术等，都不过是生产的一些特殊的形式，并且受生产的普遍规律的支配。”[6]（图135）

艺术品的提供者至少应该包括两个方面——直接供给者和间接供给者：艺术品的生产者是指艺术家本身，这是艺术品的第一提供者，也是艺术品产生的源头。马克思在《政治经济学批判》一书中写道：“当艺术生产一旦作为艺术生产出现，它们就再不能以那种在世界史上划时代的、古典的形式创造出来；因此，在艺术本身的领域内，某些有重大意义的艺术形式只有在艺术发展的不发达阶段上才是可能的。”[7]马克思又谈道：“艺术对象创造出懂得艺术和能够欣赏美的大众，……因此，生产不仅为主体生产对象，而且也为对象生产主体……因而，它生产出消费的对象、消费的方式和消费的动力。同样，消费生产出生产者的素质，因为它在生产者身上引起追求一定目的的需要。”[8]艺术品的生产者和艺术品的消费者存在某种默契或促进作用，或许，与艺术无关的艺术生产和艺术消费都是苍白的。

从艺术品市场的角度看，艺术品间接提供者则包含更广的人群，如艺术家、继承人、收藏家、投资者、普通消费者等。在艺术品市场中，艺术品的提供者身份往往是很复杂的，或双重身份或多重身份，如艺术家本身，往往是生产者，或是消费者。（图136）收藏家有的也是艺术家、投资者、艺术评论家和鉴赏家等。

任何一件艺术品，至少应该具备以下功能，一是为艺术家自身服务，一是为他人服务。一旦进入艺术品市场，艺术品的服务对象就会发生变化，艺术品的流转是艺术品市场的基本特点。早在古希腊时期，柏拉图在《理想国》中说：“任何技艺都不是为它本身服务，而是为它的对象服务的。”[9]这个对象就是指接触艺术品的人。在艺术品市场领域就是指艺术品生产者、艺术品收藏家、投资者或艺术品使用者等。

在艺术品的流通领域，作为起点，从艺术家手中流通出来以后，它始终处在一个运动过程中，就像一个接力棒，没有终点，但最终毁灭是它的宿命。

图136　张大千先生像

图137　庞虚斋主人庞莱臣像

图138　唐三彩马，陶质。高68厘米，1998年12月英国伦敦苏富比拍卖，成交价为374万英镑

5　［德国］恩格斯，《家庭、私有制和国家的起源》，刘澄导读，天津人民出版社，2009年4月。

6　［德国］马克思，《1844年经济学哲学手稿》，中共中央马恩列斯著作编译局，人民出版社，2000年，第82页。

7　［德国］马克思，《政治经济学批判》，人民出版社，1976年，第220页。

8　同上，第202页。

9　［古希腊］柏拉图，《理想国》，商务印书馆，1986年，第24页。

二、艺术品消费者

匈牙利艺术社会学家阿诺德·豪泽尔（Arnold Hauser）说："艺术消费者对艺术家的关系经历了从永久的雇佣者、奴隶主、封建领主到赞助人、顾客、买主、鉴赏家、艺术之友、拍卖参与人和收藏家的变化。"[10] 豪泽尔对艺术品消费者身份的变化做了恰当的描述。时值今日，艺术品消费者主要集中在两类人的身上：一是艺术品收藏家，一是艺术品投资者。此外，还有一类是艺术品鉴赏者。所有这些消费者身份，既有重叠的部分，又有相异之处。目的不同，消费的意义也不一样。

艺术品收藏家是为艺术品提供归位的人，也许是暂时的或永久的。收藏家首先要爱好艺术。历史上有许多收藏家是保存人类文化艺术的功臣，他的收藏行为往往是非功利的。但在当今的艺术品市场中，作为收藏家却可能是出于不同的目的：附庸风雅、财富的积累或作为商业投资等。但严格意义上的艺术收藏行为不是投资，而是责任和相对义务。收藏家作为艺术品市场链条的终端环节，是推动市场发展的关键部分，正是这些收藏支持着市场的正常运转。中国艺术品市场的发展，还有赖于一个有经济实力又有文化远见的收藏群体的出现，寄生在外国收藏家肌体上，中国的艺术品市场就难以健康地发展。（图 137）

艺术品投资者主要是以追求艺术品的经济效益为目的。经济目的也是人类追求生命价值的重要目的之一；将艺术品作为文化商品，谋取利益的行为也无可厚非，自古以来，是很重要的经济现象之一，只是在交换的过程中显得比较隐晦和含蓄一些。

艺术品的鉴赏者可能会区别于以上两种身份，他可以不拥有艺术品，但可以欣赏和鉴别；这类身份的艺术消费者，则要自由得多，可以去博物馆，也可以去画廊，还可以去私人藏家家里欣赏和鉴别。他们没有和艺术品发生直接的关系，但他们与艺术品之间又有着千丝万缕的联系。真正懂得艺术的鉴赏家，拥有艺术品和不拥有艺术品性质上没有区别。这种能与艺术品对话的艺术消费者，才是我们欣赏的艺术品消费者。李万康认为：艺术品消费者狭义是指艺术品市场中的购求者，广义则是指希望获得和已经获得艺术品所有权的对象。[11]

三、艺术品拍卖会

拍卖（Auction）是一种带有典型市场经济意义的特殊商品交易方式。拍卖在西方亦称"竞买"或"竞卖"，一般是指由拍卖机构在一定的时间和地点，按照一定的章程和规则，通过公开竞价而定价金的方法，将出卖人的财物售给出价最高的应买人的一种商品交易方式。目前人们普遍接受的是哈兹伯利法（Halsbury's Laws）对拍卖所下的定义："拍卖是一种通过投标出售或转让所有物的方式，通常通过公共竞标使标的物到达出价最高者。"目前世界上流行的拍卖方式主要是英格兰式拍卖，也称增价拍卖，它是指拍卖标的的竞价由低向高依次递增直到以最高价（达到或超过底价）落槌成交的一种拍卖方式。增价拍卖是最古老并一直占统治地位的拍卖种类，在我国的拍卖活动中被普遍采用。此外，还有两种拍卖形式，一种是荷兰式拍卖，又称减价拍卖，它是指拍卖标的的竞价由高到低依次递减直到第一个竞买人应价（达到或超过底价）时落槌成交的一种拍卖。还有一种是不公开投标式拍卖。这种方式是拍卖公司先对外公开拍品价格，参与竞拍者将密封投标单交给拍卖公司，然后拍卖公司从中选出投标价格最高者作为成功竞标者，如出现同样价格标单，则按时间早者为中标者。目前世界各地采用较多的还是增价拍卖，中国艺术品拍卖都是采用增价拍卖的形式。随着互联网等科技的发展，拍卖也通过网络形式——网上拍卖悄然兴起，如果政策、法规和相应的对策等能及时跟上，不失为一种低碳高效的艺术品拍卖方式。（图 138）

艺术品拍卖（Arts auction）主要是通过拍卖行这一主体机构来实现的。任何一个拍卖都有自己

10 ［匈牙利］阿诺德·豪泽尔，《艺术社会学》，中文译编本，学林出版社，1987 年，第 143 页。

11 李万康，《艺术品市场学概论》，复旦大学出版社，2005 年，第 54 页。

的目标特征，其中利润最大化是他们追求的终极目标；当然，慈善拍卖的利益追求是建立在善意的基础上，这本身是一种体现功德和社会价值的有益方式，是值得鼓励的。但随着拍卖公司越来越多，潜在的竞争也成了一种残酷的局面，越来越多的负面消息也在影响着拍卖业的发展，如拍品资源的枯竭和良莠不齐、恶性竞争的不择手段等都不同程度地影响了拍卖业的健康发展。

世界主要的拍卖行集中在欧洲，以英国为主。英国苏富比拍卖公司（Sotheby's）是世界上第一家拍卖公司，也是目前世界上规模最大的拍卖公司。1744 年由萨缪尔·贝克（Samuel Baker）在伦敦成立；（图 139）1983 年因经营业绩不善被美国房地产商陶布曼（Taubman）收购，现在伦敦和纽约设立了两个总部。苏富比起初是一家图书出售公司，历经两个半世纪的开拓和发展，现涉及的拍卖品项目多达 70 多个，拍卖也日趋专业化和系统化：瑞士日内瓦分行主要拍卖珠宝首饰；美国纽约主要以美术作品为主；中国的古代文物和瓷器拍卖，则主要在英国伦敦和中国香港进行。（图 140）2004 年 5 月 5 日，毕加索（P.Picasso）的名画《拿烟斗的男孩》在苏富比以 1.04 亿美元的天价拍出，成为当时世界拍卖史上成交价最高的绘画作品。目前苏富比在中国设有办事处。克里斯蒂、曼森和乌兹有限公司（Christie，Mansan & Woods Ltd.，Christie's）是世界第二大拍卖公司。1766 年由詹姆士·克里斯蒂在英国伦敦创立，后因威廉·曼森（1831 年）和托马斯·乌兹（1859 年）的加盟而改为现名。初期专营美术品拍卖，到 19 世纪得到迅速扩展，曾因拍卖英国和俄国王室藏品而名声大噪。目前业务范围除书画、家具及装饰艺术外，还包括房地产、汽车、珠宝、名酒等。1995 年克里斯蒂成为第一家在北京举行艺术展的国际拍卖公司。以上两大拍卖公司与菲利普斯（Phillips）、邦汉姆（Bonhams）并称为“英国四大拍卖行”。此四大拍卖行不但在英国拍卖市场上占据绝对统治地位（占英国拍卖总额的一半以上），而且作为世界性的拍卖行，在全球拍卖市场上也占绝对统治地位。中国内地艺术品拍卖会兴起于 20 世纪 90 年代，起初人们对这一新鲜事物感到陌生而好奇。但经过二十几年的努力，已取得了一些经验和成绩。中国大陆首家艺术品拍卖专门公司是 1993 年 6 月成立的上海朵云

图 139　1744 年 3 月英国苏富比拍卖公司首拍时的情景。当时拍卖的艺术品主要是古书典籍

图 140　苏富比 1994 年在中国香港拍卖情景

图 141　1915 年，中国参加巴拿马“万国博览会”，图为中国馆奠基仪式

图 142　1968 年，科隆艺术品博览会展场，居兹尼赫宴会厅

图 143　1993 年，首届中国艺术品博览会，广州，画册封面

轩艺术品拍卖公司。目前中国大陆的拍卖机构主要集中在北京、上海和浙江。主要的拍卖行有中国嘉德国际拍卖有限公司、中贸圣佳拍卖公司、北京翰海拍卖公司、匡时国际拍卖公司、保利国际拍卖公司、朵云轩艺术品拍卖公司、西泠印社拍卖公司等。

四、艺术品博览会

在西方，艺术品博览会是在画廊业繁荣发展的基础上出现的，但中国的艺术品博览会却是在画廊业先天不足的情况下出现的。画廊业的滞后与博览会的超前发展，势必会导致画家处于尴尬的境地。西方的艺术品博览会已经形成了严格和规范的制度，画家一般是在画廊或经纪人的代理情况下参加博览会。而中国的大多数艺术家没有画廊的代理，他们只能以自产自销的小农经营方式，租一个展台推销或卖画。这样既有失艺术家的身份，同时在心理上也给艺术家带来不良影响。从严格意义上讲，艺术品博览会应该拒绝美术家以个人名义参展。但目前在中国，博览会组织者的目的往往违背了美术的初衷，而往往是从经济利益的角度考虑，牺牲艺术的尊严而获取更多的展位利润。这也注定了中国艺术品博览会的先天不足和稚嫩性。（图 141）

艺术品博览会是目前世界上规模最大的一种美术品展示和交易活动。1967 年德国科隆创办了世界上第一个艺术品博览会——“科隆国际艺术品博览会（ART COLOGNE）”，被称为“艺博会之母”。（图 142）此后三十余年间，世界上许多大城市群起仿效，形成了一股举办艺术品博览会的热潮，至今这一发展势头仍十分强劲。目前最著名的有五家：德国科隆国际艺术品博览会、瑞士巴塞尔国际艺术品博览会（Basel International Art Fair）、西班牙马德里现代艺术品博览会（ARCO）、美国芝加哥国际艺术品博览会（CIAE）、法国巴黎国际当代艺术品博览会（FIAC）等。

如今，艺术品博览会经过了半个多世纪的发展，艺术活动已经辐射到全球；无论是规模还是形式，都有了巨大的变化。早期的艺术品博览会，大多表现为租赁摊位，而现在的艺术品博览会已经走向了综合化发展，如艺术与商业、艺术与时尚、艺术与教育、艺术与学术论坛、艺术与科技、艺术与慈善等的多位一体化。2011 年，第 24 届欧洲艺术和古董博览会在荷兰马斯特里赫特举行，会上就宣读了一份艺术报

图 144 北宋，张择端，《清明上河图》中的集市、店家情况

告——《2010 年全球艺术品市场：危机与复苏》，报告显示：中国在 2010 年的艺术品拍卖总额超过 60 亿欧元，已经超过英国成为世界第二大艺术品市场主体。而作为这几年兴起的影响广泛的上海世界华人收藏家大会，便收到了第 24 届欧洲艺术和古董博览会的邀请参与其中，也直接说明中国的艺术品收藏已经引起了世界顶级博览会的关注。

中国艺术品博览会诞生于 1993 年，1996 年之后广州开始单独举办，1997 年上海开始单独举办，20 世纪 90 年代中期以后许多大城市陆续出现不同规模和形式的艺术品博览会，仅北京就有三四个。目前，已形成了以北京、上海、中国香港和广州为中心的四大博览会。作为中国艺术品市场的现代形态，博览会已经形成了一定规模，和画廊、拍卖会形成了三足鼎立之势。艺术品博览会也是当今世界艺术品市场的主要形式之一。一年一度的“中国艺术博览会”已逐步发展成为展示我国民族优秀艺术的一个窗口，同时也是推动我国艺术品市场与国际艺术品市场接轨的一座重要桥梁。（图 143）

近年来，“北京国际艺术博览会”渐渐得到业内的关注，他们秉承国际化、精品化、专业化的艺术理念，吸引了世界各地的优秀画廊和艺术家参加，并将新的科技成果运用在艺术品博览会上，如 3D 数码技术等；在交易方式上也开始采用网络平台，拓展交易方式等；同时举办高规格的学术和高峰论坛，打通艺术家、收藏家、投资商、艺术爱好者等之间的通道，力图让每一届的艺术品博览会像永不落幕的戏剧，长演于舞台之上。

相对于中国大陆艺术品博览会而言，中国香港艺术品博览会则有先天的地理优势和国际化环境，加上香港是亚洲经济重镇，理所当然，成为亚洲当代艺术品博览会之最。从举办过的三届中国香港艺术品博览会的情况看，拥有一流的收藏家，加上艺术品的免税制度，展会条件上乘和服务质量优质，仅每年参加博览会的人数就会以 60% 的幅度递增。形势一年好过一年，吸引着全球的艺术家、收藏家、投资商和艺术爱好者共享中国香港艺术盛事。

五、画廊、画店及其他

中国现代艺术品经营意义上的“画廊”一词由日本传入，是从英语的gallery意译而来，是艺术品经营的场所。中国早在宋朝就出现了“画廊”一词，刘克庄在《乍暑》诗中写道：“南州四月气如蒸，却忆吴中始卖冰。绿浦游船常载妓，画廊浴鼓或随僧。”这时画廊的意义不含经营性，而含观赏性。（图144）早在欧洲文艺复兴时期的皇家府邸或贵族住宅中，以及在英国伊丽莎白时期和詹姆士一世时期的住宅中，散步或陈列图画用的狭长房间也称为廊，这一意义后来就成为现在“画廊”一词的源头。

在西方艺术品市场意义上，画廊是艺术品市场中的一级市场和基本环节，画廊是使艺术品如何

图 145　英国画廊中陈列的中国瓷器。拍摄者不详

图 146　旧上海一角，画店、酒肆、茶肆林立

转化为商品的主要运作方式之一。一般而言，艺术家只创造艺术品而不是制作商品，画廊的基本职能是将艺术品通过流通渠道转化为商品，而不是根据市场需要让艺术家直接生产商品。因为如果画廊经营的是“行画”而不是艺术品，也就把画廊降低到画店的档次。画廊的意义在于通过规范的商业运作为艺术家的成长和成功创造条件，如果画廊运作的结果不是成就艺术家，而是把他引上商业之路从而断送了他的艺术前程，那么，画廊存在的意义就是值得怀疑的。不以艺术家和艺术品为本，只图“杀鸡取卵”的短期效益，这对艺术品市场的正常发展是极为有害的。西方成熟的画廊，始于19世纪的印象派沙龙艺术，大多采用的是艺术代理制度，因此相对规范和有序。（图145）西方画廊大多体现出以下几个特征：一、签约代理、包装艺术家，销售艺术家的作品。如美国纽约的佩斯画廊、法国巴黎的法兰西画廊等。二、兼容其他业务，如工艺品、古董珍玩、古籍等。甚至也有一些艺术复制品在售。当然，高档次的画廊是严格要求艺术品哪怕是复制品的质量。如分布在一些繁华商业区的画廊，如日本东京银座的画廊等。三、为艺术家举办画展。四、画廊协会统一协调画廊之间的关系和监管画廊。画廊协会可以很好地监管、协调、净化画廊的诚信运作，从而起到良好的导向作用。如美国在20世纪60年代就成立了画廊协会，实行会员制，而且对画廊从业者的资格、资质等要求非常严格。形成了一整套严谨有序的艺术品市场运作模式。

目前中国的画廊业相对比较稚嫩，有待完善和规范。从当今的画廊业现状看，主要缺乏统一的监管和制度，各司其业；画廊本身也缺乏制度和行业规范。从文化的深层发展看，未形成区域化的画廊格局和规模，即便有一些类似于上海苏州河、北京798等，不景气的艺术气象往往说明了先天不足的缺陷。

画店，在我们的观念中，它的意义比画廊似乎要低一些，是一种浅层次的艺术品交易场所。画廊之廊，似乎有陈设功能，因此也有展览功效。而画店之店，则相当于铺子，即有店铺之谓。我们的画店像超市一样分布在各大巷弄，以零售艺术品为业；出了售画，也做一些配框、室内装饰等方面的业务。（图146）

艺术品地摊，是一个很原始的艺术品销售行为，往往席地为营，即兴叫卖。如在西方街头流行的为人画像、速写肖像等。我们的艺术品地摊，大多表现为在文化街区的古玩摊贩，如北京的潘家园、上海的城隍庙等。他们定期或利用假日像赶集一样，穿梭于各地，宛如流动的艺术品店铺。

六、艺术品经纪人

经纪人（Broker）是指处于商品、劳务供需方的中介地位的、以某种活动方式来促使商品、劳务交易的完成并获取佣金的中间商。在发达的西方国家，经纪人遍及各个领域，如艺术品买卖、期货证券、劳动就业、银行借贷、交通运输、社会保险、文艺演出、文化娱乐等。艺术品经纪人是随着艺术品市场的发展而出现的充当艺术品市场流通的商业中介角色的人群，他们以获得佣金作为报酬。

国外的艺术品经纪人制度已经很成熟，有严格的准入证制度，经纪人要经过专门的考核机构批准，才能有资格参加艺术品经纪活动。他们是一种专门的职业，是艺术和财富的中间人，但不是单纯的中间商，要恪守职业道德和诚信规范；在艺术品市场繁荣的美国、英国等地，都有艺术品经纪人的非营利性行业协会或联盟，它们有严格的职业规范和行业标准，如美国古部落艺术品经纪人协会就做出如下承诺：“保证出售给买家的艺术品是真实的，有文化代表性，作品不真可全额退款。”艺术品经纪人制度的规范固然重要，但摆在我们面前还有一个严峻的任务，那就是艺术品的鉴定和评估机制的建立和完善。这一点，作为当代艺术品经纪人制度体系的建立则显得尤为重要。

我国在1995年10月就已经颁布了《经纪人管理办法》，起到了规范艺术品市场流通中介的作用。在《经纪人管理办法》第一章第二条中规定：“本办法所称经纪人，是指依照本办法的规定，在经济活动中，以收取佣金为目的，为促成他人交易而从事居间、行纪或者代理等经纪业务的公民、法人或其他经济组织。”

我们所说的艺术品经纪人通常是指非交易所经纪人。主要有画廊经纪人、艺术品拍卖经纪人、艺术家经纪人、艺术品博览会经纪人、艺术经纪公司经纪人等。按照章利国的观点，艺术品经纪人的商业行为方式主要有三种：一是经纪艺术品，一是经纪艺术家，一是开办艺术经纪公司。（图147）

一个成功的经纪人应该具备以下几个条件：首

图147　1989年11月，日本森下集团花费1120万美元（折合人民币8970万元）从伦敦克里斯蒂拍卖行买走西班牙画家毕加索的名画《母爱》。该作创作于1901年。2010年11月，该作到中国香港展销时市值已达2亿港币。该图取自中国香港《文汇报》

图148　荷兰画家凡·高《加歇尔医生肖像》。布面油画，66厘米×57厘米，1990年5月纽约克里斯蒂拍卖公司以8250万美元的价格成交

先要有艺术品鉴赏知识，其次要有经济头脑和市场意识，再次要有商业信誉与法制观念，最后要有公关策略和眼光胆识。

我们国家的艺术品经纪人制度还没有形成，还有很漫长的路要走。艺术品市场在繁荣的表象背后，潜藏着巨大的危机，这些虚假的现象和盲目追求价格的市场驱动，迟早会让中国的艺术品市场留下痛苦的反思和自省。

图 149　敦煌莫高窟壁画捧莲花大士，线稿，张大千编号 105 窟，65 厘米 ×186 厘米。20 世纪 40 年代绘，佚名

七、艺术品的价格和价值

艺术品的价格是艺术品作为商品价值的市场货币表现，体现的是艺术品市场对艺术品价值的商业认同。它主要由艺术家自身劳动所创造的价值和艺术品市场供求矛盾关系所决定。艺术创作具有独一性、自主性、随意性、创造性等属性，故与一般商品不同，在艺术创作过程和时间上，艺术品的价值形成也具有不确定性，因此，真正意义上的艺术品也被称为自由的精神产品，不同于一般意义上的物质商品。

影响艺术品的价格因素非常复杂和多样，一般有：艺术家的知名度和艺术地位、艺术家的地域性、艺术作品的创作年代、艺术作品的题材内容和技巧、艺术作品的制作材料和手段、艺术作品本身的品质和品相、艺术作品的历史价值、学术或文献价值、艺术作品的存世量、社会经济环境、政治环境、审美心理、艺术思潮、价值取向、国家政策等。美国经济学家歌德哈伯说：“如果你用美元数量测量一个艺术家的生产力，你会发现最引人注意的艺术家最赚钱。”这从一个方面来说，影响艺术品价格的因素可能还和艺术家的被关注度有关。

艺术品价格既有一般商品的经济规律，也有其他商品所不同的特殊规律。因此，往往要综合起来考量艺术品的价格问题。阿诺德·豪泽尔（Arnold Hauser）提到艺术品价格与艺术价值的关系时说：“由于艺术价值难以与市场价值相比较，一幅画的价格很难说明它的价值。艺术品价格的确定更多地取决于各种市场因素，而不是作品的质量，那是商人的事，也不是艺术家所能左右的。”（图 148）

章利国在谈到艺术品定价策略时说：“艺术品定价策略，是指根据市场形势而采取的艺术品定价方式、技巧和方法。主要有：随行就市、拍卖定价、声誉定价、环境差别定价、顾客差别定价、商品分层次定价、时间差别定价、货源定价等。”[12]

艺术品的价值，是指艺术品本身的属性和特质，一般不随外在的影响而改变。关于艺术品的价值，学界有很多观点。李万康认为，艺术商品有价值两重性，呈现出以下特点：一、供给历史的宽限性；二、交换价值的多维性；三、价值的递增性；四、服务于视觉的审美性。他进一步提出艺术商品的价值形式，包括审美价值、文物价值、访问价值、投资价值、收藏价值、装饰价值、教育价值、诠释价值、纪念价值、宣传价值、公关价值、符号价值等。当然，除了这些价值之外，还有诸如历史价值、文献价值、考古价值、社会价值、科技价值、娱乐价值、实用价值等。（图 149）

决定和影响艺术价值的因素有很多，艺术品的真伪、艺术品的精粗、艺术品的代表性、艺术品的数量、艺术品的创作状态、艺术品的创作年代、艺术品的材料等，都有可能影响艺术品的价值。

八、艺术品交易资金支付方式

经济的繁荣和发展改变了人们的交换形式和交易方式。人类社会早期，有直接的物物交换，后来出现了用贝壳等作为货币交换，直到金属货币和纸质货币的产生。从人类的交换和交易方式看，人类一直在合理完善这种关系，并力图稳定经济秩序。现代支付方式日趋规范化、系统化、科学化，出现了从现金支付、汇款、托收、信用证到信用卡、电子支付、网上银行的转变趋势。

艺术品拍卖是社会经济发展到一定阶段出现的一种高级经济现象，艺术品包含的文化精神因素远远高于其他商品。艺术品拍卖成交以后，能否顺利支付，直接关系到艺术品市场的健康有序发展和成败。支付方式有很多，也有各自的特点。

一、汇款。这是一种常用的支付方式。根据买卖双方签订的合同，卖方将艺术品提供给买方，而买方则通过银行将艺术品拍卖后应付款项用汇款方式汇给卖方。汇款的优点是：手续简单，需支付的费用少。

二、托收。所谓托收就是债权人向债务人收取款项，出具汇票委托银行代为收款的一种支付方式。托收比汇款要安全。

三、信用证。信用证是由银行向卖方提供付款保证的支付方式，因此在采用信用证支付方式时，卖方的风险就小很多。信用证的优点很明显，缺点是容易产生欺诈，手续繁多，支付费用多。

四、电子信用卡类。交易双方都必须在网上开设账户。买方通过浏览网上艺术品报价，和商品情况，找到自己喜欢的拍品后，便互换账号给对方。卖方可以向买方发送艺术品，卖方也会定期在网上提供“交货清单”。

五、交付押金。在艺术品拍卖市场上这是一种常用的方式之一，资金负担相对平衡。

六、转账。不仅是拍卖交易常用的支付方式，也是一般贸易常用的支付方式。近几年出现了更便捷的转账支付方式——微信、支付宝、网银等。

随着艺术品拍卖市场的成熟和发展，资金支付方式也会逐渐合理和安全。

第三节　艺术品的流转

艺术品的国际流转是一个世界性的文化难题，从某个层面上讲，艺术品巨大的精神力量和潜在的经济价值是造成这一难题的关键，再加上艺术品区别于其他商品的主要特性是其独一性。艺术品的国际流转是指国家与国家或与地区之间艺术品的交流和互动，其中也包括非正当手段的艺术品流转，主要是指正常的国际间美术品贸易（如艺术品拍卖），非正常的艺术品流转（如战争掠夺、海盗、走私等），礼节性的艺术品交流（如朝贡、捐赠等），艺术品的转借等。严格意义上的艺术品国际流

12　章利国，《艺术品市场学》，中国美术学院出版社，2005 年，第 183—186 页。

图 150 斯坦因于 1907 年拍摄的莫高窟照片，近代第一幅莫高窟照片

图 151 唐代，敦煌绢画（残），天王像，敦煌藏经洞发现，1907 年英国人斯坦因从王圆箓手中购得，今收藏在大英博物馆

转是有积极意义的，一方面可以增进国际间的文化艺术交流和培养良好的文化情感，也可以提高人们的艺术鉴赏水平和文化艺术素质；另一方面，还可以增强民族自豪感和社会责任意识。不同的民族在相互间的文化观照和比较中可以获得精神情感方面的愉悦和心理满足。

一、艺术品的无序流转

艺术品国际流转中最麻烦的问题是由于历史、政治等遗留下来的艺术品非法流转问题，随着艺术品市场的发展和整个艺术品国际流转体制的不完善，加剧了这一问题的矛盾化。艺术品的国际流转早已是个历史问题，在人类历史初期的战争中表现得比较明显。战争对艺术品的兴趣，从古希腊算起，距今也近三千年。公元前 8 世纪前后古希腊《荷马史诗》之一的《奥德赛》中便记载有征服者大军是如何从特洛伊城掠夺艺术珍宝。到了近代，最为明显的是西方人对中国文化的重新认识以后，开始了全面、广泛和深入的搜刮和掠夺。如 1860 年的英法联军、1900 年的八国联军、20 世纪初的西方探险家如英国的斯坦因（Marc Aurel Stein）、法国的伯西和（Paul Pelliot）、瑞典的斯文·赫定（Sven Hedin）以及 20 世纪 30—40 年代日本帝国主义的野蛮文化政策等，对中国艺术品的掠夺和破坏，造成了巨大的文化灾难和民族精神灾难。（图 150）中国艺术品由于战争掠夺等原因流向海外的数量是非常巨大的。20 世纪 30 年代日本人在山西太原天龙山石窟的野蛮抢掠，共盗去三百多个佛头。据资料统计，从甲午战争以后，日本共从中国掠得书籍 300 万册，重要文物 15245 件。甘肃敦煌文物在伯西和斯坦因等人的盗卖和掠夺下，只能用“无法计算”来衡量他们获得的文物数量。（图 151）这些非法流失的文物艺术品现主要分布在美国、加拿大、德国、英国、法国、瑞典、日本等地。“第二次世界大战”期间，法西斯在许多国家的疯狂掠夺再次为人类的文化艺术蒙上了一层厚厚的阴影。从某种意义上讲，人类长期在文化侵略和反侵略的阵线上生活着，我想，文化的较量是文化背后隐藏的巨大的精神力量所致。正是基于这一点，艺术品的强大精神要素构成了艺术品国际流转的坚强壁垒。一方是失去艺术品而表现出来的民族仇恨和无奈；一方是得到艺术品的自傲情结和兴奋心情。

战争与走私是造成国际艺术品非法流转的两颗毒瘤。走私是一个世界性的普遍现象，艺术品走私是继紧俏商品、毒品、人口之后的另一大宗走私品。中国每年走私出去的艺术品不计其数，走私的前因是盗墓等行为。一位俄罗斯《劳动报》记者——普里瓦洛夫（Aleksandr Privalov）是这样报道中国文物走私现象的：中国的文化历史遗产不断被盗并偷运国外。这些被盗文物走私到海外，一般是通过中国香港和澳门。中国香港《南华早报》曾以“中国文物走私——中国香港做媒”为题报道：1986 年河南农民非法挖掘了公元前1—4世纪的古墓500座。1990年2—11月，一个团伙就盗掘了 46 座古墓。中国香港成为中国文物走私中转站的主要原因是中国香港《特别行政区基本法》中没有文物的条款。中国香港实行货物自由流通的政策，是促成这一事实的必然条件。在国外，饱受二十年战乱之苦的阿富汗，流失了大量的文化艺术瑰宝，现在北美、西欧和日本等地的美术品市场上经常可见阿富汗的艺术品。2001 年 10 月，美国对阿富汗进行军事打击以前，人们发现在喀布尔博物馆收藏的 2 万件黄金制品，不知流落何处。战争对文化、艺术的破坏和掠夺是空前的，一次次制造了人类文化和精神情感的灾难。

图 152　唐代，公元 7 世纪，《飞天》，克孜尔石窟，壁画，56 厘米 ×97 厘米，德国国家博物馆印度艺术博物馆（今亚洲艺术博物馆）藏

由于国际间的协作关系和法制不健全，也带来了国际艺术品流转的许多矛盾和问题。多年在海外寻访中国文物和艺术品的林树中教授深有感触：流失海外的这些名画依靠什么手段追回呢？虽然中国在 1997 年 3 月加入了《国际统一私法协会关于被盗或者非法出口文物的公约》，该公约规定：对今后通过非法手段和途径流失到境外的中国文物，有权在七十五年内依法提出返还和归还。但这一年限的规定，势必将中国带入一个非常尴尬的境地。中国流失出去的文物绝大多数早已超过了七十五年，怎么办呢？我想：一方面通过外交手段或国际立法，无偿或有偿将这些文物返还；另一方面，在经济能力无法达到的情况下，只有通过道义、国际舆论和文化责任了。一个世纪以来，艺术品的国际流转，在立法方面也取得了一定的成就。联合国教科文组织颁布的全球性公约《关于禁止与防止非法进出口文化财产和非法转让其所有权方法的公约》，但这一条约未能很好地解决国际间由于历史问题造成的文化遗产问题，而更多的是关注世界各国在文化财产问

图 153　巴米扬大佛，阿富汗，西大佛，高 53 米。2001 年 4 月，东西两座大佛均被塔利班毁坏

题上的相互利益。在地区间，美国和加拿大签署了《收回与归还被盗文物的有关考古、历史及文化财产合作条约》，这一条约很好地促进了两国间联合考古与文物互换等方面的问题。1954 年《海牙公约》在《柏林条约》和《凡尔赛条约》的基础上，规定对所有国家的文化财产实行全面保护，使其免受战争破坏，亦免遭和平时期的掠夺。针对艺术品的被盗问题，世界各国也制定了一些相关的法律和条约。1979 年，美国颁布了文物保护法《1979 年考古资源保护法》；1990 年又通过了《土著美洲人墓葬保护和返还法》；1991 年颁布了《国家被盗财产法》等。中国 1982 年 11 月通过了《中华人民共和国文物保护法》，其中对文物的出境等问题做了详细的规定。后来又在国家文物局等单位的倡议下，制定了《关于严厉打击盗掘古墓犯罪活动的意见》。（图 152）

由于战争等原因造成艺术品流失的归还问题，则成了非常现实的问题。目前解决这一问题的途径主要有：依照相关法律强制执行、通过拍卖或赎买方式、无偿奉还。1999 年 7 月，中国被盗文物——五代人形大理石浮雕，经中国政府的交涉，在美国纽约克里斯蒂拍卖行拍卖时被美国法院查扣，并依法归还中国。2001 年 4 月，上海图书馆斥资 450 万美元购回在海外漂泊半个多世纪的“翁氏古籍善本收藏”，这是中国清代以来留存在海外的最后一批善本书收藏。无论怎样，有一点是值得肯定：买回来的绝不仅仅是 80 种、542 册图书，更重要的是一种人文精神的回归。20 世纪末，奥地利政府做出了一项重大决定，打算将二战时期纳粹收缴的艺术品物归原主，这些艺术品是 1945 年从各地收集来的，包括没收的物品和战争时期物主收藏起来的。早在 20 世纪 80 年代中期，奥地利政府曾因为“毛厄巴赫财产”问题遭到来自美国的压力，美国《艺术新况》杂志撰文指责奥地利政府靠昔日犹太人的财富致富。十多年后，奥地利政府又通过了一项美术品和文物古董清理法以完成艺术品物归原主的愿望。从国际意义上讲，奥地利政府的这一举措，为战争留下的诸多艺术品国际流转问题提供了一个很好的范例和参照。（图 153）

当然，在艺术品国际流转过程中也出现了一些令人遗憾和不安的事情。1978 年，印第安祖尼人部落要求美国丹佛艺术博物馆归还 1953 年获得的一尊祖尼战神。因为根据祖尼人的法律，除祖尼人外，任

何人不得拥有和拜谒祖尼战神。丹佛艺术博物馆在其后的声明中认为归还战神将会使其遭到破坏和被盗的危险。但后来考虑到民族关系，为了顾全大局，博物馆于1979年通过投票方式决定归还祖尼战神。针对这种类似的现象，美国国会在1990年制定了《土著美洲人墓葬保护法和返还法》。随着各个国家立法的加强和民族关系的进一步改善，艺术品归还的体制也将进一步完善。

二、艺术品的有序流转

艺术品的拍卖是艺术品国际流转的重要内容，这一形式的前提是艺术拍品的合法化。从现存状况看，艺术品的拍卖，不同的国家有不同的拍卖政策和艺术品的进出口规定。我国自开放文物市场以来，对待境外的文物，只要在进入中国境内时在海关进行登记，即可自由出入中国。而对出口文物则有许多限制和规定。《中华人民共和国文物保护法》中规定："文物出口和个人携带文物出境，都必须事先向海关申报，经国家文化行政管理部门指定的省、自治区、直辖市文化行政部门进行鉴定，并发给许可出口凭证。经鉴定不能出境的文物，国家可以征购。具有重要历史、科学价值的文物，除经国务院批准往国外展览的以外，一律禁止出境。"（图154）

图154　清代雍正粉彩橄榄瓶，张永珍女士以4150万港元拍得，捐赠给上海博物馆收藏

世界上只有少数国家和地区对艺术品出口没有任何限制，如美国、新加坡、丹麦以及中国香港等地。对多数国家而言，艺术品的出口总是采取限制和选择的原则。如英国，出口任何一件具有一百年以上历史、价值在8000英镑的美术品，不管是在英国制造的，还是从要求出口之日算起已在英国超过五十年的，均要得到许可证，这其中最主要的选择因素，便是出口艺术品的学术、历史价值和与英国本民族的紧密关系程度。再如1972年，墨西哥政府宣布全面禁止哥伦布到达美洲之前的艺术品出口，但这一措施导致了黑市和走私艺术品的猖獗行为。这其中有一点令人敬佩：一些国家在进口艺术品时，禁止从其他国家非法出口的美术品。《美国法典》中就有这种立法，并准许艺术品的原产地有权收回带有争议的艺术品。2000年3月，美国地方法院判定中国被盗文物"五代人形大理石浮雕"停拍并于2001年5月21日归还中国的做法便是很好的一例。我想，一些国家对艺术品的进出口规定，应是有深层的社

图155　唐代，河南洛阳龙门石窟，奉先寺卢舍那大佛

会历史根源和民族文化习惯，一般而言，对艺术品的进口，基本上是大受欢迎，没有什么特别的规定；而对艺术品的出口，则是一个国家文化资源的流失，尤其像文化历史悠远、古文化资源丰厚的国家，对艺术品的出口有严格的规定，这也符合民族的情感和社会历史责任。艺术品的国际间拍卖，也是许多国家回收艺术品的合法手段和较好机会。1997 年北京翰海春季艺术品拍卖会上，北京故宫博物院以 682 万元人民币的高价竞得回流文物——五件北宋名人书札。2001 年旅英华侨陈俊以重金竞得 1900 年八国联军侵入北京清宫时掠夺的明代绿色琉璃瓦当麒麟，捐献给北京故宫博物院。艺术品国际流转中的回流现象，是一种有积极意义的行为，一方面是延续和完善了民族历史的整体面貌，如古埃及法老阿赫那吞金棺的"完璧归赵"；当然，我们也为土耳其安塔利亚坎鲁卡宝器的"两地分居"而深感同情和遗憾。另一方面是增进了民族间的亲和与友好。2001 年，加拿大国家艺术馆将其收藏的一尊 20 世纪 30 年代流失到该国的中国洛阳龙门石窟唐代摩柯迦叶罗汉雕像无偿地归还给中国，使得龙门石窟看经寺内 29 尊罗汉重又团聚。（图 155）

艺术品的礼赠问题，主要包括公共捐赠物和礼节性交往的馈赠礼物（如中国古代的"朝贡"），这种传统值得提倡，是一种有益的活动。艺术品的礼赠，也是艺术品国际流转的一项内容。1963 年美国敦巴顿橡树博物馆收到一批捐赠，捐赠人是当时该博物馆的一位创建者，博物馆接受捐赠的这批 6 世纪拜占廷帝国的银器，不到一年，便获悉这套银器是土耳其安塔利亚地区被称作坎鲁卡宝器的一套大型礼器的组成部分。土耳其政府向美国政府提出要求归还这批宝器的请求，遭到美国政府的拒绝，后来土耳其政府采取一系列报复美国的政策。我想，对受赠者而言，应事先调查清楚受赠艺术品的可靠来历或通过各种手段进行调查以确保捐赠物的合法性，从而避免本来是一件善意之举而带来不必要的麻烦。艺术品的礼赠，是国家与民族友好的象征，善意的捐赠也是社会文明程度提高的标志。

实践证明：良好有序的艺术品国际流转体制是建立世界统一艺术品市场的关键。中国在 20 世纪末加入了 WTO，这是一个好的发展机遇，但对不成熟的中国艺术品市场来说，又是一个极大的挑战。中国艺术品市场目前面临两大严峻挑战：一是本国艺术品市场体制的完善和确立，一是与国际艺术品市场的接轨。这两方面，从目前来看，都是相当的脆弱和不足。在艺术品国际流转问题上，我们有许多事情要做，如历史上遗留的艺术品失散问题（敦煌文物等）如何通过国家手段或国际舆论得到解决；或与国际社会一道，加强国际立法和协作；解放观念，如何将中国拍卖业国际化；针对疯狂的文物盗窃和走私活动，如何加强立法管制及与国际合作；艺术品展览的国际合作问题，等等。艺术品国际流转的最终效果是世界统一艺术品市场的建立、世界艺术品公共开放性和自由流通体制的建立。

第四节　表演艺术品市场、艺术节和艺术营销

艺术表演和演出也是一个相当庞大的艺术品市场体系。主要包括文艺演出（如小品、相声、曲艺、演讲、歌舞晚会等）、大型音乐会、戏剧戏曲表演、电影放映、电视剧、摄影展览、网络艺术发布等。艺术品市场的形式多样，除了上面讲到的艺术品拍卖市场外，还有各类艺术节、联欢会、晚会等，此外也有民间艺术表演和演出、电影放映等。艺术节是世界范围内的艺术活动，有国际性的，如世界国际艺术节、国际杂技艺术节等。有地区性的，如亚洲艺术节、非洲艺术节等。有国家的，如中国艺术节、法国艺术节等。有民间的，如中国民间艺术节、湖南民间艺术节等。有专题性的，如中国京剧艺术节、中国民歌艺术节、电影艺术节、动画漫画艺术节、沙雕艺术节等。也有团体性的，如大学生艺术节、少儿艺术节等。联欢会和晚会是中国喜闻乐见的艺术形式，如春节联欢晚会、地方联欢晚会、各类庆典晚会、乡村大舞台、同一首歌等。

下面重点谈谈艺术节。西方艺术节的历史从20世纪初就已开始。目前颇具影响的有：奥地利"萨尔茨堡国际艺术节"、奥地利"维也纳国际艺术节"、德国"柏林国际艺术节"、法国"巴黎秋季艺术节"、英国"伦敦城市艺术节"、墨西哥"塞万提诺国际艺术节"、瑞士"梅纽因国际音乐节"、澳大利亚"昆士兰音乐节"、意大利"维罗纳歌剧节"、美国"波宁曼激情艺术节"、希腊"国际艺术节"等。这些艺术节涉及的内容主要有：音乐、舞蹈、歌剧、戏剧、装置艺术、行为艺术、电影、文学、视觉作品等。

艺术节也是近几年来中国蓬勃发展的艺术品市场形式。1987年9月5日，首届中国艺术节在北京首都体育馆开幕。来自全国25个省、自治区、直辖市和中直、军队、产业系统的文艺工作者，以及中国香港、国外的文艺工作者在艺术节上演出了共44台、168场风格迥异的剧（节）目，观众达8万多人次。中国艺术节从此成为中国一个盛大的艺术节日。1999年11月2日，首届中国国际艺术节在上海开幕。以国际性、民族性和经典性为基调的中国上海国际艺术节，是我国目前唯一的综合性的国家级国际艺术节。正如艺术节组委会主任、文化部部长孙家正致开幕词时说，中华民族有着悠久的文化传统，她深深植根于中华民族的丰厚土壤，同时又以博大的胸怀面对世界。改革开放以来，中国对外文化交流规模不断扩大，水平不断提高。中国上海国际艺术节的举办，对于进一步推动中外文化艺术的交流，吸收世界优秀文化成果，扩大中华民族文化艺术在世界上的传播和影响，增进中国人民与世界各国人民的了解和友谊，必将起到积极的促进作用。中国上海国际艺术节是中外艺术家携手迎接新世纪的一次规模宏大的艺术盛会，是热爱和平、热爱艺术的各民族人民的盛大节日。首届中国上海国际艺术节被称为一道丰盛的"艺术大餐"。它以展示舞台表演艺术为主，30多台国内外优秀剧（节）目参加正式演出，20台精彩节目参加祝贺演出。同时，艺术节期间还将举办演出交易会、美术大展、艺术品博览会和亚洲音乐节，开展丰富多彩的群众文化艺术活动。此次艺术节不仅将成为集中展示中国文化艺术的舞台，借鉴世界优秀文化艺术的窗口，同时将为启动中外文化艺术交易市场、开拓发展文化产业提供良好契机。在开幕式上，上海歌舞团表演了大型服饰舞蹈《金舞银饰》。这显然是一台令世界瞩目、融历史积淀和时代活力为一体的舞台精品。中华民族艳丽多彩的历代服饰和婀娜多姿的历代舞蹈，惟妙惟肖地结合在一起。全剧由"琼宫神韵""市井风情""戎马生涯""江海交谊""礼仪华采"等五幕，以及序幕"亘古回音"、尾声"世纪和鸣"组成。

近几年来，艺术节的形式有了新的发展，跨国艺术活动更加活跃，如中国与海外的文化年活动，取得了很大成果。如2003—2004年的"中法文化年"、2006—2007年的"中俄文化年"、2006和2010年的"中意文化年"等。这些文化年活动，不仅仅是展示一个国家的文化、艺术、教育、生活等，更重要的意义在于了解各自文化的差异、思想的差异，谋求人类的和谐共处或通过文化艺术的交流增进各国之间的友好相处。

接下来谈谈艺术品市场的营销策略。何谓"市场营销"？美国市场营销协会（AMA）于1985年对市场营销做了完整和全面的定义：市场营销"是对思想、产品及劳务进行设计、定价、促销及分销的计划和实施的过程，从而产生满足个人和组织目标的交换"。艺术品市场的营销不同于艺术计划和策划，艺术计划和策划是艺术走向市场的前期工作，如艺术创作、艺术制作等。艺术营销则是艺术走向市场的后期行为，如市场预测、信息收集、包装、广告、宣传、公关、行销等。从世界范围来看，艺术品市场的营销主要是文化艺术经纪公司、文化艺术代理公司或广告公司等来完成和实现。如以包装艺人为名的创意艺人经纪公司（CAA）、国际创意经营公司（ICM）、威廉·莫里斯经纪公司等。（图156）

以演出表演市场为例。营销主要包括这么几个方面：一是广告行为。广告是一种付费的销售信息行为。它的目标群是视听大众，诱发他们购买而使付费者获得利益。英国首相丘吉尔说："广告

图 156　2008 年上海美术馆举办“第七届上海双年展”。“火车”成为一景。现火车坐落在中国美术学院象山校区

充实了人类的消费能力，也创造了追求较好的生活水准的欲望。”因此，广告既是一种营销方式，也是一种信息传递。据悉，2006 年中国中央电视台的春节联欢晚会广告收入突破 4 亿元人民币。显然，这与央视春晚的广告形式由硬广告、植入式广告（隐性广告）到活动营销和事件营销，不断挖掘新的广告资源有很大的关系。二是促销行为。促销主要是通过利益互让，促成销售和消费的最大效益。促销的方式多种多样，如各种打折方式、价格优惠行为、免费赠送、附赠礼品、奖励等激励机制。三是直效行销方式。这种传统的营销方式主要在海外得到广泛使用。它的方式主要有两种：一是邮件和书信。一是利用电话直接行销。四是公关营销。公共关系是现代社会发展的必然趋势。在营销领域的公共关系显得尤为重要，它是一个行业可持续发展的基础之一。从公关的形式上看，有三种：形象公关、常规公关和危机公关。

毫无疑问，目前中国电影在艺术品市场营销方面最成功的要数张艺谋的电影。2002 年张艺谋拍摄的《英雄》开启了中国电影市场的“大片时代”。与《英雄》和《十面埋伏》两部商业影片的营销方式不同的是，北京新画面影业有限公司力求避免“不求最好、但求最贵”的商业大片宣传模式，采用“口碑营销模式”。低调而又实在的营销策略，让文艺片《千里走单骑》取得了当时中国文艺片最好的票房市场。在 2009—2010 年的世界电影市场出现了一匹黑马，那就是电影《阿凡达》的奇迹，该片斩获了全球 27 亿多美元的票房世界纪录。从该片的营销策略看，的确不同凡响，仅电影的制式就采用了 2D、3D、IMAX—3D 三种制式，满足了各个层面观众的需求。当然，作为特技效果的 3D 技术，是《阿凡达》宣传的关键词。这部充满神话色彩的电影，在科技发展的今天，能获取人们认同，本身已经说明科技已经融进我们的生活，而焦点营销战略也是《阿凡达》电影成功的重要因素之一。

第六章　艺术博物馆及其管理

艺术博物馆在艺术组织机构中是很重要的一个角色，它不仅与艺术品发生直接的关系，更重要的是通过艺术品传达人类与情感、人类与历史、人类与美感等之间的某种关联。美国艺术史家詹森（H.W.Janson）在《艺术史》（*History of Art*）中谈到美术史的特性时说："没有一种别的学科邀请我们在历史的时空里更广阔地遨游，也没有一种别的学科更能强烈地传达过去与现在之间的持续感或人类之间的密切关联，更有进者，与文学或者音乐相比，绘画与雕刻使我们觉得更能传达艺术家的个性，每一笔、每一触都能记载艺术家的特征，不管它所要遵循的成规是如何严厉。因此学术的风格成为一种分辨品评的工具，其微妙与精细是无与伦比的……艺术作品本身不能告诉我们它自己的故事，要经过不断的探求，利用文化史上的各种资料，上至宗教、下至经济学的帮助，才能使它们吐露消息，这不只适用于遥远的过去，也适用于21世纪。在这个知识逐渐专门化与分裂化的时代里，艺术史引起广泛的兴趣，这该不会令人惊奇。"[1] 艺术博物馆有时是打通美术学、考古学、图像学之间桥梁的最佳载体。为了更好地发挥艺术博物馆的功能，对艺术博物馆有效管理是一项很重要的工作。

第一节　博物馆的起源与功能

"博物馆"一词，源于希腊文"缪斯庵"（希腊语 Μουσαι, Mouseion），本意为"缪斯神庙"。约在公元前5世纪，在希腊的特尔费·奥林帕斯神殿里，有一座收藏各种雕塑和战利品的宝库，它被博物馆界视为博物馆的发端。后来，博物馆成了只供皇室或少数富人观赏奇珍异物的收藏室。现代意义上的博物馆，是到18世纪末，西欧和美国的一些国家博物馆相继建立，并向公众开放，博物馆的功能才有了新的发展，人们对博物馆的认识也发生了变化。美国有超过三分之一的艺术博物馆是在1960年以后建立的。截止到2004年，美国拥有16000座博物馆，其中艺术博物馆约占四分之一。1880年，英国博物馆学者鲁金斯发表了《博物馆之功能》的论文，强调博物馆应成为一般公众受教育的场所。美国学者顾迪在《将来的博物馆》和《博物馆行政管理的原则》两篇论文中，进一步强调博物馆必须致力于革新教育，开展积极的活动，使之不仅成为专家学者从事研究的场所，而且要成为教育机构的补充设施和校外教学园地。但英国学者贡布里希（E.H.J. Gombrich）在谈到博物馆的功能时，却这样说："我认为博物馆的作用是保存和保护历史遗产，……博物馆是仓库，是你喜欢的珍宝仓库。……博物馆的娱乐功能，甚至教育功能，在我看来似乎是次要的。"[2]

1　[美国] H. W. 詹森，《艺术史》，王宝莲、曾堉译，幼狮文化公司，1980年。

2　[英国] E.H. 贡布里希，《艺术与科学》，杨思梁、范景中、严善錞译，浙江摄影出版社，1998年，第201页。

博物馆这种文化形式是西方文化的产物，文艺复兴时期兴起于欧洲，那时欧洲从王室权贵收藏发展到了社会收藏，收藏数量很大，博物馆就是由收藏而兴起的。如法国的卢浮宫、凡尔赛宫，美国的大都会博物馆，英国的大英博物馆等都是以其艺术品的收藏而饮誉全球的。艺术博物馆的地位很高，有的成为国家博物馆，如收藏荷兰画派大师艺术杰作 100 多万件的荷兰国家博物馆，以收藏欧洲 13 至 19 世纪艺术品闻名的美国国家美术馆等。欧洲文化中有收藏和欣赏艺术品的传统，艺术博物馆的发展有深厚的社会基础，艺术博物馆的发展又推动和提高了社会艺术欣赏水平。美国和欧洲等国的一些博物馆取得了良好的社会效益。以美国为例，在过去的半个世纪，美国的文化艺术取得了迅速发展，截止到 2003 年，美国博物馆的参观次数累积达到了 8.5 亿人次，相当于每个美国人曾四次走进艺术博物馆。（图 157）中国的博物馆发展起步较晚，不足一百年的历史。北京故宫博物院也就八十多年的发展，但文物艺术品的收藏同样令世界瞩目，藏品数量达到 150 多万件，虽与世界著名博物馆如法国卢浮宫、美国大都会博物馆、英国大英博物馆等有差距，但这也是历史、政治等原因造成的。目前中国知名的主要博物馆有北京故宫博物院、台北“故宫博物院”、中国国家博物馆、上海博物馆、辽宁博物馆、南京博物院、陕西历史博物馆等。（图 158）

图 157　仿中国园林，美国纽约大都会博物馆一景

图 158　北京故宫博物院，世界上规模最大的博物馆建筑群

第二节　艺术博物馆的性质和管理

20 世纪后期，艺术博物馆的经营与管理已经成了世界性的共同难题，当代艺术的复杂性和文化形态的多样性发展，也给博物馆带来了新的挑战和经营管理理念。英国大英博物馆一直以来就为免费开放而背负沉重的债务负担。中国国内公立的博物馆也已开始采用免费开放的策略。

艺术博物馆是社会文化艺术事业的标志性载体，作为官办的文化机构和私营性质的博物馆是有区别的。官方博物馆是提供社会公益活动的非营利组织。中国的艺术博物馆一直是属于国家事业单位，经费基本依靠政府拨款，这种情况与发达国家的公共美术馆或博物馆基本相同。国际上通常把美术馆或博物馆都纳入到非营利性机构的范畴。（图 159）作为

图 159　战国，嵌玉琉璃铜镜，直径 12.2 厘米，传河南洛阳战国大墓出土，现藏于美国哈佛大学福格艺术博物馆

非营利艺术机构的艺术博物馆，其最高目标不是利润或者利息，而是完成政府或社会的任务。在欧美发达国家的艺术博物馆通常分为公共博物馆和私人博物馆。公共的艺术博物馆一般都是由政府从公共资金中拨款以维持其日常的行政开支，而私人博物馆的资金来源则主要是私人的基金会或社会捐助。这并不是说公共的艺术博物馆仅靠政府公共资金就能生存，即便在欧洲或美国、日本这样的博物馆系统极为发达的国家，公共的艺术博物馆同样面临资金和生存的压力。美国旧金山的亚洲艺术博物馆是美国最大的亚洲艺术博物馆，也是一个公共的艺术博物馆，旧金山市政府给予拨款只够一般人员的工资和日常行政开支，其他如展览、收藏、博物馆改造、修缮等费用都需要博物馆自己筹措。获取资助是每一个艺术博物馆面临的最大任务。如今在世界各地的几乎每一个艺术博物馆都有发展部门，其主要目的就是开发和拓展市场，获取更多的经济资助。

中国的美术馆或博物馆发展历史较短，由于经验不足，也面临同样的资金困境，仅靠政府拨款使得许多美术馆或博物馆无所适从，有些博物馆俨然成了“专业人士或圈内人士”的聚会场所。在人们传统的观念中，认为美术馆或博物馆作为国家事业单位，它不应该是营利的。也就是这种观念造成了一种误解，好像美术馆或博物馆不能采用“企业经营”的方法来运作。事实上，市场运作机制的引入有利于使“公益性”的社会事业单位在得到政府监管和宏观调控机制的条件下创造更高的效益。所不同的是，美术馆或博物馆在政府许可的优惠条件下经营所得的“营利”不能被当作“利润或福利”分掉，而应该成为可持续发展的再生资源。中国的美术馆和博物馆的建设和发展，需要从根本上转变观念，引入市场管理机制。建立完善的美术馆和博物馆市场管理体系，则需要全社会的共同努力。上海博物馆在这方面做了很多有益的尝试。人们还清晰地记得2002年7月17日，上海博物馆历史性地做了一个两幅画的展览“莫奈（Claude Monet，1840—1926）和凡·高（V.Van Gogh，1853—1890）”作品展——一幅是莫奈的《睡莲》，另一幅是凡·高的《麦田》。这个展览的新闻亮点是两幅绘画，因为少，显得特别，所以成了焦点，产生了巨大的社会效益和经济效益。正如时任上海博物馆馆长的陈燮君所说：“只有两幅名画的展览是一次大胆的尝试，能够将参观者的注意力高度浓缩，同时也戏剧性地显示出两位艺术大师双峰对峙、壁立千仞。”如果说这次展览是一次有益而大胆的尝试，那以后几次展览如“千年遗珍——晋唐宋元国宝展”“古文明系列展”“卡地亚艺术珍宝展”“淳化阁帖展”“法国凡尔赛宫珍藏展”“古代书画精品展”等，则是艺术、学术和商业的经典结合，不仅有巨大的社会精神效益，同时也是博物馆走向市场化管理的最好诠释。

丁宁在谈到艺术博物馆藏品或展品真伪鉴赏问题时说：“在艺术博物馆里，鉴赏的重要性尤为显著，具体地体现在两个方面：一是将进入博物馆而且未被辨别的赝品或临本与原作区分开来。因为，相对而言，赝品或临本肯定并非博物馆中的最宠，毕竟传达着与原作不可相提并论的“噪音”意味，而且往往有可能产生出一系列误导性的影响。艺术品是否具有充足无疑的合法性，对于任何博物馆而言都至关重要，因为博物馆（包括私人博物馆）总是具有向人展示其藏品的功能或意图，具有相当的公众性质。其藏品是否有可靠的来历就不是什么蕞尔小节了。人们的共识是，博物馆不能收藏和盲目展示来历可疑的作品。高度本真地展示艺术品及其相关的历史语境，是所有艺术博物馆孜孜以求的最高目标之一。二是针对某些作品，重新有根据地将其从埋没在等而次之的临本、助手之作甚或赝品之类的泥沼中确认为最高的原作本身，从而根本地还原特定艺术品的真实价值，并进一步确定其在艺术史上的恰当坐标位置。”[3]

第三节 其他艺术组织与机构

艺术博物馆是很重要的艺术组织和机构，它的文化艺术身份特殊又重要。一般而言，艺术博物

3 丁宁，《论艺术品的真伪鉴赏问题》，《文艺研究》，2013年第7期，第15页。

馆大多为政府所有，属于官方艺术组织，是公益性非营利组织。但现在也出现了各类私人艺术博物馆，它们的特性就相对要自由一些，有公益类和非公益类双重身份。除了博物馆之外，还有一些艺术组织和机构，如各类艺术协会和艺术研究会、艺术基金会、艺术培训、咨询和教育机构等。在我国，艺术协会呈金字塔形组织结构，如最高有中国美术家协会，各省也有美术家协会，各地市也有美术家协会，分层管理，含半官方和半民间性质，既可以推行文化艺术政策，又可以传递政府的政策信息，还可以行使一定的管理职能。(图160)但艺术研究会相对于艺术家协会而言，则要独立一些。艺术研究会是以艺术为主要研究对象的机构，多属于学术机构，有鲜明的学术目标和宗旨。但也有属于官方的艺术研究机构，如中国艺术研究院等。它们可以为政府的文化艺术政策提供资源、对策和调研报告，另一方面也可以培养艺术方面的人才，兼艺术研究、艺术教育、艺术政策等为一体，充分发挥艺术研究的学术性、社会服务、政策服务等功能。

图160　杭州西泠印社（老照片）

艺术基金会是一种新型的艺术组织机构，在欧美各地蓬勃发展。基金会（Foundation）在西方有一百余年的历史，如今在社会、经济、文化、教育、医疗等各方面产生了深远影响。基金会是指利用自然人、法人或其他组织捐赠的财产，以从事公益事业为目的，按照本条例的规定成立的非营利性法人或组织。基金会一般分为两种形式：一种是面向公众募捐的基金会，即公募基金会；在我国，公募基金会根据地域又可分为全国性公募基金会和地方性公募基金会。另一种是不得面向公众募捐的基金会，即非公募基金会。但不管何种形式的基金会，其前提都应是以从事公益事业为目的。为了规范基金会管理，我国在2004年2月11日国务院第39次常务会议通过了《基金会管理条例》，并于2004年6月1日生效。

艺术基金会是属于基金会中的一种，在我国专门的艺术基金会基本上还没有出现。在西方成熟的基金会体制中，专门的艺术基金会也是凤毛麟角，如以艺术家遗产成立的基金会，但大多面临财政压力，如波洛克·卡拉斯纳基金会（The Pollock—Krasner Foundation）。大多数艺术基金会是在基金会的体制内采用艺术基金的方式从事艺术活动，如艺术赞助等。在美国，非营利性基金会制度相当复杂，但经过一个多世纪的发展，也逐渐走向成熟，如今，这

图161　20世纪30年代大威德爵士（左一）与学者们合影，中间为商代青铜器。英国伦敦大威德中国艺术基金会是世界著名的中国艺术品收藏机构

些基金会大致分为三类：一是公立基金会，一是企业基金会，一是私立基金会。美国政府一般不直接去赞助或管理艺术机构，而是将自主权交由民间自己去管理，以艺术基金会的方式去发展和运作。这也就是我们在美国能看到除了商业画廊之外，其他的艺术机构基本上都是以艺术基金会的方式在运作。在艺术基金会的运作方面，影响较大的基金会有 1914 年设立的洛克菲勒基金会（Rockefeller Foundation)，1936 年设立的福特基金会（The Ford Foundation）、麦克阿萨基金会（MacArthur Foundation）、卢斯基金会（Henry R.Luce)，1997 年设立的盖蒂基金会（Getty Fundation）等。这些基金会对中国艺术影响较大的是洛克菲勒基金会的分支亚洲文化协会（ACC），在中国台湾和香港都设有分支机构，它不仅关注中国传统的国粹艺术，目前也涉足中国当代艺术领域，现在，亚洲文化协会已转换为公立的艺术基金会。麦克阿萨基金会有一个重要的艺术项目就是“授予全美最优秀的文人和艺术家麦克阿萨奖”，其目的是让艺术家可以专注于自己的艺术创作，中国艺术家也曾获得该奖项。在英国，著名的基金会有大威德基金会（Percival David Foundation of Chinese Art)。英国学者大威德爵士生前酷爱中国艺术，20 世纪初期就开始搜集中国古代艺术珍品，到 20 世纪 50 年代，将藏品捐给了伦敦大学，如今这个艺术基金会式的小型博物馆成了伦敦大学了解中国古代艺术珍品的一扇漂亮的窗口和风景。(图 161）

艺术家赞助艺术活动，或死后捐赠遗产设立艺术基金会，也是一项很有意义的事业。如美国艺术家安迪·沃霍尔艺术基金会，它们的目的除了保藏艺术家的作品外，推广艺术活动、赞助优秀艺术家、整理和研究艺术作品、出版宣传艺术作品、培养艺术人才、拓展艺术教育等，都是艺术基金会致力要做的事情。但纯粹的艺术基金会也会面临很多问题，因为它们没有庞大的家族企业或是财团支持，往往会面临财政窘境，这也是新兴的一些艺术基金会没有老牌的基金会适合生存的重要原因，但无论怎样，建立在公益艺术事业基础上的基金会，都是政府和社会需要扶持的阳光事业，因为文化艺术的光辉会普照人类的心灵。

艺术培训、咨询和教育机构等，都属于艺术服务机构，它们的主要功能是给艺术家或艺术团体、艺术爱好者提供艺术服务，一方面宣传艺术，另一方面又可以传递艺术信息、传播艺术理念、推广艺术活动、培养艺术人才等。但这些艺术服务机构必须在政府有效的组织和监管下从事服务，否则很容易走向无序，造成艺术的浅层次和低俗化发展。

第七章　艺术法与国家政策法规

第一节　艺术法与国家文化政策

文化艺术品市场从区域分，有国内市场和跨国市场或国际市场。作为精神层面的文化艺术品市场，其有多样变化性，管理起来相当复杂，所以需要有规范秩序的政策法规进行约束和疏导。文化市场的复杂性不仅表现在文化形式的多样性，更重要的是其跨地域性和不同内涵的文化特性。法制规范是文化艺术管理方面最有效和最直接的手段。

国家文化政策，是一个国家为了发展和规范文化艺术制定的方针政策。不同的国家有不同的文化政策。祁述裕在《中欧政府文化体制、文化政策比较分析》（见《中国特色社会主义研究》，2005年第2期）一文中分析了中国与欧洲等国文化政策的异同。他说欧洲国家文化体制和文化政策主要表现在以下几个方面：（一）在处理国际文化关系中，欧盟国家奉行文化多样性原则，主张各民族文化共同发展。（二）在文化的性质和作用的认定上，欧盟国家政府普遍认为，文化产品具有商品和意识形态双重属性。这与中国政府的文化价值认同是相同的。（三）在文化产业管理体制上引入竞争机制，实行多元化。（四）注重扶持和资助文化产业。欧洲许多国家政府在引入竞争机制的同时，还十分重视对文化企业给予扶持。欧洲国家对国营广播电视公司均给予不同程度的财政资助。（五）对本国文化产业实行保护性政策。（六）完善产业政策和法制环境。欧洲许多国家把完善产业政策和法制环境视为保障文化产业健康发展的关键因素之一。以广播电视为例，20世纪80年代中期以后，为适应情况的变化，欧洲主要国家纷纷修改广播电视法律。英国《1990年广播法》《1990年有线和无线广播法》对电子媒体所有权做了详细的规定，以防止商业电台和电视台产权过分集中，并规定英国的全国性报纸可以在商业电视台、电台拥有股权。该法还对节目的品位、准确和平衡等问题做出了原则规定。

中国也在文化艺术政策的制定方面做了很多努力。主要表现为：（一）在处理国际文化关系中，中国政府一贯奉行文化多样性原则。（二）在对文化价值和作用的认识上，中国政府始终坚持物质文明、精神文明两手抓。（三）大力推进文化体制改革。中国加入WTO以后，进一步明确了文化体制改革的指导思想和改革重点。（四）促进文化产业多元发展。（五）对本国文化产业进行资助，提高本国文化艺术产业竞争力。（六）创新政府管理体制，转变政府职能。中国政府把创新政府管理体制，转变政府职能视为推进文化体制改革的关键。

如今，随着数字技术和信息技术的迅猛发展，世界各国都面临一个普遍性的文化难题，那就是网络文化的管理问题。网络文化的主要特点是传播速度快、传播区域广、影响大、监管难等。根据我国文化市场发展的需要，早在2002年，中共中央办公厅、国务院办公厅对加强网络信息安全管理工作就做出了新的调整：对于利用互联网经营美术品、音像制品、演出活动及“网吧”等互联网上网营业场所的日常监督由文化部负责，并实行经营许可证管理制度。文化部文化市场司主要有如下工作职责：研究制定文化市场和以商品形式进入流通领域的文化产品以及文化娱乐经营活动的管理政策、法规并监督实施；管理文艺演出市场、文化娱乐市场；管理音像制品的批发、零售、出租、放映；负责音像制品进口管理；研究文化艺术品市场发展态势，指导文化艺术品市场稽查和电影发行、放映工作；负责电子游戏经营场所日常监管工作；负责利用互联网从事文化艺术产品传播和文化艺术服务经营活动的日常监督及其内容监控管理。

在艺术品市场的政策配套方面就是要有相应的法律法规做保障。这集中体现在保护知识产权（Intellectual property）方面。知识产权也称知识权或无形产权。它包括公民和法人在知识方面的人身权利和财产权利，是公民和法人民事权利的组成部分。其中人身权利不能转让、馈赠和继承；财产权可以依据法律获得报酬或得到物质奖励的权利。根据 1967 年颁布的《世界知识产权公约》（第 2 条）规定，知识产权主要包括：（1）对文学、艺术和科学作品享有的权利；（2）对演出、录音和广播享有的权利；（3）对一切领域的发明享有的权利；（4）外观设计享有的权利；（5）对商标、服务标记、厂商名称和标记享有的权利；（6）对制止不正当竞争享有的权利；（7）对在工业、科学、文学或艺术领域里一切其他智力活动所创造的成果所享有的权利。知识产权无疑已经成为时代竞争的利器，我国的文化企业在这方面还存在不少差距，如果不掌握和运用知识产权，就难以在激烈的市场竞争中立足，尤其是加入 WTO 后，横亘在中国企业面前的最大障碍，不再是关税壁垒、行政壁垒，而是技术壁垒，是知识产权关卡。近年来中国企业商标注册、专利申请、版权登记、域名注册的增长幅度虽然都很大，但是与全社会的经济总量比较起来，我国企业的知识产权意识和运用知识产权的能力还相对较弱。但这种局面开始发生变化。以 2008 年中国北京奥运会为例，因为奥运会已经成了一种世界经济产业形态。2008 年“奥运吉祥物”——“福娃”的产生就贯穿了知识产权的保护过程。北京奥组委早在 2004 年征集奥运吉祥物创意及设计方案之时就发表声明，为了便于保护奥运吉祥物的知识产权和进行市场推广，无论集体或个人创作，奥组委都将拥有吉祥物的完整著作权。我国相关政府部门对于奥运会吉祥物知识产权的保护都给予了充分的重视。国家知识产权局规定，在没有权利人证明的情况下，任何有关 2008 奥运的专利申请都将不被批准。工商、版权和海关部门也已经下发了专门的文件，对奥运商品给予特别的保护。

在艺术品市场方面，至今没有一个国家很明确地对“艺术品拍卖”有过全面、综合、准确的定义，究其原因主要是艺术品拍卖涉及民事和刑事两方面的法律责任，但实际上没有一部法令能够同时处理这两种责任。目前人们普遍接受的是哈兹伯利法（Halsbury’s Laws）对拍卖所下的定义：“拍卖是一种通过投标出售或转让所有物的方式，通常通过公共竞标使标的物到达出价最高者。”英国作为世界拍卖行业的先驱，在这方面积累了很多经验。当 17 世纪拍卖行业在英国兴起之初，其行为就受到“出售条件”（Conditions of Sale）及“物主本人不得参加投标”等规定的限制。《1845 年拍卖商法案》（*The Auctioneers Act 1845*）中的有些条款一直沿用至今。但英国至今也没有一部“拍卖法”涵盖拍卖的所有规定。同时，英国相关拍卖法不但琐碎而且陈旧，如英国文化、媒体和体育委员会在呈交议会的《2004—2005 第六次报告》中所说的：“拍卖行代表着英国艺术品市场的一个重要部门，然而，一些相关立法陈旧得可以追溯到 1845 年。”看来艺术品市场的立法是世界各国面临的艰巨任务。

中国在1982年11月19日颁布了《中华人民共和国文物保护法》，对文物保护单位、考古发掘、馆藏文物、私人收藏文物、文物出境、奖励和惩罚等方面做了详细而明确的规定。1996年，又颁布了《中华人民共和国拍卖法》（1996年7月5日第八届全国人民代表大会常务委员会第二十次会议通过，根据2004年8月28日第十届全国人民代表大会常务委员会第十一次会议《关于修改〈中华人民

图 162　钱镜塘藏明代名人名贤尺牍，2002 年中国嘉德拍卖公司以 990 万元人民币价格成交

图 163　2002 年北京中国嘉德拍卖公司春拍的北宋徽宗的《写生珍禽图》，以约 306 万美元（2530 万元人民币）的高价成交。此图为《写生珍禽图》（局部）

共和国拍卖法〉的决定》）。《中华人民共和国拍卖法》第三条规定：拍卖是指以公开竞价的形式，将特定物品或者财产权利转让给最高应价者的买卖方式。第四条规定：拍卖活动应当遵守有关法律、行政法规，遵循公开、公平、公正、诚实信用的原则。（图162）

在艺术品的国际非法流转方面，这是一个很严肃的课题，也是一个普遍问题。中国政府一直在努力解决这个问题。1998 年，中国政府已经开始和美国政府商谈中国文物出口的双边协议。可喜的是，2009 年 1 月，中国和美国签署了《文物保护谅解备忘录》，这是防止中国文物非法流入美国的重要举措。这项备忘录的全名是《中华人民共和国政府和美利坚合众国政府对旧石器时代到唐末的归类考古材料以及至少 250 年以上的古迹雕塑和壁上艺术实施进口限制的谅解备忘录》。根据此次备忘录，同时结合美国《文化财产公约实施法》，美国政府将限制以下考古材料进口到美国：原产于中国和代表中国的文化遗产、从旧石器时代到唐代结束（907 年）的考古材料以及至少 250 年以上的古迹雕塑和壁上艺术，包括将由美国政府公布的清单上所列的各类金属物、陶瓷、石材、纺织物、其他有机物质、玻璃和绘画（中华人民共和国政府签发许可或其他证件，证明这种出口不违反中国法律的除外）。早在 20 世纪 70 年代，中美两国就是联合国教科文组织《关于禁止和防止非法进出口文化财产和非法转让其所有权的方法的公约》的缔约国。这次谅解备忘录的签署必将对中国文物流失美国或世界其他地方产生积极而深远的影响。

关于中国美术品拍卖市场的“定向拍卖”：在成熟的国际美术品拍卖市场上，或许只有中国对某些国宝级的美术品采取了“定向拍卖”的制度，但有一点可以肯定的是，对海外回流的美术品则采取了能进能出的策略。2002 年北京中国嘉德拍卖公司春拍的北宋徽宗的《写生珍禽图》就是一件从海外回流的绘画作品，以约 306 万美元（2530 万元人民币）的高价成交后又流往海外。（图 163）这一方面反映了中国文物部门对本国文物美术品的态度和保护政策；另一方面也限制了中国美术品在本土参与世界竞争的能力，最终导致中国美术品价格无法与海外美术品在世界范围内的较量。“定向拍卖”是指在中国美术品拍卖市场上出现的国宝级美术品或有特殊意义（如

图164　2003年7月在北京嘉德春季拍卖会上，（晋）索靖的隋人书《出师颂》以2200万元的价格成交。北京故宫博物院收藏

重大历史价值等）的美术品仅限制在国内收藏的规定，因此，对参拍者的资格有了限制，或国家文物部门，或国内企业等，禁止海外人士参与竞拍。其最终的结果是，这些美术品都留在了国家博物馆等文物单位。（图164）美术品的定向拍卖，往往需要有雄厚的经济基础作为后盾，同时也需要有广泛的社会基础和文化信用作为保障。因此，参与出面竞拍的往往是实力雄厚和有良好信誉的国内企业，或政府为此拨出专项基金。可喜的是，在流失海外的美术品不断浮出水面的时候，除了不断有国内企业、海外华人和国内藏家等在海外市场上积极有效地竞购中国美术品外，我国政府也在美术品流失的后续工作上做了巨大的努力，以避免“亡羊补牢”的缺憾。国家已设立收藏和捐赠奖励专项基金，每年有专款用于美术品和文物的购藏。这是具有前瞻性的战略眼光，同时也是具有“接代延续教育”意义的艺术工程。

毫无疑问，定向拍卖的实行，有它自身的局限性。虽然，它从一定意义上阻止了本国美术品的流失，但它也阻碍了中国美术品在世界美术拍卖市场上的竞争力，也阻碍了中国美术品市场的国际化进程。正如塞尚、毕加索等人的作品在世界各国的拍卖和收藏一样，没有国界的限制，美术品应是人类共有的文化媒材，它可以合法地自由流通。当然，世界文化共同体与世界美术品市场的建设和实施需要有某种共同的基础，如经济基础和发展水平、文化认同、文化平等客观现实和主观意识。目前实行的美术品“定向拍卖”是基于现阶段中国的经济基础和社会现实等特定国情而实施的。由于美术品市场的不断升温，很多企业为了加强自身的企业文化建设，开始关注美术品市场，在这种情况下，有必要对国家级文物在定向拍卖中的保护和定位问题进行立法和规范。如鼓励国内企业竞购国宝级文物，捐献给国家博物馆，并进行相应的奖励政策。当然也可以鼓励海外的华人在这方面做出努力，可喜的是，很多有文化责任感和民族忧患意识的华人已经为此做出很大的贡献。此外，还要鼓励收藏有国宝级美术品的藏家，将藏品公之于世，以便国家收藏，得到很好的保护、研究和利用。

第二节　艺术品的著作权等问题

艺术品著作权早已纳入知识产权（Intellectual Property）[1]的范畴，对艺术管理者而言这是一项很重要的法律问题，而且这种问题随着艺术品市场的发展和繁荣越来越多。作为艺术管理者就要深谙著作权背后的法律法规，从而顺应艺术品市场的发展。

西方对著作权问题的关注很早很重视，始于二百多年前。1790年美国国会就制定了《版权法》，直到1976年再次修改通过《修订版权法》，1978年1月1日生效。对艺术家而言，版权是著作权系列权组中最重要最基本的权利。“任何有形或无形的财产的所有权赋予所有人以使用、占

1　知识产权是指权利人对其所创作的智力劳动成果所享有的专有权利，一般只在有限时间内有效。各种智力创造如发明、文学和艺术作品，以及在商业中使用的标志、名称、图像以及外观设计等，都可以被认为是某一个人或组织所拥有的知识产权。

图165 意大利文艺复兴时期画家达·芬奇绘制的《火炮》素描稿

有、享用该财产的权利。但对于创造该财产的人来说，仅拥有这些权利是不够的。从经济角度来讲，为鼓励创作，法律赋予创作者从其投入的时间、技术、精力中获取经济利益的额外权利。对于创作者来说，经济利益最重要的部分也许就是从复制、改编、发行、表演和展览其作品中所获的收入。保障这些权利的方式是授予合法的创作者在使用其创作作品方面的有限垄断权。目的是繁荣创作，最终使公众受益。”[2]在西方，除了版权受到重要保护之外，对艺术界来说，还有一个重要的知识产权问题——《商标法》。但是，在西方的艺术法中我们也能看到其他关于艺术家的权利法，如精神权利和经济权利。早在1928年的《伯尔尼公约》，世界上就有80多个国家承认了艺术家的精神权利。精神权利最先诞生于法国，并被订入1957年3月11日第57—296号法律中［政府公报第2723号（1957）B.L.D.197］。其中包括多项权利：如创作权、发表权、收回作品权、作品归属权、保护作品完整权、过分批评等。经济权利又被称为追续权，即艺术家从作品的转卖中分享利益的权利。这一构想也起源于法国，允许艺术家在每次通过公开拍卖或中间商（包括艺术商和代理人）出售他的作品时，按售价的3%收取提成费。随着艺术品市场的发展，这些权利的实施也受到了很大的挑战和争议。

人类对著作权的探究经历了很漫长的历史过程，也在探索中不断完善著作权的内容和法律条文。从目前来看，著作权主要包括发表权、署名权、修改权、保护作品完整权、复制权、发行权、出租权、展览权、表演权、放映权、广播权、信息网络传播权、摄制权、改编权、翻译权、汇编权等。我国在 1990 年 9 月 7 日第七届全国人民代表大会常务委员会第十五次会议通过《中华人民共和国著作权法》，后几经修改，于 2010 年 2 月 26 日第十届全国人民代表大会常务委员会第十三次会议通过《中华人民共和国著作权法》（第二次修正）。著作权法中第三条规定：本法所称的作品包括下列形式创作的文学、艺术和自然科学、社会科学、工程技术等作品：（一）文学作品。（二）口述作品。（三）音乐、戏剧、曲艺、舞蹈、杂技艺术作品。（四）美术、建筑作品。（五）摄影作品。（六）

2 ［美国］伦纳德·D. 杜博夫，《艺术法概要》，周林、任允正、高宏微译，中国社会科学出版社，1996 年，第 117 页。

电影作品和以类似摄制电影的方法创作的作品。（七）工程设计图、产品设计图、地图、示意图等图形作品和模型作品。（图 165）（八）计算机软件。（九）法律、行政法规规定的其他作品。

中国一向重视知识产权的建立和完善，早在 1999 年中国政府和阿尔及利亚政府就提出设立世界知识产权日，世界知识产权组织（EIPO）于 2000 年召开的第三十五届成员国大会上通过了该提议，并决定从 2001 年开始，每年 4 月 26 日为“世界知识产权日”。这是在全世界范围内树立尊重知识、崇尚科学和保护知识产权的意识，营造鼓励知识创新和保护知识产权的法律环境。

人们还依稀记得：上海朵云轩艺术品拍卖公司于 1993 年 6 月 20 日敲响了中国大陆美术品拍卖的第一槌。这样，美术品交易最受欢迎和最具法律意义的方式——拍卖，在大江南北逐渐兴盛起来。十多年来，中国大陆的美术品拍卖的确取得了不少令人兴奋的业绩：中国企业开始跻身世界美术品市场竞购美术品，国人也开始认识到美术品背后的文化责任意识和社会民族情感，美术品市场体制逐渐完善并开始了与国际美术品市场接轨的尝试等。但也由于整体美术品市场体制的不完善和观念的淡薄以及受历史、政治、法律、文化等方面的综合影响，导致了本来就很稚嫩的美术品市场呈现出混乱的局面，随之衍生出许多相关的美术品市场法案。这些问题主要集中在：美术品的真伪问题；美术品的著作权问题；美术品的管理问题；（图 166）美术品拍卖中的诚信问题。

我们先看几则案例，案例一：1994 年 4 月 18 日，画家吴冠中诉讼上海朵云轩和中国香港永成艺术品拍卖公司。理由是 1993 年 10 月，上海朵云轩和中国香港永成艺术品拍卖公司合作，在中国香港拍卖会上拍卖了一幅署名为吴冠中的作品《炮打司令部——我的一张大字报》（又名《毛泽东肖像》）。拍卖成交后，吴冠中认为此作品非他创作，系伪作，故状告上海朵云轩和中国香港永成侵犯了其姓名权和名誉权。案例结果是上海市中级人民法院一审判决上海朵云轩和中国香港永成艺术品拍卖公司败诉，吴冠中胜诉，并责令上海朵云轩和中国香港永成艺术品拍卖公司在《光明日报》和《人民日报》（海外版）上载文向吴冠中公开道歉并赔偿。上海朵云轩和中国香港永成不服判决，上诉失败。这是中国大陆第一宗跨地区艺术品拍卖诉讼案。案例二：1996 年 1 月 16 日，浙江中澳纺织有限公司诉讼浙江国际商品拍卖中心。理由是 1995 年 10 月 28 日，浙江中澳纺织有限公司在浙江国际商品中心举行的杭州秋季书画拍卖会上竞得张大千作品《仿石溪山水》。这件作品后经国内两位鉴定大家鉴定，得出真伪两种不同的结果。据此，浙江中澳纺织有限公司请求宣告此次拍卖无效。案例结果是经浙江杭州中级人民法院审理，认为上诉理由不充分，驳回上诉。后于 1999 年经双方调解，物归原主。案例三：1998 年 1 月、1999 年 10 月北京电影学院的赫国欣、王树樟等诉讼油画《毛主席去安源》的作者刘春华。诉讼理由是 1995 年 10 月 7 日，《毛主席去安源》油画作品

图 166　五代，敦煌莫高窟第 61 窟壁画，五台山图，佚名，甘肃敦煌研究院管理

图 167　署名刘春华油画作品《毛主席去安源》，1967年该画正式出版，印刷量高达 9 亿多张，世所罕见，现印刷品也成为了藏品

图168　荷兰，凡·高《向日葵》，1987年以 2200 万英镑价格拍卖成交。后确定为高更仿作

在北京昆仑饭店举行的“中国嘉德秋季拍卖会”上，以 550 万元的价格被中国建设银行广州分行购得。两年后，因为这件作品的著作权问题，赫国欣、王树樟等人向刘春华提出诉讼请求，要求共同享受该画的著作权。后此案又引发了连环案。（图 167）案例四：2001 年 1 月，上海朵云轩艺术品拍卖公司诉讼黄先生。理由是 2000 年 12 月，黄先生在上海朵云轩艺术品拍卖公司举行的秋季拍卖会上，以 71 万元人民币的价格竞得徐悲鸿的《红叶双骏图》，拍卖结束后，上海朵云轩以黄先生未付款提货为由，将黄先生告上法庭，请求支付违约金。案例结果是上海黄浦区法院支持上海朵云轩的诉讼请求。

以上这几则案例，突出反映了这十多年来中国大陆美术品市场普遍存在的问题，而美术品的真伪，也是困扰世界美术品市场的重要问题。1987年3月30日日本安田火灾保险公司以2250万英镑竞得凡·高的油画《向日葵》（当时创下世界绘画作品拍卖世界纪录），经罗勃蒂斯等人研究后发现，这件作品是凡·高的赝品——高更的仿作。（图168）2000年，一位研究“柯罗（Corot，Camille）绘画”的名叫拜阿的专家，斥420万美元巨资购得一柯罗的赝品，后引发心脏病住进了医院。种种迹象表明，赝品越来越往高档次的艺术品发展。美术品的真伪问题由来已久。尤其是美术品拍卖作为一种投资之后，更加剧了美术品作伪的深度和广度。作为精神意识产品的美术品，其鉴定本身就存在较大难度，加上赝品的泛滥，使这项工作变得更加棘手和困难。美术品的作伪问题，一方面给拍卖带来了工作上的不便（事先已经知道是赝品的除外），另一方面给购藏者带来了损失和危害，同时扰乱了整个市场秩序。导致美术赝品的原因主要有两个，一个是美术品高额利润的诱惑，另一个是鉴定的难度。杜绝这一现象的手段有这么几种：一、加强立法，对作伪者严惩；二、提高鉴定的能力；三、提高全民的文化艺术素质和加强“接代延续教育”的后备人才的培养；四、加强道德意识和良心意愿的培养。美国法学教授伦纳德·D.杜博夫（DuBoff，L.D.）在《艺术法》中谈道：“在所有的艺术品交易中，大约有10%是赝品或冒牌货。”从世界艺术品市场反映的情况看，艺术品的作伪方式主要有以下几种：一、纯伪造品。作伪者精工细作，假冒别的艺术家的作品（包括整件作品、签名、附件如证明材料、手稿等），有意出售以骗取高额利润。二、临摹或复制。这也许是一种无意识而导致的欺骗行为。多半是因为错误判断而导致“张冠李戴”，如凡·高的《向日葵》一案。三、对艺术品进行整容。这类行为主要表现为对艺术品加工、剪裁或拼贴，以达到以假乱真的效果。

案例三暴露出来的问题是美术品的著作权问题。许多由于政治、历史等原因遗留下来的著作权问题，愈来愈引起人们的重视。刘春华的油画《毛主席去安源》一案，集中反映了历史问题的“后遗症”和道德向背问题。在海外，美术品的著作权问题也常有发生。20 世纪 80 年代，一位年迈的芝加哥艺术家就起诉斯坦夫人，理由是斯坦夫人将曾委托他创作的作品以自己的作品名义出售，后来，这位名叫桑切斯（Snchez）的艺术家在美国科罗拉多管区联邦地区法院的审理中获得了作品的著作权。我国在 1990 年 7 月就通过了《中华人民共和国著作权法》，明确提到著作权包括人身权和财产权。具体是：发表权、署名权、修改权、保护作品完整权、使用和获得报酬权。在西方，按照杜博夫的观点，著作权主要包括创作权、发表权、收回作品权、作品归属权、保护作品完整权、过分批评权、经济权。其中前六种权利属于精神权利。由于著作权直接牵扯到作者自身最基本的人身权利，故国内外在著作权立法方面有明确的规定和处罚尺度。21 世纪初传来令人振奋的好消息——新的《著作权法》和《文物法》已出台，这将为 21 世纪中国美术品市场带来更大的活力空间和发展机遇。

案例四是美术品拍卖中的诚信问题，这一问题在中国美术品市场中也表现得较为突出，近年来，这类案例有上升趋势。除上面提到的上海朵云轩这则案例外，1996 年 10 月，北京嘉德拍卖有限公司以 1100 万元人民币拍出的傅抱石作品《丽人行》（当时刷新了中国近现代书画作品拍卖的最高纪录），因竞拍人最后未付款提货，竟让中国美术品市场上引爆了一声巨大的空响。出现这类问题的原因主要有：竞拍者道德观念不强，竞拍者主体不明确导致责任关系不明确（如上海朵云轩与黄先生一案），竞拍者虚张声势（“打肿脸充胖子”），拍卖制度不健全（如拍卖前的定金限制问题）等。随着拍卖业的发展，相应的体制也在逐渐完善。早在 1996 年 7 月，我国就颁布了《中华人民共和国拍卖法》。1998 年在北京召开了中国拍卖行业协会第二次全体大会，并成立了首家拍卖研究机构，从学术和理论的高度透析美术品拍卖和美术品市场的规律。2001 年在国家文物局的组织下，发出了《关于整顿和规范文物市场秩序的通知》，加上各地市的美术品市场管理办法，清楚地表明，中国美术品市场逐渐走向正规化和成熟，在美术品市场拍卖体制方面形成了初步的轮廓并取得了宝贵的经验。

但我们也清楚地看到，随着艺术品市场的繁荣和发展，和知识产权有关的法案也越来越多。如艺术作品的著作权问题、出版问题、改编问题、偷窃和剽窃问题等，日益突出。如 2008 年 10 月，上海市第一中级人民法院对画家刘旦宅诉铁通公司侵权其画作《黛玉葬花》著作权纠纷案做出判决，铁通公司侵权成立，并赔偿 2 万元。2011 年，因《中国戏曲脸谱》一书使用了京剧脸谱绘画大师汪鑫福所绘的 177 幅京剧脸谱，汪鑫福的外孙季成将中国艺术研究院、九州出版社、北京世纪高教书店等单位诉至法院，后北京市海淀区法院受理并审结了这起著作权侵权纠纷案，判定中国艺术研究院和九州出版社侵权成立并赔偿经济损失等 4 万余元。此类的案例还有很多，但随着《知识产权法》的越来越完善和规范，也随着艺术品市场的成熟，相信此类案件会越来越少，也自然会引起艺术品市场各方面人士的关注和重视。随着美术品市场的继续发展，出现的问题还会越来越多，尤其是加入 WTO 之后，中国的美术品市场将会面临更大的挑战。在世界美术品市场一体化的今天，我们在很多方面做得还不够：比如美术品的国际流转的问题、历史遗留下来的美术品归属问题、拍卖体制的完善问题、经纪人的制度问题、公共艺术文化机构的问题、文物管理的问题、“接代延续教育”的问题等。

第三节　艺术品保险

美国学者伦纳德 · D. 杜博夫说："即使采用最严密的保安措施，也不可能消除拥有艺术品而产生的全部风险。昂贵而复杂的警报系统一般只能吓住缺乏经验的小偷，专业窃贼反而会被吸引，甚至将其当作对自己的一项挑战。"[3]

在任何一种社会制度下，艺术品潜藏的巨大的经济价值背后，总会遭遇各种各样难以预料的命运。被盗、丢失、毁坏、火灾、风灾、水患、地震等各类原因，都会造成艺术品的损失，这也是艺术品参与保险的直接诱因。在西方成熟的保险业中，也会出现各种保险方面的意识问题，或支持保险，或反对保险。但有一些艺术品是必须参与保险的，如艺术收藏品的代管人或监护人，他们没有选择的余地，因为委托证明严格标注要参与投保。也有一些博物馆宁可将参与保险的费用用来改善防盗防火等设施，以防止艺术品的损毁，但目前来看这种现象是越来越少。对文物或艺术品负责，是博物馆的职责和义务。

艺术品的保险涉猎的范围很广，它主要是指艺术品在流转（如收藏、搬运、展览、储存等）过程中可能遭遇的风险而进行的参保活动。无论是艺术家、收藏家，还是商人、博物馆等均可参加艺术品保险。对于艺术藏品的所有者而言，是否投保，可能是他们关注的最重要的问题。西方国家的艺术品保险起步较早，美国在 1975 年就核准和通过了国家艺术基金会的艺术和工艺品保障计划而获得保险的法令。目前艺术品保险在西方国家是一个非常热门的险种，在国际保险业界比较著名的是金盛保险专门负责艺术品保险的子公司——金盛艺术品保险（AXAart），其保险范围不仅包括艺术品失窃后的赔偿，也负责艺术品损坏后的赔偿。金盛保险由法国安盛集团（AXA）和中国五矿集团合资组建。目前，金盛艺术品保险在比利时、法国、德国、意大利、西班牙、瑞士、英国以及美国都提供艺术品的保险服务。1990 年 3 月 30 日，正值凡·高的诞辰日，在荷兰举办了纪念画家凡·高的重大艺术展览会。会上共展出 180 幅油画和 250 张素描，这次展览承保了保额超过 30 亿美元的一揽子保险。可见艺术品的保险金额还是相当高的。

艺术品的保险在中国还刚刚起步，不过已经在艺术品的借展和个人艺术品的收藏方面做了有益的尝试。2006 年 1 月 20 日开始在北京中华世纪坛举行"意大利文艺复兴艺术展"，为期三个月。该展是 2006 中国意大利年开幕展，汇集了意大利 12 个博物馆收藏的绘画、雕塑、工艺品等 80 多件，创作时期横跨 13 世纪至 17 世纪，作者包括波提切利、达 · 芬奇、拉斐尔、提香、卡拉瓦乔等艺术大师，全面展示了意大利文艺复兴时期及其前后艺术的辉煌成就，是迄今中国引进的意大利文艺复兴时期艺术水准最高的作品，也是意大利近几十年来首次在国外大量集中展示的珍贵艺术品。此次展览所有展品保守估价 3 亿欧元（约合 35 亿元人民币），因此，保险费用高达 1000 万元人民币。2011 年 5 月，浙江省博物馆收藏的元代画家黄公望的《富春山居图——剩山图》准备起程去中国台湾，与台北"故宫博物院"收藏的《富春山居图——无用师卷》合璧展出，为此，浙江省博物馆为《剩山图》做出 1.5 亿元估价投保。这次展览，在展览条件和要求上，浙江省博物馆也很严格，《备忘录》要求展柜温度必须符合 20—24℃之间，湿度在 58%—63% 度之间，照度要求 50LUX，甚至在押运过程中也要做到恒温恒湿。

一旦艺术品参与保险，就得签下保险合同，并且确定哪一类险种。一旦签订保险，即具备法律效率。《中华人民共和国保险法》（2009 年 2 月 28 日中华人民共和国第十一届全国人民代表大会常务委员会第七次会议修改通过，2009 年 10 月 1 日施行）第十八条规定，保险合同应该包括下列事项：（一）保险人的名称和住所；（二）投保人、被保险人的姓名或者名称、住所，以及人身保险的受益人的姓名、名称或住所；（三）保险标的；（四）保险责任和责任免除；（五）保险

3　[美国] 伦纳德 · D. 杜博夫，《艺术法概要》，周林、任允正、高宏微译，中国社会科学出版社，1996 年，第 64 页。

期间和保险责任开始时间；（六）保险金额；（七）保险费以及支付办法；（八）保险金赔偿或者给付办法；（九）违约责任和争议处理；（十）订立合同的年、月、日。投保人和保险人可以约定与保险有关的其他事项。

保险业也是一项风险事业，但对于艺术品而言，保险也不一定是真的保险，但相对来说，保险还是增加了安全因素；现实生活中，很多保险甚至安全保管中也会出现艺术品毁坏的问题，不管是主观和客观，但有一点就是，我们对祖先留下来的艺术品应该怀有温存和崇敬，人人有责任呵护它，保护它，尊重它。

第四节　艺术品纳税

艺术品的纳税主要是指艺术品的购买、出售或以其他方式转让而缴纳的税金。在美国，艺术品的纳税主要包括以下几个方面：第一，要弄清楚艺术品的总收入问题。计算所得税的第一步就是要明确总收入。美国《国内税务法》（IRC）第 61 条说："总收入是指从各种来源所获得的全部收入。"如果具体到一件艺术品，就是说出售一件艺术品所获收益额，计算方法是卖出价减去该物品的基价。基价一般是指成本价。纳税额包括非纳税额和应纳税额。应纳税额是指从纳税人所获得的总收入中交纳。非纳税额是指"从生产性或投资性同类财产交换中所获收益"。或者"不得已而变卖毁于盗窃、劫掠、征用或没收之财产，所获收益"。第二，关于减免税额。在美国，对于艺术品收藏家和艺术品商人来说，有两类费用可以扣减税额：一类是获得收入的生产性费用，一类是经营性费用。第三，关于艺术品的慈善捐赠问题。艺术品收藏家或者艺术品商人将艺术品捐赠给合法的慈善机构时，可以从核算后的总收入中做税务扣减。根据美国现行法律，向慈善机构转让一件艺术品原作，如果捐赠人保留版权，或将版权转让给捐赠人的家庭成员，一般不能享有慈善用途捐赠扣减。第四，艺术品的遗产税问题。美国《国内税务法》规定，财产赠给死者的配偶，可做婚姻扣减而无任何限制。只有配偶在其有生之年处置财产而获利润时才需纳税。第五，关于避税。避税是指推迟或延缓纳税，而非免除纳税人的纳税义务。[4]

随着中国艺术品市场的繁荣和发展，我们对待艺术品的纳税问题也开展了积极的讨论。早在 1997 年，国家税务总局就专门对个人书画拍卖发布了《国家税务总局关于书画作品古玩等拍卖收入征收个人所得税问题的通知》。可该规定至今未真正施行过，在全国范围内，该规定也一直停留在书面阶段。十年后的 2007 年，国家税务局又下发了《关于加强和规范个人取得拍卖收入征收个人所得税有关问题的通知》（以下简称《通知》），按照《通知》规定，拍卖收入征税将分两类。作者将自己的文字作品手稿原件或复印件拍卖的所得，以其转让收入额减除 800 元（转让收入额 4000 元以下）或者 20%（转让收入额 4000 元以上）后的余额为应纳税所得额，仍按"特许权使用费"所得项目适用 20%税率，缴纳个人所得税。个人拍卖除文字作品原稿及复印件外的其他财产，应以其转让收入额减除财产原值和合理费用后的余额为应纳税所得额，按照"财产转让所得"项目适用 20%税率缴纳个人所得税。

此外，纳税人如不能提供合法、完整、准确的财产原值凭证，不能正确计算财产原值的，按转让收入额的 3%征收率计算缴纳个人所得税；财产原值凭证内容填写不规范的，一份财产原值凭证包括多件拍卖品且无法确认每件拍卖品一一对应的原值的，均按转让收入额的 3%征收率计征"财产转让所得"个人所得税。若拍卖品为经文物部门认定是海外回流文物的，可按转让收入额的 2%征收率计征个人所得税。但目前拍卖公司的做法大多是从拍卖品成交后代扣除 3% 的税率。

艺术品的纳税问题，也是纠缠很多国家的税务问题。如韩国，早在 1990 年韩国政府及相关部

4　[美国] 伦纳德·D. 杜博夫，《艺术法概要》，周林、任允正、高宏微译，中国社会科学出版社，1996 年，第 74—87 页。

门就提出，无论销售何种艺术品，只要获得利润，就应该缴纳资本利得税。但该草案未得到韩国国民大会通过。2008年，韩国企划财政部提交了一份税法草案，要求销售的艺术品价值在4000万韩元以上的纳税人，就其利得部分缴纳20%的资本利得税，但遭到韩国艺术界的强烈反对，而很多人担心的是因为纳税暴露了身份和信息。

总体而言，我们目前的艺术品纳税机制还处在探索阶段，还很不成熟，但随着艺术品市场的繁荣和发展，随着艺术立法的逐渐完善，艺术品纳税会逐渐走向合理。

第五节　艺术品租赁

艺术品租借服务的优点是可以让收入有限的人接触到原创的新艺术品，从而培养整个社会的文化认同。它在画廊、拍卖行等传统的艺术品市场模式之外开创了艺术品流通的新的渠道。但是它的运作显然要依赖一个较好的社会信用体系。艺术品的租赁在中国有非常广阔的市场和前景。

图169　元代，赵雍，《人物》，美国波士顿美术馆藏

艺术品借展问题的出现多是出于体现展览的完整性或是商业和文化交流的因素，但这也牵涉到艺术品国际流转的诸多问题，如商业协作问题、损坏赔偿问题、保险问题等。20世纪90年代，瑞士的亿万富豪泰森·博尼米萨（Baron Hans Heinyich Von Thyssen—Bornemisza）及其家人经过五年协商和准备，将其庞大的艺术品收藏出借给西班牙，期限至2001年。这批收藏中包含有意大利的原始艺术、中古时期的艺术、18—19世纪的美国绘画、超现实主义艺术和波普艺术等。这些出借的艺术品布满西班牙比利亚厄摩沙（Villahermosa）王宫三层楼，48个展厅。泰森的收藏在当时公认是世界上除英国女王伊丽莎白二世之后的第二大私人收藏。在双方的协议中，泰森依然希望保留出售和交换作品的权利，以进一步改善自己的收藏；并同意将七成五的作品定为主要收藏，不得买卖交换，其余若经对方同意可适当变更。

艺术品的借展和租赁，也可以带来巨大的经济效益。1992年10月，美国波士顿博物馆向日本出借印象派的作品，这次名为“莫奈与同时代的艺术家”的展览是由日本柯尼卡电子公司主办，为庆祝该公司成立一百二十周年而设。这些出借的印象派作品给波士顿博物馆带来了200万美元的巨额回报，但艺术品的跨国出借也引来了许多争议。如波士顿博物馆的这次出借让美国人较长时间内看不到莫奈等人的作品而受到非议。波士顿博物馆则有自己的理由，这一方面可以解决博物馆所面临的财政危机，同时也是让我们“做了一些比待在家中更有益的事情”。我想，这可能是波士顿博物馆所认为的文化与商业双赢的一种最好解释。的确，这次借展的成功，给波士顿博物馆带来了长远的经济效益和探索可持续发

展的新路子。后来波士顿博物馆在日本成立了附属机构——名古屋·波士顿博物馆，定期从日本获得大量的资金。（图 169）

在艺术品的租赁方面，目前缺少系统的法律法规。美国依据的是《信托法》。俄罗斯于 1998 年 9 月 18 日国家杜马通过《租赁法》，1998 年 10 月 14 日联邦议会同意。联邦《租赁法》的目的在于：在租赁业务基础上发展生产资料投资形式保护财产权和参与者在投资过程中的权利及保障投资效果。目前中国还没有相关的艺术品租赁法，但有了《融资租赁法》和《土地租赁法》等。

第六节　艺术银行

艺术银行在中国是一个新鲜事物，伴随着中国艺术品拍卖收藏市场的发展，艺术银行必定走向常态。艺术银行是与艺术品收藏、租赁、交易业务有关的银行，本质上和传统意义上的银行业务没什么区别。瑞士、德国、加拿大、美国、新加坡以及中国台湾等都有艺术银行。马健在《艺术银行的运作模式》开篇中就引用了朱莉娅关于“艺术银行”的观点：“按照法国兴业银行香港私人银行部前副总裁朱莉娅（Julia）的理解，所谓的‘艺术银行’包括两个方面的含义：艺术银行（Art Bank）和艺术银行业务（Art Banking）。艺术银行是指‘以艺术品为存取租赁物的委托机构，在国际上通常是指非政府文化艺术机构购买艺术家作品，再将作品转租或销售给政府机关、公共空间、企业、私人用于陈列、装饰、收藏等’；艺术银行业务则是指‘在私人银行业务中占据越来越重要地位的艺术银行’，加上 ing，就是指艺术投资的银行服务，为收藏家服务，扶持年轻艺术家。”[5]

图 170　2002 年中国香港佳士得拍卖公司拍卖明朝万历唐卡《刺绣红夜摩唐卡》，以 3087 万港元成交。2015 年佳士得拍出 3.48 亿元，为上海龙美术馆收藏。它最初是在 1977 年英国伦敦拍卖，成交价格 7700 英镑

艺术银行，从银行本身的功能讲，首先是应具备金融投资、交易功能，其次也要有租赁仓储保管等功能。龙海霞在谈到艺术银行的起源时说：“从艺术银行起源看，艺术银行有产生的必然性。一、有巨大的资金支持。在国际市场金融自由化、国际化和金融创新的推动下，涌现出了大量游资。每天将近10000亿美元的游资在世界市场上寻找归宿。二、有广泛的社会需求。日本安田火灾保险公司，20世纪80年代末以2250万英镑的价格，购到了凡·高的力作《向日葵》。公司因此而名扬四海，业务蒸蒸日上，其业务在一年内猛增十倍，为企业带来了滚滚财源。安田公司的总经理不无自豪地说：安田今天的成就，《向日葵》功不可没。三、艺术品收藏能保值增值。举世闻名的油画《蒙娜丽莎》，1517年被法国国王弗朗西斯以492两黄金（相当于27万美元）买下，现在价值亿万美元。在国际艺术品市场上，被行家认可的艺术家的作品一般都在以30%—50%的涨幅增值，有的甚至高达百分之几百，故而有世界通用的‘软黄金’之称。”[6]（图 170）海外在20世纪70年代已经有艺术银行的身影，这和海外艺术品收藏保护的有序化有密切的关联。如1972 年加拿大国家艺术委员会（The Canada Council for the Arts）成立加拿大艺术银行（The

5　马健，《艺术银行的运作模式》，《浙江经济》，2010 年第 5 期，第 57 页。

6　龙海霞，《“艺术银行”的起源、功能和运作模式》，《西华大学学报》，2005 年 10 月，第 57 页。

Canada Council Art Bank），主要业务包括艺术品购买、租赁和延伸服务。1980年，澳大利亚也成立了艺术银行，有艺术品出租方面的业务。邵笔柳在谈到艺术银行的业务时说："与旨在扶持本土艺术发展而进行艺术品租赁业务的艺术机构不同，银行开展的艺术银行业务是针对高净值客户进行的艺术品投资收藏等相关服务。世界上著名的德意志银行（Deutsche Bank）、摩根大通银行（JP Morgan Chase＆Co）以及瑞士联合银行集团（Union Bank of Switzerland）等都开展了十分专业的艺术银行业务。瑞银艺术银行已成立三十余年，自身从事艺术品收藏的同时也开展艺术银行业务。瑞银艺术银行的收藏从钱币古董到传统绘画乃至当代艺术都有所涉猎，自身收藏体系的完善很大程度上扩大了影响力，同时其专业的收藏能力也充分赢得了客户信任。瑞银艺术银行为客户提供收集藏品信息、鉴定、估值、交易、运输、保险、仓储、修复、收藏体系建议以及资产管理与保护等一套完整的服务，专业的服务以及良好的声誉使得瑞银艺术银行在业内有着很强的号召力。德意志银行是最早关注当代艺术的企业，其当代艺术藏品数量为五万六千余件，其中既有格哈德·里希特、约瑟夫·博伊斯等大师的作品，也有许多新锐艺术家的创作。在自身拥有完整的收藏体系以及丰富的艺术品管理经验的前提下，德意志银行私人财富管理部门下的艺术资讯业务为客户提供收藏、保值、遗产继承、资产管理等多个方面的服务，业务涵盖了艺术品投资收藏的所有环节。此外，摩根大通银行（JP Morgan Chase＆Co）、花旗银行（Citibank）等重要银行的艺术部门分别通过艺术收藏、艺术咨询、策展以及举办艺术赛事等不同方式服务客户，影响艺术品市场的发展。"[7]

中国国内还没有真正意义上的艺术银行，情势似乎比较复杂，这和中国艺术品市场、收藏环境、收藏意识等诸多方面发展不成熟可能都有关系。2006 年上海有了"公共艺术银行"的雏形，随后北京、广州、重庆、大连等地相继出现艺术银行的身影，但都未形成气候。有一些商业银行在做相关有益的尝试，如中国民生银行推出艺术品投资产品，2007 年发行了我国第一支参与艺术品市场交易的资产管理产品——非凡理财"艺术品投资计划 1 号"（1 期、2 期）。2010 年又发行了"非凡资产管理——艺术品投资计划 2 号"高端金融产品。招商银行也推出了"艺术品鉴赏计划"等租赁鉴赏计划；2009 年建设银行联合保利文化艺术有限公司推出"国投信托·盛世宝藏一号保利艺术品投资集合资金信托计划"等也是有益的尝试。

作为新鲜事物的艺术银行，在我国艺术品市场发展的情势下，必将有更多的尝试。当然，随着国家对艺术品行业的监管、制度的规范、艺术立法等秩序的建立，艺术银行会渐渐走进人们的视野。

第七节　艺术信息指南

随着美术品市场的发展和繁荣，美术信息的传播显得更为活跃和普遍；同时美术信息的时效性也能活跃美术品市场，并起到健全美术品市场的作用。我们获得美术信息的途径有很多：现场传播，如美术品拍卖、美术品交流展览、美术品陈列展卖等，以及大众传播，如报纸、杂志、书籍、网络、电视、广播等。在传统的信息获得方式上，人们还是较多习惯于纸质传媒，如报纸、杂志、书籍等。只是到了 20 世纪末期以后，网络和电视等传媒开始广泛走进人们的视线，并渐渐成为主流。美术信息对社会美术的发展作用不可低估。美国加州大学伯克莱分校艺术史教授高居翰先生的《中国古画索引》（*An Index of Early Chinese Painters and Paintings，Tang sung and Yuan*），为读者提供了大量的中国古代绘画信息，是一本很实用的美术信息工具书。书中列举了他所知道的存世的中国画原作和复制本，并且对于每一件作品目前为哪一个博物馆或私人收藏，或复制于哪一本书或期刊均加以说明。也包括每一位画家的名字（字、号），画家的出生地、生卒年或活动期间、作品的题材、师承的传统、小传以及传记材料的来源等。书中还记有作品以及收藏地的记载(先是博物馆或公家收藏，

7　邵笔柳，《艺术金融化影响下的艺术银行》，《贵阳学院学报》，2015 年第 1 期，第 123 页。

其次为私人收藏，再次为书籍期刊上的复制本）。还谈了作品的形式、材料、题跋、印章、签名等。该书图文并茂，对鉴藏中国古画大有裨益。这也是一本非常实用的艺术鉴藏类工具书。

在美术的范围之内，有些定期或不定期的刊物，经常会披露一些美术爱好者、美术品商人或收藏家所要知道的东西。下面将国内外的一些重要的美术信息期刊做一些介绍，以飨读者。这里要说明的是，一些期刊的内容提要不可能一一罗列，但牵涉到重要的提示会加以说明。下面主要是按洲际分布安排。

亚洲出版的刊物：

中国香港出版：(1) *Arts of Asia*（《亚洲艺术》，双月刊，1970 年创刊）；(2) *Orientations*（月刊）；(3)《中国香港美术教育》（早期名称为《中国香港美术教育通讯》，1992 年创办）；(4)《中国艺术家》。

中国台湾出版：(1) *Hsiung Shih Art*（《雄师美术》，月刊，已停刊）；(2) *Fine Arts*（《艺坛》，月刊）；(3) *Artist*（《艺术家》，月刊，大陆简体版《新艺术家》）；(4)《故宫文物》（月刊，台北"故宫博物院"）；(5)《典藏》（月刊，分古今美术两刊）；(6)《艺术新闻》（月刊）；(7)《中国台湾艺术》（20 世纪 40 年代中国台湾主要艺术刊物之一）；(8)《华人艺术拍卖年鉴》（提拱大量文博艺术资讯）；(9)《传统艺术》（双月刊，现更名为《传艺》）；(10) *YISHU*（全球第一份专门刊登有关当代华人艺术的研究和评论的学术季刊）；(11)《表演艺术杂志》（1992 年创刊）；(12)《家具》（季刊）。

中国大陆出版：(1)《国画家》（双月刊，天津人民美术出版社）；(2)《收藏》（月刊，陕西《收藏》杂志社）；(3)《荣宝斋》（双月刊，中国美术出版总社）；(4)《考古与文物》（双月刊，陕西《考古与文物》杂志社）；(5)《文物天地》（月刊，北京《文物天地》杂志社）；(6)《收藏家》（月刊，北京《收藏家》杂志社）；(7)《收藏界》（月刊，北京《收藏界》杂志社）；(8)《艺术界》（双月刊，安徽《艺术界》杂志社）；(9)《艺术当代》（双月刊，上海书画出版社，这是目前国内较有影响的当代艺术学术期刊）；(10)《中国艺术》（季刊，中国美术出版总社）；(11)《上海艺术家》（双月刊，《上海艺术家》杂志社）；(12)《艺术品市场》（月刊，北京《艺术品市场》杂志社）；(13)《收藏·拍卖》（月刊，广东《收藏·拍卖》杂志社）；(14)《画廊》（双月刊，北京《画廊》杂志社）；(15)《艺术世界》（月刊，上海《艺术世界》杂志社）；(16)《文物》（月刊）；(17)《考古》（月刊）；(18)《故宫博物院院刊》（双月刊，北京紫禁城出版社）；(19)《东南文化》（月刊，南京）；(20)《世界美术》（北京）；(21)《美术》（北京）；(22)《美术观察》（原《美术史论》，北京）；(23)《美术研究》（北京）；(24)《新美术》（杭州）；(25)《艺术教育》（北京）；(26)《南方文物》（南昌）；(27)《东南文化》（南京）；(28)《书法》（上海）；(29)《中国书法》（北京）；(30)《陶瓷研究》（江西）；(31)《景德镇陶瓷》（江西）；(32)《佛山陶瓷》（广东）；(33)《文物天地》（北京）；(34)《东方艺术品市场》（上海，已停刊）；(35)《画刊》（江苏）；(36)《朵云》（上海，现停刊改为书类）；(37)《书法研究》（上海）；(38)《中国花鸟画》（杭州）；(39)《紫禁城》（北京）；(40)《美术大观》（辽宁）；(41)《美术之友》（北京）；(42)《中国油画》（北京）；(43)《美苑》（辽宁）；(44)《艺术百家》（南京）等。近年来也出现了一些艺术刊物，如《艺术财经》（四川）；《大美术》（上海）；《艺术与投资》（北京）；《收藏·拍卖》（广东）；《中国拍卖》（北京）；《收藏投资导刊》（北京）；《大家》（北京）；《画廊》（广东）；《艺术传媒》（北京）；《中国雕塑》（北京）；《艺术沙龙》（北京）；《艺术收藏》（四川）；《书画世界》（安徽）；《艺术名家》（杭州，现北京）；《国家画廊》（北京）；《中国艺术品市场》（北京）；《世界艺术》（北京）；《中国书画》（北京）；《东方艺术》系列（北京）；《大艺术》（四川）；《美术文献》（湖北）；《新美域》（北京）；《芥子园》（北京）；《国家美术》（北京）；《当代艺术》（北京）；《美术焦点》（北京）；《红艺术》（北京）；《艺术品典藏》（江苏）；《艺术在线》（安徽）；《收藏与鉴赏》（广东）；《美术天地》（上海）；《品逸》（北京）。此外，《美术报》（由中国美术学院和浙江日报社合办）、《中国书画报》《拍卖报》《中国艺术报》《中国证券报—收藏投资导刊》《世界新闻报—收藏与投资专刊》

《国际美术报》（中国香港）也提供了大量艺术信息。

日本出版：（1）*Vereniging Voor Japanese Hunst*（《日本艺术及工艺协会》这本刊物同美国密歇根大学艺术史系出版的半年刊 *East Asian Art & Archaeology* 与 *Newsletter* 都是报道世界各地有关艺术展览及艺术史学界动态，前者偏重欧洲艺术，后者偏重东方艺术）；（2）*Atelier*（《画室》，月刊）；（3）《月刊美术》（日本发行量最大的美术杂志）；（4）《版画艺术》；（5）《艺术新潮》；（6）《美术手帖》（月刊）；（7）《民艺》（月刊，日本民艺协会）；（8）*21 prints*（季刊）；（9）*idea*（《アィぞア》）；（10）*Art iT*（季刊，日文和英文两种文字）；（11）《季刊 S》（2003 年创刊）；（12）《美术世界》（日本最权威的美术杂志）；（13）《享受美术馆》（2004 年创办）；（14）*Gallery*（《画廊》）；（15）《水墨の友》。

韩国出版：*Art Inculture*、*Leeum* 以及《美术月刊》。

新加坡出版：（1）*Oriental art*（《东方艺术》，刊登研究中国、日本、印度、伊斯兰国家和东南亚国家艺术的文章）；（2）*The Singapore Artist*（《星洲美术杂志》）；（3）《南洋艺术》（2000 年创刊）。

印度出版：*Marg*（《玛各杂志》，以印度各个时期的各种艺术为研究对象的英语杂志，稍偏重于研究英国殖民时期的印度建筑艺术）。

欧洲出版的刊物：

英国出版：（1）*Oriental Art*（季刊，介绍亚洲艺术较为学术性的刊物）；（2）*The Burlington Magazine*（月刊）；（3）*Connisseur*（月刊）；（4）*Appollo*（月刊）这四者为介绍西洋艺术较通俗的刊物；（5）*Antique Trade Gazetter*（周刊，偏重艺术品市场问题）；（6）*Art price Annual*；（7）*Price Current*（偏重艺术价格和行情问题）；（8）*Art Review*（《艺术评论》，当代最权威的艺术杂志之一）；（9）*Chinese pottery and porcelain*（《中国陶瓷》，英·赫布生 R.L Hobson）；（10）*The Annual sales Index*（《艺术买卖索引年鉴》，这本书是英国一家公司利用电脑采编而成的，包括在伦敦、纽约、巴黎、阿姆斯特丹、慕尼黑、斯德哥尔摩及维也纳等地艺术品的拍卖成交纪录，同时该公司还通过电脑提供资料告诉你任何一个艺术家在过去一季里作品拍卖情况）；（11）*Word & image*（《词与形》，是发表研究文字和图像之间的复杂关系的论文的杂志，对文学评论家、艺术史学家、语言学家、社会历史学家、哲学家和心理学家有巨大影响力）；（12）*Oxford art journal*（《牛津艺术杂志》，主要刊登对于各艺术门类的艺术史的评论性论文，在评论和研究中还涉及现代语言学、历史和文化研究等学术领域）；（13）*Art history*（《艺术史》，是艺术史学家协会（“The Association of Art History”）的学术刊物，内容涵盖艺术史及艺术理论领域）。

瑞士出版：（1）*Art International*（每年四期，较有前卫性）；（2）*Artibus Asiae*（《亚洲艺术》，是研究亚洲艺术的重要学术性期刊，刊登最高学术水准的论文和“以前未发表过的艺术品的图片和文件，最近的发现和最新的研究”）。

捷克与匈牙利出版：*Art Life*（《艺术生活》）。

比利时出版：*Artelactum*（《艺术论坛》，月刊）。

奥地利出版：*Artibus et historiae*（《艺术史》，是研究视觉艺术的国际性学术杂志，使用英、法、德、意四种语言，提供英语文摘）。

意大利出版：（1）*Arte*（《美术月刊》）；（2）*Toggle*。

德国出版：（1）*Destructe*（偏重艺术与设计方面）；（2）*Art in Berlin*；（3）*Cassone Art*；（4）*Artist Window*；（5）*Art*；（6）*Bruckmanns Pantheon*（《布鲁克曼神殿杂志》，是研究西方艺术的学术性杂志，文章和摘要使用英、法、德三种语言）；（7）*Zeitschrift fur Kunstgeschichte*（《美术史杂志》，是以英、法、德、意语言出版的研究西欧各时期艺术的杂志）等。

俄罗斯出版：（1）《美术家》；（2）《艺术杂志》；（3）*Art and Time*；（4）*Nomi*。

法国出版：（1）*Revue de L Art*（《艺术评论》，每年十二期）；（2）*Beaux Arts*（《美术杂志》）；（3）

Cimaiase（《美术展品》）；（4）*L'OELL*（《欣赏》）；（5）*Revue du Louvre*（《卢浮宫》，报道卢浮宫的馆藏、新入藏的艺术品、展览评论、专题书目和日程表等，也刊登关于其他法国艺术收藏的学术论文）。

西班牙出版：（1）*La Más Bella*（《西班牙实验艺术杂志》）；（2）*Archivo Espanol de arte*（《西班牙艺术档案》，是西班牙出版的最重要的学术性艺术杂志，发表有关各个历史时期西班牙艺术的研究成果，尤其着重17世纪和18世纪西班牙绘画的研究）；（3）*Goya*（《戈雅》，是研究西班牙各个历史时期艺术、绘画、雕塑和建筑的学术性期刊）。

美洲出版的刊物：

美国出版：（1）*Art news*（《艺术新闻》，每年十期，以介绍艺术创作和艺术动态为主，美国最老牌的艺术杂志）；（2）*Art in America*（每年十期，介绍美国国内外最杰出的美术作品和美术家）；（3）*Portfolio*（每年六期），此三种是为介绍西洋艺术的通俗刊物；（4）介绍西洋较为前卫的是有 *Art forum*，*Arts Magazine*（每年十期），*Heresies*，*Leonardo*（每年四期）；（5）*Communication Arts*（双月刊）；（6）*International Art Market*、*Art letter*（双月刊），偏重艺术品市场问题；（7）*The Art Bulletin*（《艺术论坛》，月刊，《艺术通报》，为学院派人士提供发表学术意见的论坛，内容涉及各个历史时期的所有艺术形式，除论文外还刊登文摘和书目）及副刊 *Art journal*；（8）*American artist*（美国最知名的艺术创作杂志之一）；（9）*Art in America annua*（介绍美国各地的杰出艺术创作）；（10）*Art Juxtapoz*（现代另类艺术杂志）；（11）*Art Papers*（美国艺术界的指导性刊物）；（12）*Asian Art News*（收录亚洲知名的艺术作品，包括亚洲艺术品市场、艺术动态等）；（13）*CMYK*（介绍视觉传达领域的创作）；（14）*Modern Painters*（《现代画家》）；（15）*Ronald Feldman FineArts*；（16）*Art Fairs International*；（17）*African arts*（《非洲艺术》，由美国加州大学洛杉矶分校非洲研究中心编辑出版，是既可作为艺术品欣赏，又值得收藏的权威艺术杂志）；（18）*American art journal*（《美国艺术杂志》，刊登由专家撰写的有关18—20世纪美国艺术的学术论文，内容涉及绘画、雕塑、印刷、摄影和装饰艺术，也兼顾美国文化历史的研究）；（19）*Archives of Asian art*（《亚洲艺术档案》，图文并茂，是研究亚洲艺术的学者和学生最重要的论坛和信息源，也刊登北美博物馆和其他机构购入的东方艺术精品的详细报道）；（20）*Drawing*（《绘画》，刊登研究各个文化历史时期产生的绘画作品的文章，同时也刊登有关国际拍卖市场的评论、珍稀绘画作品展览消息、书评、博物馆评论和商号目录等）；（21）*Sculpture*（《雕塑》，是唯一致力于各种形式的当代雕塑研究的国际性杂志。以美国雕塑家为主，也报道其他国家的雕塑作品）；（22）*Studies in modern art*（《现代艺术研究》，是由纽约现代艺术博物馆出版的期刊，报道该馆的重要收藏、重要的艺术品和专门项目，保持很高的学术水准，是研究当代艺术的重要期刊）；（23）*The Bulletin of the Metropolitan Museum of Art*（《大都会艺术博物馆通报》，提供大都会现代艺术博物馆收藏和陈列的艺术品的一般新闻和信息，每期刊登关于艺术家、专题或历史事件的长篇文章）；（24）*The Journal of aesthetics and art criticism*（《美学与艺术批评杂志》，是美国美学学会主办的以研究美学与艺术为宗旨的学术刊物。内容包括对所有艺术门类以及来源于哲学、心理学、社会学、人类学、文化史、艺术批评、教育等领域的艺术进行的一切研究，涵盖了视觉艺术、文学艺术、音乐及戏剧等艺术）；（25）*Metropolitan Museum journal*（《大都会博物馆杂志》，刊登关于该馆馆藏艺术品和相关问题的最新学术研究，论文探讨艺术品的文化背景，进行档案研究和技术分析）。此外，专门介绍玉器的有：*The Jade Collector*（每年十期）。介绍版画方面的有：*The Print collector's News letter*，*Print Magazine Print Review*。

加拿大出版：（1）*Art focus*（《艺术邮报》，季刊）；（2）*Applied*；（3）*Canadian Art*（《加拿大艺术》）等。

以上提供的是一些艺术信息期刊或专集，仅供参考。当然，你置身于艺术品之中时或者说在某一个国家或地区，你想购买艺术品，不了解艺术品价格和艺术价值、相关信息等问题，又苦于不能找到某些信息资料，这时你便可以找一些类似于协会的艺术商人：如美国的“艺术商人协会”（Art Dealer Association），同时也可以找属于“美国估价人协会”（Appraisers Association of America）的估价人帮助。还有一些规模比较大的拍卖行或拍卖公司如苏富比、克里斯蒂（Christie Manson & Woods）等。中国国内的一些拍卖行如上海朵云轩、北京中国嘉德、北京中贸圣佳、浙江西泠印社等艺术品拍卖公司等都有专人估计艺术品价格，同时这些公司还可以提供已经拍卖艺术品和预告拍卖艺术品的有关材料，图文并茂，实用性强。当然在网络日益普及的今天，网上的咨询就更多，如世界各国的主流艺术网，中国国内比较专业的雅昌艺术网、博艺网等，就有大量的艺术品市场和艺术鉴藏信息。

总之，在艺术品市场蓬勃发展的今天，谁拥有和掌握了正确及时的艺术信息，谁就可能立足，谁就可能主宰。

参考文献

孔丘．论语 // 刘宝楠．诸子集成．上海：上海书店出版社，1996．
司马迁．史记．四库全书本．
张彦远．历代名画记．四库全书本．
杨武能，刘硕良．歌德文集．石家庄：河北教育出版社，1999．
张朝晖，徐翎．新媒介艺术．北京：人民美术出版社，2004．
李黎阳．塔皮埃斯论艺．北京：人民美术出版社，2002．
周林．艺术法实用手册．北京：国际文化出版公司，1998．
仇永波等．国际艺术品市场透析．沈阳：辽宁美术出版社，1996．
中华人民共和国文化部文化艺术品市场司．艺术品市场和艺术品投资．北京：文化艺术出版社，1999．
章利国．艺术品市场学．杭州：中国美术学院出版社，2005．
李向民．中国艺术品经营史．上海：上海书画出版社，1998．
吴季松．知识经济．北京：科学技术出版社，1998．
吕艺生．艺术管理学．上海：上海音乐出版社，2004．
曹意强．艺术管理概论．杭州：中国美术学院出版社，2007．
李万康．艺术品市场学概论．北京：复旦大学出版社，2005．
洪惠瑛．艺术管理．中国台北：台北扬智文化事业股份有限公司，2003．
马健．收藏投资学．北京：中国社会科学出版社，2007．
马健．收藏品拍卖学．北京：中国社会科学出版社，2008．
吴粲．策划学、原理、技巧、误区及案例．北京：中国人民大学出版社，2005．
夏学理等．艺术管理．中国台北：台北五南图书出版公司，2003．
方全林．走向市场的艺术．上海：学林出版社，1997．
李维安．非营利组织管理学．北京：高等教育出版社，2005．
李德成．文化传媒业政策法规精解．北京：法律出版社，2006．
刘道广．中国古代艺术思想史．上海：上海人民出版社，1998．
翁震宇．美术教育概论．杭州：中国美术学院出版社，2009．
徐复观．中国艺术的精神．沈阳：春风文艺出版社，1987．
杨恩寰．审美教育学．沈阳：辽宁大学出版社，1987．
李泽厚，刘纲纪．中国美学史．北京：中国社会科学出版社，1984．

蔡元培．蔡元培美学文选．北京：北京大学出版社，1983．
聂振斌．儒学与艺术教育．南京：南京出版社，2006．
王大根．学校美术教育目的论．北京：教育科学出版社，1994．
张应杭．伦理学概论．杭州：浙江大学出版社，2009．
郭声健．艺术教育论．上海：上海教育出版社，1999．
柏拉图．理想国．北京：商务印书馆，1986．
弥尔顿·K. 贝莱．怎样卖掉你的艺术品．成都：四川美术出版社，1991．
Philip Kotler，Gary Armsstrong．市场营销原理．赵平，王霞，等译．北京：清华大学出版社，2003．
爱德华·泰勒．原始文化．连树声，译．上海：上海文艺出版社，1992．
李政道．艺术与科学．上海：上海科学技术出版社，2000．
彼得·萨尔曼．市场心理学．北京：经济管理出版社，1986．
马克思．马克思恩格斯全集．北京：人民出版社，1972．
伦纳德·D. 杜博夫．艺术法概要．周林，任允正，高宏微，译．北京：中国社会科学出版社，1996．
神林恒道等．艺术学手册．台北：艺术家出版社，1996．
丹纳．艺术哲学．傅雷译．北京：人民文学出版社，1963．
阿诺德·豪泽尔．艺术社会学．居延安，译编．上海：学林出版社，1987．
E. H. 贡布里希．艺术与科学．杨思梁，范景中，严善錞译．杭州：浙江摄影出版社，1998．
卡希尔．人论．甘阳，译．上海：上海译文出版社，2004．
Berkowitz，Crane，Kerin，Hartly，Rudelius:Marketing，McGraw—Hill Ryerson limited，1998. Canadian ed.
The Market for Art—Sixth Report of Session 2004—2005．英国下议院文化、媒体和体育委员会 2005 年报告．

结束语

21 世纪的前十年（2000—2010），中国艺术品市场的状况可以用“突飞猛进”来形容，飞快的发展速度总是让人们感慨和惊奇。无论是从单件艺术品的成交价格，还是专场成交总额，都在以超乎人们想象的速度提高。人们习惯于用“亿元”时代来形容中国艺术品市场目前的状态。下面从几组数据来看看这种变迁。1995 年中国嘉德春秋两季拍卖成交额是 1.22 亿元。2005 年中国嘉德春秋两季拍卖成交额是 13.67 亿元，十年的时间成交额增长了十余倍。到了 2010 年，中国嘉德全年成交总额为 75.5 亿元。从 2005 到 2010 年的五年间，嘉德的成交额度增长了近 5 倍，很像几何级数在增长。这种增长速度有时令业内人士也备感困惑。后起之秀的北京保利拍卖公司更是在 2010 年取得了 85.95 亿元的成交额，稳坐中国大陆拍卖第一把交椅。南方以西泠印社拍卖公司为主打，其 2010 年的全年成交额为 17.35 亿元，而五年前的 2005 年其全年成交额是 4.5 亿元。

中国艺术品市场数字飞速提升的背后，至少让我们看到了这么几个现象：一是单件艺术品价格呈几何级数在增长，尤其是名家名作、精品力作、代表作等，成为过亿元艺术品的中坚力量，如张大千的《爱痕湖》、徐悲鸿的《巴人汲水图》、李可染的《长征》、齐白石的《松柏高立图》、黄庭坚的《砥柱铭》、王羲之的《平安帖》、米芾的《研山铭》等。书画是如此，瓷器、古琴等也是如此。二是专场成交额度飞速提高，各大拍卖公司都在极力推出艺术品专场拍卖，如白酒专场、普洱茶专场、名家专场、明代专场、名人藏品专场等。这些专场拍卖一方面反映了艺术品收藏的专门化趋势，也反映了人们收藏观念和心态的变化。如茅台酒专场的拍卖，一瓶酒可以拍出 100 余万元以上的价格，作为日用消费品而言，的确令人不可思议。如保利 2011 年春拍“吴冠中专场”，成交额为 5 亿元，成交率高达 100%。三是拍卖公司的实力、宣传力度、宣传手段等策略也是影响高价位艺术品成交的重要原因。清宫著录、海外回流、流传有绪、名人效应、过亿拍品等都是宣传的重点，从北京保利、中国嘉德等拍卖公司来看，这种优势是其他拍卖公司无法比拟的。2011 年春拍中国嘉德总成交额就突破了 50 亿元，但同为春拍的中国香港佳士得则以四十多亿港元成交。两者的差距在于拍品的数量和质量。

数字是冰冷的，艺术品是有温度的，面对庞大的艺术品数据，很多人忍不住形容中国的艺术品市场可以和世界发达的英国和美国、日本等地相抗衡，也许，从数字的比较看是这样的。2010 年中国艺术品拍卖成交额达到五百多亿元人民币，占到全球份额的三分之一，居世界第一。我们用了三年的时间创造了这个辉煌的业绩。但是我们冷静下来看这个数据的话，你会发现，在世界艺术品成交额前几位的艺术家中，毕加索排第一位，齐白石排第二位，安迪沃霍尔排第三位。我们的问题是在成交总额的背后，一幅毕加索作品的价格是齐白石作品的好几倍，甚至几十倍，作品同等价值的基数，我们还是显得相当弱。但毫无疑问的是，中国艺术品市场的底盘是相当大的，中国艺术家的作品数量也是相当大的，作品数量上的优势也提升了整体成交额度。如 2010 年中国嘉德共拍卖作品 28000 件，总成交额是 75.5 亿元，这个数字与海外的苏富比或克里斯蒂等拍卖公司相比是巨大的。而 2010 年中国香港苏富比全年的成交额是 50 亿港元，而拍品的数量只有 5400 余件，拍品数量只有中国嘉德拍卖公司的五分之一，成交总额则相差不大。

追求艺术品成交的数量、成交率等是艺术品市场的重要特征，但重视艺术品市场的质量是我们追求的重要目标，没有质量的数量是苍白的，没有数量的质量也是很令人着急的，只有当艺术品市场的数量和质量和谐统一时，我们的艺术品市场才会显示出真正的力量。在艺术品市场突飞猛进的今天，我们也看到了艺术品市场很多不成熟的地方，我们需要加强艺术品市场的管理和研究，艺术教育、艺术立法、艺术品纳税、艺术品保险、著作权问题、拍卖中的虚假现象等都是我们亟待研究的关键或解决的问题。